纯电动汽车
动力及控制技术基础

何章文 / 主编

化学工业出版社

· 北京 ·

内容简介

本教材以典型基础工作模块为学习任务组织内容，精心设计了纯电动汽车的工作原理及其与传统燃油汽车的区别，纯电动汽车安全防护知识，纯电动汽车动力电池的成组技术、管理系统和冷却系统知识，纯电动汽车驱动电机的类型、结构特点、工作原理和驱动特性，纯电动汽车电控系统的认识和检修知识等内容。学习后，可达到获取新能源汽车动力驱动电机电池技术初级 1+X 证书的知识与能力要求，从而为从事新能源汽车维护与检修岗位工作打下坚实基础。

本教材适合中等职业学校新能源汽车运用与维修专业和汽车运用与维修专业的师生使用，也可供新能源汽车维修相关培训机构作为日常教学培训的参考教材。

图书在版编目（CIP）数据

纯电动汽车动力及控制技术基础/何章文主编 . —北京：化学工业出版社，2024.3

ISBN 978-7-122-44720-3

Ⅰ.①纯⋯　Ⅱ.①何⋯　Ⅲ.①电动汽车-动力系统-研究　Ⅳ.①U469.72

中国国家版本馆 CIP 数据核字（2024）第 049305 号

责任编辑：黄　滢　　　　　　　　装帧设计：刘丽华
责任校对：李　爽

出版发行：化学工业出版社
　　　　　（北京市东城区青年湖南街 13 号　邮政编码 100011）
印　　刷：北京云浩印刷有限责任公司
装　　订：三河市振勇印装有限公司
787mm×1092mm　1/16　印张 17　字数 343 千字
2024 年 5 月北京第 1 版第 1 次印刷

购书咨询：010-64518888　　　　　　售后服务：010-64518899
网　　址：http://www.cip.com.cn
凡购买本书，如有缺损质量问题，本社销售中心负责调换。

定　　价：69.00 元　　　　　　　　　版权所有　违者必究

前言

随着我国纯电动汽车保有量的逐年递增，纯电动汽车维护维修作业量随之增多，社会对纯电动汽车维修人员的需求也与日俱增，对汽车电气维修技术人员提出了更高的要求。传统的先理论后实践的教学模式已经不能适应社会发展对人才的需求。因此，亟须探索开发适用于中职纯电动汽车维修专业的教材，解决"课-岗-证"融通的问题，以提升人才培养质量。

"纯电动汽车动力及控制技术基础"是新能源汽车运用与维修专业的一门核心课程。本课程以典型基础工作模块为学习任务组织编写内容，精心设计了纯电动汽车基础知识、纯电动汽车动力电池、纯电动汽车驱动电机、纯电动汽车电控系统四个项目共 25 个模块为教学内容。每个项目均配有丰富的动画视频资源和 MP4 实训视频资源，扫描书内二维码即可同步观看。学生通过学习后，可以达到获取新能源汽车动力驱动电机电池技术初级 1＋X 证书的知识与能力要求，从而为从事新能源汽车维护与检修岗位工作打下坚实的基础。

本教材适合中等职业学校新能源汽车运用与维修专业和汽车运用与维修专业的师生使用。全书由何章文主编，黄冬梅、洪燕怡、王少丽副主编，胡文旭、叶峻峰、宋斌、蒋鼎新、温亮泉、钟柱前参编。

由于编者水平所限，书中难免有疏漏之处，恳请各位同行及使用者批评指正。

编者

目录

项目四　纯电动汽车电控系统

参考文献

本教材配套动画视频资源目录

序号	二维码动画视频	页码	动画视频资源名称
1	纯电动汽车概述	001	新能源汽车定义与分类
			纯电动汽车的结构与特点
2	纯电动汽车安全防护	008	电流对人体的危害
			急救知识
			新能源汽车高压部件及警示标识
			高压用电警示标识牌使用方法
			人体触电方式
			安全防护装备的种类
			安全防护装备检验方法
3	动力电池概述	018	动力电池类型与特点
			动力电池联接方式
			动力电池的容量与续航里程
4	锂离子蓄电池	036	锂离子电池结构及工作原理
			动力电池性能参数

序号	二维码动画视频	页码	动画视频资源名称
5	比亚迪 e5 动力电池成组技术	047	动力电池成组技术
			维修开关的结构原理
6	比亚迪 e5 动力电池管理系统	060	动力电池管理系统组成与工作原理
7	比亚迪 e5 动力电池冷却系统	070	动力电池的冷却方式
8	比亚迪 e5 充电系统	080	充电方式与分类
			充电桩结构与原理
			车载充电机结构原理
			直流充电口认知
			交流充电口认知
			直流充电控制原理
			交流充电控制原理
9	纯电动汽车常用电机概述	112	电机种类与特点
10	直流电机	119	直流电机结构原理
11	三相异步交流电机	128	三相交流异步电动机结构与工作过程
			三相异步交流电机的工作原理
12	开关磁阻电机	136	开关磁阻电动机结构与原理
			开关磁阻电机的工作原理
13	永磁同步电机	144	永磁同步电动机结构与原理
			转子油冷却的工作原理
14	三相交流发电机	157	三相交流发电机结构原理
15	三相异步电机的控制	169	电路控制原理
16	比亚迪 e5 驱动电机的认识与维修	180	驱动电机结构原理
17	比亚迪 e5 固定式减速器的结构与检修	189	固定式减速器结构
18	驱动电机控制器的认识与检修	208	驱动电机控制系统的工作原理
19	电驱动能量传递和热管理系统	220	纯电动汽车的能量传递
			能量回收系统
20	比亚迪 e5 高压电控总成检修	229	驱动电机控制器结构组成
			高压电控总成的工作原理
21	增程式电动汽车的结构与原理	247	增程器纯电动汽车的结构
			增程式纯电动汽车的特点

纯电动汽车基础知识

纯电动汽车相比传统的内燃机汽车，最大的优势在于不会产生 CO_2 及其他有害气体，不会污染环境。另外，纯电动汽车充电所需电能的来源众多，火力发电、水力发电、风能发电乃至核能发电等方式，都可以作为电力来源，因此不会受到石油枯竭的制约，具有很大的发展空间。而我国在发展纯电动汽车方面，也有较大的技术优势，在纯电动汽车的两大核心部件蓄电池和电机上，都取得了技术上的突破性发展。

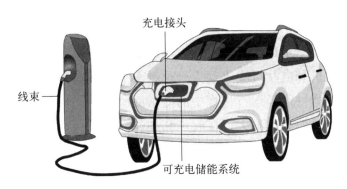

模块一 纯电动汽车概述

一、学习目标

① 能口述纯电动汽车的结构与工作形式。
② 能口述纯电动汽车与传统燃料汽车的区别。
③ 能口述市面上主要流行的纯电动汽车。
④ 形成认真学习的习惯。
⑤ 养成 5S 工作习惯。

扫一扫

看视频

二、基础知识

1. 纯电动汽车的基本概念

纯电动汽车是以车载电池为动力输出，用电机驱动车轮行驶的汽车，其属于新能源汽车的一种。

2. 新能源汽车的类型

（1）电池动力汽车

电池动力汽车（Battery Electric Vehicle，BEV）也就是人们常说的纯电动汽车，即只有电池提供能源供给，只有电动机提供动力，驱动汽车前行。

图 1-1-1　特斯拉

纯电动汽车一般配置较大容量的电池，并提供交流慢充和直流快充两种充电接口。

代表车型：特斯拉（图 1-1-1）系列、日产聆风、宝马 i3、比亚迪 e6、比亚迪 e5、秦 EV、北汽 EV 系列、江淮 iEV 系列、上汽 E50 等。

（2）油电混合动力汽车

油电混合动力汽车（Hybrid Electric Vehicle，HEV）一般指由燃油和电池提供能源，燃油发动机和电动机提供动力。这种车型一般电池容量较小，不提供充电接口，电池的能量通过汽车运行过程中的能量回收进行充电。

该车型的电动机功率也不大，在起步和加速等场景时，电动机会辅助燃油发动机提供动力。因为有了电动机的辅助，可以充分发挥电动机的大转矩优势，在起步和加速过程中的整体效率得到提升，并使车辆整体油耗显著下降。

代表车型：丰田普锐斯、丰田雷凌（图 1-1-2）、丰田卡罗拉等。

（3）插电式混合动力汽车

比起 HEV，插电式混合动力汽车（Plug-in Hybrid Electric Vehicle，PHEV）的车载动力电

图 1-1-2　丰田雷凌

池可以通过插座进行充电，能量由电池和燃油提供，动力由燃油发动机和电动机提供。

这类车型可以通过电动机和燃油发动机的介入算法形成多种驱动组合，比如纯电动模式、纯燃油发动机模式、电动机加燃油发动机混合模式等。

代表车型：比亚迪秦、比亚迪唐、上汽荣威 e550（图 1-1-3）、e950、奇瑞艾瑞泽 7e 等。

（4）增程式电动汽车

增程式电动汽车（Extended-Range Electric Vehicles，EREV）通过燃油发电，给电池充电，由电动机驱动汽车行驶，有良好的电动汽车特性，可以配置较小容量的电池，重量轻，成本低，没有续航顾虑。

图 1-1-3　上汽荣威 e550

代表车型：宝马 i3 增程版（图 1-1-4），广汽传祺 GA5 增程版。

（5）燃料电池汽车

燃料电池汽车（Fuel Cell Vehicle，FCV）通过燃料的化学能转化为电能，提供行驶所需的能量，并由电动机驱动汽车行驶。目前主要的燃料类型为氢。

燃料电池通过加燃料的方式进行能量补充，可以快速完成。燃料电池能量转换效率高，无噪声，无污染物排出。对于燃

图 1-1-4　宝马 i3 增程版

料电池汽车而言，目前最大的困难是燃料获取难，燃料储存和运输难，添加站点少。

代表车型：丰田 Mirai（图 1-1-5）和本田 Clarity。

3. 纯电动汽车的结构

纯电动汽车由底盘、车身、动力电池、驱动电机、控制器和辅助设施、蓄电池六部分组成。高压部件：驱动电机、驱动电机控制器、电源分配单元 PDU、高压线缆（橙色线）、动力电池、电动压缩机、充电系统、电加热器 PTC 等。纯电动汽车高压电控系统如图 1-1-6 所示。

图 1-1-5　丰田 Mirai

4. 纯电动汽车的工作原理

对于纯电动汽车，由动力电池的能量使得驱动电机驱动车轮前进，能量流动路线：动力电池→动力总成控制→电动/发电机→变速器→减速器。其中，动力电池提供电流，经过驱动电机控制器后输出至电动机，然后由电动机提供转矩，经传动装置后驱动车轮实现车辆的行驶（图 1-1-7）。

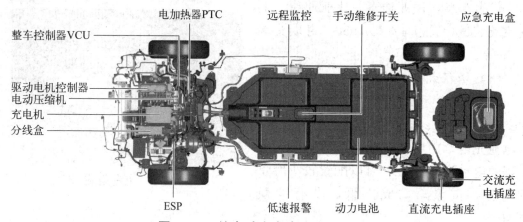

图 1-1-6　纯电动汽车高压电控系统

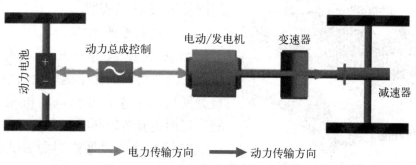

电力传输方向　　动力传输方向

图 1-1-7　纯电动汽车能量流动路线

5. 纯电动汽车与传统汽车的区别

传统汽车主要是针对发动机系统进行保养，同时定期更换机油、机滤等。

纯电动汽车靠电机驱动，省略了机油、"三滤"、皮带等常规保养项，但需对动力电池和驱动电机进行维护，保持其清洁。从常规保养项的区别可以看出，纯电动汽车的保养比传统汽车要简单省事（图 1-1-8）。

通常情况下，纯电动汽车保养分别为制动系统、空调系统、充电系统、底盘部分检查、车身部分检查、动力电池系统检查、冷却系统检查、转向系统检查、附加项目 9 个大项目，共计近 50 个小项。

而对于汽车的外部保养，纯电动汽车与传统汽车大体上并没有什么不同，但是需要注意的是纯电动汽车的防冻液、机舱与电池。

在维修上，传统汽车主要针对发动机、变速箱和电器进行机械方面和电路方面的维修，最高电压不会超过 14.5V。

图 1-1-8　比亚迪 e5 纯电动汽车

纯电动汽车主要针对驱动电机控制系

统、动力电池系统、PTC 暖风系统、充电系统分为高压部分和低压部分，低压部分与传统汽车差别不大。纯电动汽车高压系统的电压最高可达 650V，在维修高压系统时，必须切断高电压后再进行维修。传统的维修工具、万用表都不能用于维修高压部件，必须使用符合要求的绝缘工具、带绝缘表笔的万用表、兆欧表，穿戴符合要求的防护用品。

三、技能训练

写出比亚迪 e5 零部件正确的名称及作用。

序号	图示	名称及作用
1		
2		
3		
4		
5		

四、拓展提升

新能源汽车车牌含义如下。

粤B·D12345	字母"D"代表纯电动汽车
粤B·F12345	字母"F"代表非纯电动汽车（包括插电式混合动力汽车和燃料电池汽车等）
粤B·12345D	小型汽车号牌中"D"或"F"位于号牌序号的第一位
粤B·12345F	大型汽车号牌中"D"或"F"位于号牌序号的最后一位

五、巩固练习

1. 单项选择题

① 纯电动汽车的能量来源是（　　）。

A. 发动机　　　　　B. 起动机　　　　　C. 发电机　　　　　D. 蓄电池

② 以下哪个不属于纯电动汽车的组成（　　）?

A. 发动机　　　　　B. 车载充电机　　　C. 蓄电池　　　　　D. 高压线束

③ 纯电动汽车的工作时，能量流动路线为（　　）。

A. 动力电池→动力总成控制→电动/发电机→变速器→减速器

B. 动力电池→动力总成控制→变速器→电动/发电机→减速器

C. 动力电池→动力总成控制→电动/发电机→减速器→变速器

D. 动力总成控制→动力电池→电动/发电机→变速器→减速器

④ Battery Electric Vehicle 又叫（　　）。

A. 纯电动汽车　　　B. 混合动力汽车　　C. 增程式汽车　　　D. 燃油汽车

⑤ 插电式混合动力汽车可通过（　　）进行充电。

A. 太阳能　　　　　B. 氢气　　　　　　C. 发动机　　　　　D. 家用交流电

2. 简答题

① 我国新能源汽车品牌有哪几个？代表车型有哪些？

② 纯电动汽车橙色表示什么？高压系统有哪些组成部分？

③ 纯电动汽车、油电式混合动力汽车和插电式混合动力汽车各自的优缺点是什么？

④ 请写出纯电动汽车的结构。

⑤ 请写出纯电动汽车的工作原理。

⑥ 请写出纯电动汽车与传统汽车有何不同？

⑦ 请写出新能源汽车的类型。

⑧ 请写出纯电动汽车的动力源。

六、学习评价

评价要素	考核内容	配分	A	B	备注
工作准备 （10%）	能够正确理解工作任务内容、范围及工作指令	3			
	准备工作场地及器材，能够识别工作场所的安全隐患	3			
	能正确使用维修手册查询资料	4			
知识目标 （75%）	能说出纯电动汽车的英文缩写	5			
	能说出油电混合动力汽车的英文缩写	5			
	能说出插电式混合动力汽车的英文缩写	5			
	能说出增程式电动汽车的英文缩写	5			
	能说出燃料电池汽车的英文缩写	5			
	能口述纯电动汽车的结构	5			
	能口述纯电动汽车的工作原理	5			
	能说出纯电动汽车与传统汽车的不同	5			
	能正确找到高压配电箱总成	7			
	能正确找到驱动电机	7			
	能正确找到减速器	7			
	能正确找到动力电池	7			
	能正确找到电动压缩机	7			
职业素养 （15%）	能进行设备和工具的安全检查	2			
	能进行车辆的安全防护操作	2			
	能进行工具的清洁、校准、存放操作	2			
	能进行"三不落地"操作	2			
	能进行工位 7S 操作	2			
	能正确、清晰地填写表单	5			
考核成绩			考评员签字：_____ 日　　期：____年___月___日		

模块二　纯电动汽车安全防护

一、学习目标

① 能口述纯电动汽车高压系统的标识。
② 能口述维修汽车高压系统的必备条件。
③ 能口述高压电对人体的危害。
④ 养成认真学习的习惯。
⑤ 养成 5S 工作习惯。

扫一扫

看视频

二、基础知识

1. 车辆高压系统的安全标识

在新能源车辆中带危险电压的组件，通过如图 1-2-1 和图 1-2-2 所示的安全标签表示出来。

(a) 警告标志：危险电压警告

(b) 高电压组件警告提示牌，规格1

(c) 高电压组件警告提示牌，规格2

图 1-2-1　高压系统的安全标识

2. 维修汽车高压系统必备条件

（1）从业资格证

售后服务人员必须具有安全车辆高压组件电气专业人员的资格。

（2）高压系统无电压

进行高压组件方面的工作前，售后服务人员必须执行三个安全规定［"关闭供电（无电压）""固定住以防重新接通"和"确定系统无电压"］。

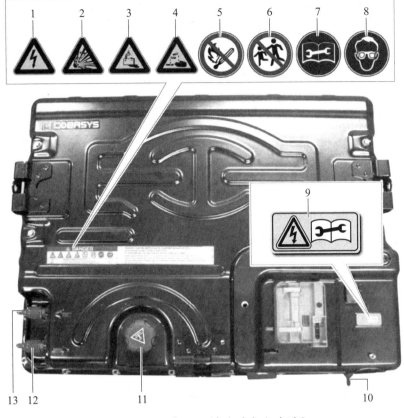

图 1-2-2　高压系统安全标识标例

1—警告标志：危险电压警告；2—警告标志：易爆物品警告；3—警告标志：电池危险警告；
4—警告标志：腐蚀性物品警告；5—禁止标志：禁止明火、火焰和吸烟；6—禁止标志：
禁止儿童接触；7—指示标志：注意操作说明和维修说明；8—指示标志：戴防护眼镜；
9—高压组件的安全标签；10—氢气流出口；11—冷却循环回路补液罐；
12—冷却液管路接口（入口）；13—冷却液管路接口（出口）

（3）严格遵守维修说明

进行高压组件方面的工作时，售后服务人员必须严格遵守维修说明、穿戴好个人防护用品。

3. 高压电对人体的危害

（1）电流对人体的伤害

人体细胞在有限范围内具有导电性。细胞内液体比例较高是导电的主要原因。如果接触带电部件，则电流可能流过人体，并且以最短路径流过。电流流经人体时可能会遇到不同器官如呼吸器官和心脏等（图 1-2-3）。

也可以针对人体内电流经过的不同路径给出电阻值。人体欧姆电阻的大小取决于以下影响因素：

图 1-2-3　电流流过人体

衣服；皮肤湿度；人体内路径的长度和类型。

有电流流过的身体部位处衣服越厚、越干，电阻值越大。如果皮肤上有水或雪，那么身体电阻就会下降。身体内电流经过的路径越短，电阻就越小。身体内电流的阻值见表 1-2-1，这些数值可能受所述因素影响。

表 1-2-1　身体内电流的阻值

身体内电流的路径	欧姆电阻（大概数值）
从一只手到另一只手	约 1000Ω
从一只手到双脚	约 750Ω
从双手到双脚	约 500Ω
从双手到躯干	约 250Ω

电流强度仅取决于施加在身体上的电压和欧姆电阻：$I=U/R$。示例见表 1-2-2。

表 1-2-2　示例

情况	施加的电压 U	人体电阻 R	人体内的电流强度 I
分别用一只手接触 12V 蓄电池的一个电极	12V	1000Ω	12mA
分别用一只手接触高压蓄电池的一个电极	420V	1000Ω	420mA
用一只手接触墙壁插座的外部导体且双脚站在地面上	230V	750Ω	307mA

电流影响生物体和人体，人们将其称为生理作用。其原因是肌肉运动和心跳都通过电脉冲控制，感觉器官的信息也以电信号形式通过神经组织传输到大脑，大脑也利用电信号工作。人体内的这些信号具有很低的电压（mV）和电流强度（μA），如果外部电源产生的电流流过人体，那么这个信号会叠加在自然电信号上，因此可能严重干扰自然电信号控制过程。如图 1-2-4 所示，电流强度较大时无法再控制肌肉运动，这可能导致无法松开带电部件。如果超过所谓的松开限值，就会形成危险的循环，电流流过人体的时间越长，其作用的危害性越大。

电流的加热作用还可能对人体造成伤害。在此可能造成主要是由电弧引起的表面烧伤，在人体内流过的电流加热人体组织，尤其是体液会在电流的加热作用下蒸发，在这种情况下将其称为内部烧伤。因此器官在最短时间内丧失机能，血液循环也会中止，这会带来严重的生命危险。

电流除了有这些直接作用外，还有一段时间后才表现出来的作用。还可能出现有危及生命的情况。例如被电流破坏的人体细胞恢复缓慢，这个过程可能要经过多日，在此产生必须由肾脏处理的物质。如果大量细胞遭到破坏，肾脏可能负担过重并导致肾衰竭。因此采取急救措施后必须到医院检查。

（2）电弧

① 电弧的定义。电弧是指电流从两个隔开（通过空气等气体隔开）的导体之间流过。通过气体隔开时通常是绝缘的。两个导体接触且有电流流动时，可能会产

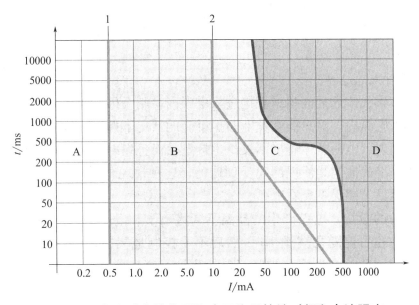

图 1-2-4　电流对人的作用取决于作用持续时间和电流强度

1—感觉限值；2—松开限值；A—作用无感觉；B—作用有感觉，直至肌肉收缩；

C—肌肉收缩，呼吸困难；D—心室颤动，呼吸停止，心脏停止跳动

生电弧（图 1-2-5）。如果随后两个导体彼此分开，则分开瞬间导体之间产生很小的间隙。在这个小间隙之间产生很高的电流强度，这个电流强度可能位于间隙内气体的击穿场强之上。在这种情况下会导致击穿，从而使气体分子离子化，同时还会从两个导体的材料中拉出离子和电子，从而导致材料消耗。另一个后果是产生移动的电荷载体：带正电的离子和带负电的电子。由于施加了电压，因此间隙内的电荷载体移向导体。在此与导体发生反应，移动的电荷载体意味着电流流动，这种在气体中产生电流的方式称为气体放电。电弧是

图 1-2-5　两个导体之间的电弧

1—导体；2—电弧；3—导体

一种连续的过程。此时持续产生新的电荷载体，电流始终存在。导体之间形成所谓的等离子体。

产生电弧的前提是最低电压和最低电流强度（导体分开之前），这些数值无法明确给出，取决于具体的导体材料。

② 作用和危险。在两个导体之间的等离子体中移动的电荷载体互相撞击，从而加热气体，可能会产生约 4000℃ 或更高的温度，这取决于导体材料和周围的气体，通过这种极高的温度可能从导体材料中继续产生移动的电荷载体，这会导致电弧持续不断"燃烧"，导体材料持续消耗。

材料消耗是需要从技术上考虑的：如果在打开的开关触点上产生电弧，则会导致触点损耗，因此制造商只能在有限开关次数内担保某些继电器和接触器的功能。

③ 电弧对人的危害。

烧伤：如果人体靠近电弧或直接进入电弧内，则会因高温而导致严重烧伤。因此，不要进入电弧内，且只能在戴上防护手套的情况下握住导体。

紫外线辐射：电荷载体碰撞不仅产生热量，而且发射紫外线等光线。紫外线可能伤害眼睛，准确地说是使视网膜受到伤害，这种情况称为"灼伤"，因此切勿在未使用防护面具的情况下观看电弧。

四周飞扬的微粒：电弧产生的高温不断将离子和电子从导体材料中拉出，此时较小的微粒也可能随之"逃出"，然后不受控制地飞向四周，通常情况下这些微粒非常热。因此，在未穿防护服（包括防护手套和护目镜）的情况下切勿靠近电弧。

4. 维修高压电个人防护

（1）绝缘头盔（图 1-2-6）

图 1-2-6　绝缘头盔

（2）护目镜（图 1-2-7）

图 1-2-7　护目镜

（3）绝缘手套（图 1-2-8）

图 1-2-8　绝缘手套

在使用绝缘手套前，请确认是否有裂纹、磨损以及其他损伤（图 1-2-9）。

① 侧位放置手套。

② 卷起手套边缘，然后松开 2～3 次。

③ 折叠一半开口封住手套。

④ 确认无空气泄漏。

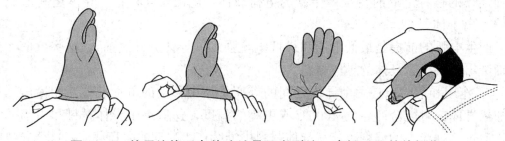

图 1-2-9　使用绝缘手套前确认是否有裂纹、磨损以及其他损伤

（4）绝缘鞋（图 1-2-10）　　　　　（5）干粉灭火器（图 1-2-11）

图 1-2-10　绝缘鞋

图 1-2-11　干粉灭火器

三、技能训练

写出图示标志的含义。

序号	图示	名称	序号	图示	名称
1			5		
2			6		
3			7		
4			8		

四、拓展提升

1. 绝缘手套等级

① 根据国标《带电作业用绝缘手套》（GB/T 17622—2008）规定，按电气性

能将绝缘手套分为五级：

0 级，适用于 380V 及其以下电压；

1 级，适用于 3kV 及其以下电压；

2 级，适用于 10kV 及其以下电压；

3 级，适用于 20kV 及其以下电压；

4 级，适用于 35kV 及其以下电压。

② 根据《欧洲绝缘手套标准》（EN 60903—2003），绝缘手套按电气性能分为六级：

00 级，最大适用电压 0.5kV；

0 级，最大适用电压 1kV；

1 级，最大适用电压 7.5kV；

2 级，最大适用电压 17kV；

3 级，最大适用电压 26.5kV；

4 级，最大适用电压 36kV。

2. 电工绝缘鞋耐压分类

电工绝缘鞋耐压一般分为 5kV、6kV 和 20kV。

3. 绝缘头盔耐压范围

绝缘头盔耐压范围：1000V 的交流（AC）电压或 1500V 的直流（DC）电压。

对材料和冲击力的要求：

① 外部垂直距离应不高于 80mm；

② 内部垂直距离应不高于 50mm；

③ 内部垂直距离应不低于 25mm；

④ 至少应该包含一个帽壳和一个帽衬；

⑤ 传递到头模上的力不能超过 5.0kN。

五、巩固练习

1. 选择题

①（单选题）以下不属于个人安全防护用品的是（　　）。

A. 绝缘鞋　　　　B. 绝缘手套　　　　C. 防护眼镜　　　　D. 护腿板

②（单选题）援救电气事故中受伤人员时，应该放在第一位考虑的问题是（　　）。

A. 受伤人员的安全　　　　　　　　B. 自身的安全

C. 设备的安全　　　　　　　　　　D. 电气事故的原因

③（单选题）经过人体的电流到达大约（　　）mA 时，被认为是致命值。

A. 10　　　　　　B. 50　　　　　　C. 80　　　　　　D. 100

④（单选题）高压动力电池电解液主要由具有腐蚀性的化学液体构成，因而在着火后，可以采用大量水或者（　　）灭火器灭火。

A. 泡沫　　　　　B. 干粉　　　　　C. 清水　　　　　D. 以上都不对

⑤（单选题）使用绝缘工具前，必要注意事项是（　　）。

A. 正确选取、检查及使用绝缘手套、防护目镜、防护服

B. 去除所有金属物品

C. 设立安全警戒标志，保证工作区域安全性

D. 以上都对

⑥（多选题）下列说法正确的是（　　）。

A. 维修高压车辆时，需要划定专门的区域

B. 维修高压车辆时，需要悬挂"高压危险"的标识

C. 修高压车辆时，需要悬挂"禁止合闸"的标识

D. 维修高压车辆时，需要悬挂"请勿靠近"的标识

2. 判断题

① 电流强度较大时无法再控制肌肉运动，这可能导致无法松开带电部件。（　　）

② 如果超过所谓的松开限值，就会形成危险的循环。电流流过人体的时间越长，其作用的危害性越大。（　　）

3. 简答题

① 请写出新能源汽车的高压部件和高压标识。

② 请写出维修汽车高压系统的必备条件。

③ 什么是电弧？电弧的危害有哪些？

④ 在检查或维修高压组件时，为什么要做好个人防护措施？

⑤ 使用绝缘手套前，为什么要对其进行检查？

⑥ 在检查或维修高压组件时，为什么要准备干粉灭火器？

六、学习评价

评价要素	考核内容	配分	A	B	备注
工作准备 （10%）	能够正确理解工作任务内容、范围及工作指令	3			
	准备工作场地及器材，能够识别工作场所的安全隐患	3			
	能正确使用维修手册查询资料	4			
知识目标 （75%）	能说出纯电动汽车的高压部件	5			
	能找出纯电动汽车的高压警示标识	5			
	能说出电流流过人体的影响因素	5			
	能口述电流对人体的危害	5			
	能口述电流持续时间和电流强度对人体的作用程度	7			

评价要素	考核内容	配分	A	B	备注
知识目标 （75%）	能说出什么是电弧	5			
	能说出电弧的危害	5			
	能口述电弧产生的原因	5			
	能口述纯维修电动汽车的防护用具	5			
	能口述绝缘手套的检查方法	7			
	能口述绝缘手套的作用	7			
	能口述绝缘头盔的作用	7			
	能口述护目镜的作用	7			
职业素养 （15%）	能进行设备和工具的安全检查	2			
	能进行车辆的安全防护操作	2			
	能进行工具的清洁、校准、存放操作	2			
	能进行"三不落地"操作	2			
	能进行工位 7S 操作	2			
	能正确、清晰地填写表单	5			
考核成绩			考评员签字：_____ 日　　期：_____年____月____日		

纯电动汽车动力电池

我国动力电池的优势如下。

1. 创新优势

创新突破，对降成本非常有利，这是企业在行业竞争中保持竞争力的关键。单体大电芯大大降低了外壳成本，如宁德时代创新采用 CTP 大模组、高镍 811 等技术，使得产品成本大幅降低。此外，产品良率的提升也大幅减少浪费，降低生产成本。

2. 效率优势

企业在管理层、架构、公司关系和主业的体制机制上有非常强的效率优势，这对公司的创新、扩产、降成本、研发、配套都起到核心优势作用。由此带来的产能、成本和研发迭代，都将固化为核心竞争力。

3. 原材料优势

动力电池上游是电池材料，直接材料成本占据动力电池电芯成本的 80% 以上，因此电池材料是电池降成本的关键之一。建立完整可靠的供应链体系以及设备体系，不仅对电池产品的质量稳定是基础保证，对于公司产能的扩张也是必要支持。

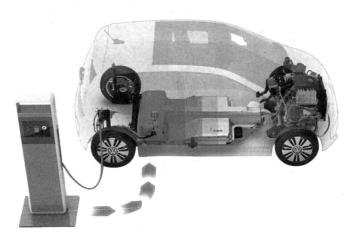

模块一　动力电池概述

一、学习目标

① 能找到动力电池的安装位置。
② 能口述动力电池的组成与结构。
③ 能口述动力电池的工作原理。
④ 能口述动力电池的组合方式。
⑤ 养成认真学习的习惯。
⑥ 养成 5S 工作习惯。

扫一扫

看视频

二、基础知识

1. 动力电池的作用

为纯电动汽车提供动力来源，动力电池与用于燃油汽车发动机启动的启动电池不同。纯电动汽车上多采用阀口密封式铅酸蓄电池、敞口式管式铅酸蓄电池以及磷酸铁锂蓄电池。

2. 动力电池的安装位置

动力电池大面积地安装在前桥和后桥之间的底盘上，其优点在于降低车辆的重心，实现更好的车辆性能，可以从车辆底板通达动力电池单元的所有接口（图 2-1-1）。

图 2-1-1　动力电池的安装位置

3. 动力电池的组成

（1）电池单体

单体电池是直接将化学能转化为电能的基本单元装置，包括电极、隔膜、电解质、外壳和端子，并被设计成可充电（图 2-1-2）。

（2）电池模组

将一个以上电池单体按照串联、并联或串并联方式组合，且只有一对正负极输出端子，并作为电源使用的组合体（图2-1-3）。

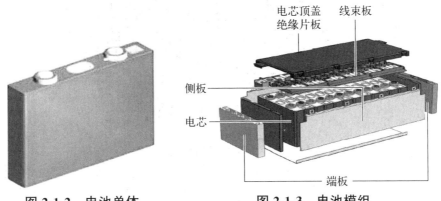

图 2-1-2　电池单体　　　　　图 2-1-3　电池模组

（3）电池监控电子设备采集系统

每一个电池单元都有多个电池监控电子设备采集系统（图2-1-4），以监测其中每个电池单体或电池组单体电压、温度等信息。电池监控电子设备采集系统将相关信息上报电池控制单元（BMU）并根据 BMU 的指令执行单体电压均衡。

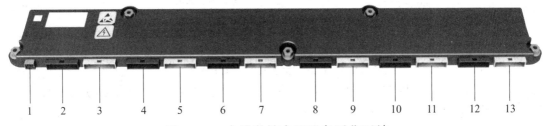

图 2-1-4　电池监控电子设备采集系统

1—连至 SME 的 CSC-CAN 接口；2—电池单元模块 1 温度传感器接口 CSC1A；3—电池单元模块 1 电压传感器接口 CSC1B；4—电池单元模块 2 温度传感器接口 CSC2A；5—电池单元模块 2 电压传感器接口 CSC2B；6—电池单元模块 3 和电池单元模块 4 温度传感器接口 CSC3A；7—电池单元模块 3 和电池单元模块 4 电压传感器接口 CSC3B；8—电池单元模块 5 和电池单元模块 6 温度传感器接口 CSC4A；9—电池单元模块 5 和电池单元模块 6 电压传感器接口 CSC4B；10—电池单元模块 7 和电池单元模块 8 温度传感器接口 CSC5A；11—电池单元模块 7 和电池单元模块 8 电压传感器接口 CSC5B；12—电池单元模块 9 和电池单元模块 10 温度传感器接口 CSC6A；13—电池单元模块 9 和电池单元模块 10 电压传感器接口 CSC6B

（4）电池控制单元

安装于动力电池总成内部，是电池管理系统的核心部件，电池控制单元将单体电压、电流、温度及整车高压绝缘等信息上报整车控制器（VCU），并根据 VCU 的指令完成对动力电池的控制（图2-1-5）。

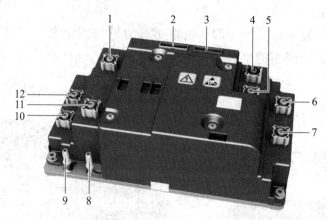

图 2-1-5　电池控制单元 SME

1—连至电气化驱动单元的 SME 高压接口 HV＋；2—通信插头接口，SME 插头 1（白色）；
3—通信插头接口，SME 插头 2（黑色）；4—连至高压连接区的 SME 高压接口 HV＋；
5—连至高压连接区的 SME 高压接口 HV－；6—连至电池单元模块 10 正极的 SME
高压接口；7—连至电池单元模块 1 负极的 SME 高压接口；8—冷却液进流；
9—冷却液回流；10,12—连至直流充电的高压接口 HV－；11—连至电气化
驱动单元的 SME 高压接口 HV－

（5）电池高压分配单元

安装在动力电池总成的正负极输出端，由高压正极继电器、高压负极继电器、预充继电器、电流传感器和预充电阻等组成。

（6）直流母线

位于前副车架上部，断开 12V 蓄电池正、负电缆，等待 5min 后，举升车辆，拔下直流母线连接充电机端插件。在进行高压零部件检查和维护前，断开直流母线可以确保切断高压。

注意：在断开直流母线时，首先确保电池对外无电流输出，并且佩戴绝缘防护装备。

4. 动力电池的组合方式

单体蓄电池无法满足纯电动汽车的使用要求，需要根据实际输出的电压和容量要求，将几百个单体蓄电池通过串联、并联和混联的形式组成蓄电池组才能使用。串联的主要目的是增加蓄电池电压；并联的主要目的是增加蓄电池容量；混联的主要目的是既增加蓄电池电压，又增加蓄电池容量，是常用的一种组合方式。

（1）串联组合蓄电池组

蓄电池正极和负极依次首尾相接，串联电压相加，但蓄电池串联后总容量不变。串联使用适合电流不变、电压需要增大的场合（图 2-1-6）。

（2）并联组合蓄电池组

正极和正极连接，负极和负极连接，并联容量相加。蓄电池并联使用适合电压不变、电流需要增大的场合。无论是串联还是并联，蓄电池的输出功率都增加。要

获得较大容量的蓄电池组，在单体蓄电池电压和外电阻不变的情况下，需要增加并联蓄电池数（图 2-1-7）。

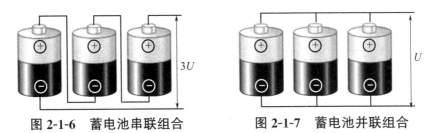

图 2-1-6　蓄电池串联组合　　　　图 2-1-7　蓄电池并联组合

（3）混联组合蓄电池组

当需要同时输出较大的电压和较大的容量时，单一串联或并联组合形式则难以满足使用要求。这时可以根据实际的电压和容量要求，首先将个单体蓄电池串联，然后将各串联电池组并联组合成混联蓄电池组。

图 2-1-8 所示为混联组合蓄电池组，分别为 3S2P 和 3SnP。3S2P 表示 3 个电池串联，再进行两组并联。如果每个电芯的电压为 3.7V，容量为 2.4A·h，则 3S2P 蓄电池组的电压为 11.1V，容量为 4.8A·h。3SnP 表示 3 个电池串联，再进行 n 组并联。

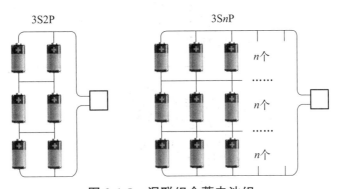

图 2-1-8　混联组合蓄电池组

例如，某纯电动汽车的动力电池使用的是软包装锂离子蓄电池，单体蓄电池外形尺寸为 262mm×217mm×8mm，单体蓄电池质量为 0.9kg，单体蓄电池标称电压为 3.63V，单体蓄电池数量为 192 个，组合方式为 96S2P，组合后的蓄电池组电压为 350V，能量为 38kW·h。

（4）某纯电动汽车动力电池的组合

每个单体蓄电池电压为 3.7V，容量为 53A·h，每个模块都有 12 个单体蓄电池，结构上采用两两并联再串联的结构，即"2 并 6 串"，整个蓄电池包由 16 个蓄电池模块串联构成。

16 个蓄电池模块串联成动力电池，总电压为 3.7V×6×16＝355V（图 2-1-9）。

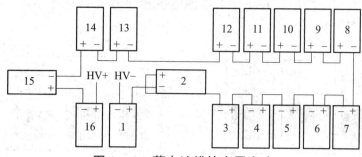

图 2-1-9　蓄电池模块布置方式

三、技能训练

写出动力电池零部件正确的名称及作用。

序号	图示	名称及作用
1		
2		
3	电芯顶盖　线束板 绝缘片板 侧板 电芯 端板	
4		

续表

序号	图示	名称及作用
5	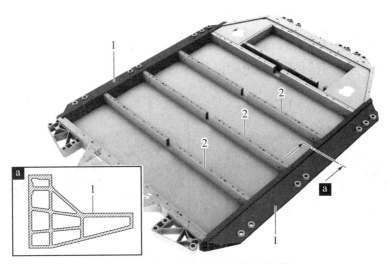	

四、拓展提升

1. 动力电池外壳

动力电池外壳由一个外壳下部件（图 2-1-10）和一个壳体盖组成。壳体盖采用塑料材质，它并非加强件，仅对高压蓄电池单元起到密封作用。壳体盖和外壳下部件通过螺栓连接。

图 2-1-10　动力电池外壳下部件
1—采用蜂巢结构的铝合金侧面挤压型材；2—横梁

外壳下部件非常稳定，其设计可以确保能够经受住一定严重程度的侧面碰撞，不会在此过程中导致电池单元模块严重受损。为了达到外壳的稳定性和刚性，对于采用蜂巢结构的铝合金侧面挤压型材，通过具有支撑作用的横梁额外进行加固。由塑料制成的壳体盖并非加强件，仅起到密封的作用。

2. 动力电池外部接口

在行驶方向上，在高压蓄电池中间前部的是高压连接区，它将高压蓄电池通过一个圆形高压插头与联合充电单元连接在一起。联合充电单元负责为高压组件车内空间的电子暖风装置和高压蓄电池电加热装置以及电动空调压缩机提供高压电。在联合充电单元上，同样也连接了交流充电插座的 3 个相位。通过 3 个 AC/DC 转换器，将在联合充电单元中经过整流的充电电压通过这条线路重新馈入高压蓄电池进行充电。动力电池外部接口如图 2-1-11 所示。

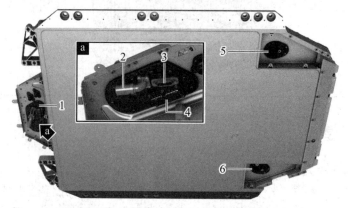

图 2-1-11   动力电池外部接口

1—高压连接区；2—连至联合充电单元的高压接口；3—连至低压车载网络的接口；4—100A
电压熔丝；5—连至电气化驱动单元的高压接口；6—用于直流充电的高压接口

连至低压信号插头的接口同样也位于高压连接区上。在高压连接区部件的内部，同样也安装了带有所属短路电阻的燃爆式安全开关（图 2-1-12）。

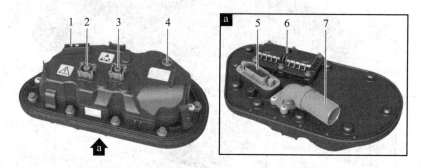

图 2-1-12   高压连接区

1—低压信号插头的内部接口；2—联合充电单元的高压接口正极（输入端）；3—联合充电单元的
高压接口负极（输入端）；4—燃爆式安全开关接口；5—低压信号插头的外部接口；
6—100A 高压熔丝；7—连至联合充电单元的高压接口（输出端）

另外一个高压接口将高压蓄电池和电气化驱动单元连接在一起，这个高压接口在行驶方向上位于高压蓄电池上左后部，并且被称为电气化驱动单元高压接口。使用了一个扁平高压插头用于高压连接。

第三个高压接口将高压蓄电池直接和高压直流充电插座相连。通过这个高压接口，直接用直流电为高压蓄电池充电。这个高压接口在行驶方向上位于高压蓄电池右后部，并且被称作直流充电高压接口（图 2-1-13）。

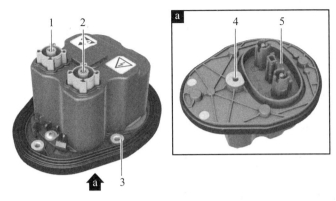

图 2-1-13　直流充电高压接口

1—连至直流充电插座的高压接口负极（输入端）；2—连至直流充电插座的高压接口正极（输入端）；

3—4 个紧固螺栓，用于螺栓连接到高压蓄电池外壳下部件上；4—扁平高压插头的紧固螺纹；

5—连至直流充电插座的高压连接件（输出端）

五、巩固练习

1. 选择题

① （单选题）以下哪个不属于动力电池的组成（　　）。

A. 动力电池模组　　　　　　　　　　B. 电池控制单元

C. 电池高压分配单元　　　　　　　　D. 电机控制单元

② （单选题）构成动力电池模块的最小单元是（　　），一般由正极、负极、电解质及外壳等构成，可实现电能与化学能之间的直接转换。

A. 电池模块　　　B. 电池模组　　　C. 电池单体　　　D. 以上都不对

③ （单选题）动力电池中由小到大排列顺序为（　　）。1. 电池模块；2. 电池单体；3. 电池模组；4. 电池包。

A. 1234　　　　B. 2341　　　　C. 2134　　　　D. 4321

④ （单选题）动力电池组的总电压可以达到（　　）。

A. 36～88V　　　B. 450～600V　　　C. 90～400V　　　D. 12～35V

⑤ （多选题）电池高压分配单元由（　　）组成。

A. 高压正极继电器　　　　　　　　　B. 高压负极继电器

C. 预充继电器　　　　　　　　　　　D. 电流传感器

E. 预充电阻

⑥ （单选题）当需要同时输出较大的电压和较大的容量时，应选择（　　）。

A. 串联　　　　B. 并联　　　　C. 串并联混合　　　D. 以上答案都对

2. 简答题

① 在纯电动汽车进行维修保养时，为什么要按维修手册选择举升机支撑的位置？

② 在对纯电动汽车进行动力电池检查时，为什么要戴绝缘手套、穿绝缘鞋、

戴安全头盔等绝缘防护装备？

③ 纯电动汽车动力电池温度过高时，是哪个控制单元监控动力电池温度的？

④ 请写出动力电池的作用。

⑤ 请写出动力电池的组成及工作原理。

⑥ 请写出动力电池串联、并联、混联的定义以及作用。

六、学习评价

评价要素	考核内容	配分	A	B	备注
工作准备 （10%）	能够正确理解工作任务内容、范围及工作指令	3			
	准备工作场地及器材,能够识别工作场所的安全隐患	3			
	能正确使用维修手册查询资料	4			
知识目标 （75%）	能说出动力电池的作用	5			
	能说出电池单体的组成	5			
	能说出电池模组的组成	5			
	能说出电池监控电子设备采集系统的作用	5			
	能说出电池监控电子设备采集系统的组成	5			
	能说出电池控制单元的作用	5			
	能口述电池高压分配单元的组成	5			
	能说出动力电池的组合方式及特点	5			
	能说出某款纯电动汽车动力电池的组合方式	7			
	能正确找到动力电池的安装位置	7			
	能正确区分电池单体和电池模组	7			
	能正确找到电池监控电子设备采集系统各部件并说出其名称	7			
	能正确找到电池控制单元	7			
职业素养 （15%）	能进行设备和工具的安全检查	2			
	能进行车辆的安全防护操作	2			
	能进行工具的清洁、校准、存放操作	2			
	能进行"三不落地"操作	2			

续表

评价要素	考核内容	配分	A	B	备注
职业素养 （15%）	能进行工位7S操作	2			
	能正确、清晰地填写表单	5			
考核成绩		考评员签字：_____ 日　　期：____年___月___日			

模块二　铅酸启停蓄电池

一、学习目标

① 能口述铅酸启停蓄电池的作用。
② 能口述铅酸启停蓄电池与普通电池的区别。
③ 能口述铅酸启停蓄电池的结构。
④ 养成认真学习的习惯。
⑤ 养成5S工作习惯。

二、基础知识

1. 启停蓄电池的概述

启停蓄电池是指阀控式贫液玻璃纤维电池（AGM蓄电池）或增强型富液电池（EFB蓄电池），主要满足汽车启停系统的需要。启停蓄电池具有电池容量更大、充放电更快速、使用寿命更长的特点，其主要应用在装有启停系统的汽车上（图2-2-1）。

2. 启停蓄电池的分类

EFB和AGM都属于专用于启停的蓄电池，但两种电池内部结构不同，又分别被称为富电池和贫电池。与EFB电池相比，AGM电池具有更好的综合性能。与AGM电池相比，EFB电池具有适用温度范围广等特点（图2-2-2）。

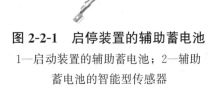

图2-2-1　启停装置的辅助蓄电池
1—启动装置的辅助蓄电池；2—辅助蓄电池的智能型传感器

3. 启停蓄电池AGM和EFB的区别

（1）EFB启停蓄电池

即增强型富液式蓄电池，EFB电池是在传统电池技术基础上，通过调整活性物质配方，以提高电池深循环性能。此外，增强的内部极群组装配强度，让蓄电池

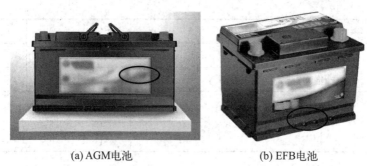

(a) AGM电池　　　　　　　(b) EFB电池

图 2-2-2　启停蓄电池的分类

提高寿命的同时具有更强的抗震性能。防止电池的活性物质脱落，使蓄电池延长 2 倍以上深循环寿命，提高了蓄电池的充电能力。

EFB 电池适合安装在发动机舱附近（富液式蓄电池带加液孔），耐高温，可维护。日系汽车安装 EFB 电池的比较多（图 2-2-3）。

（2）AGM 启停蓄电池

即阀控式玻璃纤维电池。AGM 电池采用贫液式设计，极板不浸泡在电解液中，除了极板内部吸附一部分电解液外，大部分电解液吸附在多孔的玻璃纤维隔板上，并采用紧装配技术，使隔板保持一定比例的空隙不被电解液占据，从而增加蓄电池深循环寿命（可以达到普通蓄电池的 3 倍）和使用寿命。

AGM 电池应避免高温，适合安装在座位下面和后备厢中的常温环境。欧美高档汽车安装 AGM 电池的多一些（图 2-2-4）。

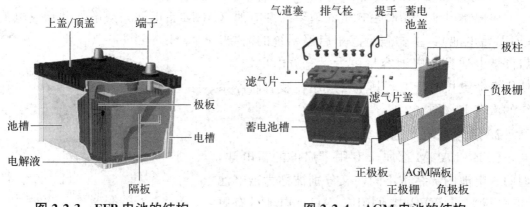

图 2-2-3　EFB 电池的结构　　　　**图 2-2-4　AGM 电池的结构**

4. 启停蓄电池与普通蓄电池的区别

启停蓄电池可以在短时间内提供较大的电流，可以反复多次充放电，具有较长的使用寿命。

启停蓄电池比普通蓄电池使用次数更多，寿命更长，它的极板比普通蓄电池的极板硬，活性物质不容易脱落，适用于带启停模式的汽车。启停蓄电池都采用冲压工艺，技术要求较高，容量更大，可以快速充放电，普通的铅酸蓄电池无法在短时间内多次大电流放电，其隔板无法让电离子快速通过（图2-2-5）。

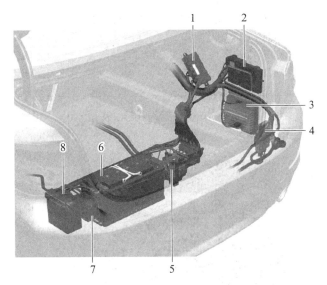

图 2-2-5　AGM 启停蓄电池安装位置

1—右侧蓄电池配电盒；2—后部配电盒；3—500W 电源控制单元；4—150W 电源控制单元；
5—带安全型蓄电池接线柱的配电盒；6—蓄电池；7—隔离元件；8—后备厢附加蓄电池

三、技能训练

1. 准备工作

用途类别	工具设备名称	单位	数量	备注
安全防护	车辆防护、个人防护用品	套	4	
设备与工具	查询维修手册、用计算机记录维修工单	套	1	
	维修工具车、零件车	台	1	含拆装工具
	手电筒	把	1	
车辆与配件	实训车辆	辆	1	

2. 安全及注意事项

① 熟知并了解车辆更换启停蓄电池的安全注意事项。

② 确保没有任何充电器连接到发动机室内的外部启动接线柱上。

③ 断开蓄电池上的蓄电池负极导线。

④ 对于辅助电池：断开所有辅助电池的负极导线。

⑤ 合理规范地使用工具，未经允许禁止违规操作。

3. 实操作业

按下表对车辆启停蓄电池进行更换作业，以 AGM 电池为例。

步骤	操作方法	操作记录
1. 准备工作	(1)做好个人防护和工作着装 (2)车辆防护：安装方向盘三件套与前翼子板布和前格栅布 (3)准备维修资料 (4)准备工具	□ 确认着装规范 □ 确认车辆或台架已做好防护 □ 确认资料与车型一致 □ 确认工量具齐全
2. 停用 48V 车载网络	通过打开车前盖停用 48V 车载网络，停用会自动进行 	□ 确认车前盖打开
3. 检查 48V 车载网络是否停用	快速按下启动/停止按钮 3 次，不要操纵制动踏板，以建立 PAD 模式。在 PAD 模式下，检查组合仪表内的无电压状态 正常状态时仪表会出现：检查控制信息"48V 车载网络已关闭" 	□ 48V 车载网络停用
4. 断开 48V 蓄电池的负极线	解锁并脱开 CAN 总线的插头连接 1，松开夹子 2 	□ 确定脱开 CAN 总线的插头连接及夹子

续表

步骤	操作方法	操作记录
4.断开48V蓄电池的负极线	松开螺母1,将48V蓄电池的负极导线2从蓄电池负极上拔下,置于一旁并固定 	□ 确定拆下48V蓄电池负极线
5.拆卸汽车AGM蓄电池	松开螺母1,将蓄电池负极接线柱2从蓄电池负极中拔下 将蓄电池负极导线置于一侧并固定 	□ 确定拆卸AGM蓄电池负极 □ 固定AGM蓄电池负极线
	将后备厢天线及支架1向上从后备厢底板2上松脱 将后备厢天线及支架1放在一侧 	□ 确定拆下后备厢天线及支架 □ 放置好后备厢天线及支架
	打开蓄电池正极盖板1 松开下面的螺母 松开螺栓2,取下蓄电池支架 拔下排气管3 拆卸车辆AGM蓄电池4 	□ 确定打开蓄电池正极盖板 □ 确定松开螺母 □ 确定松开螺栓并取下蓄电池支架 □ 确定拔下排气管

续表

步骤	操作方法	操作记录
6. 取下汽车 AGM 蓄电池	平稳取下 AGM 蓄电池并放置在安全可靠的地方 	□ 平稳取下 AGM 蓄电池 □ 将 AGM 蓄电池置于安全可靠的地方
7. 安装汽车 AGM 蓄电池	安装车辆电池 4 如图所示,用螺栓 2 定位并拧紧蓄电池支架。标准力矩:10N·m 将蓄电池正极接线柱定位在蓄电池正极上 拧紧蓄电池正极接线柱上的螺母。标准力矩:5N·m 合上正极导线盖板 1 定位排气管 3 	□ 正确安装 AGM 蓄电池 □ 正确安装蓄电池支架螺栓 □ 正确使用扭力扳手紧固蓄电池支架螺栓 □ 正确安装 AGM 蓄电池正极 □ 正确使用扭力扳手紧固正极接线柱上的螺母 □ 正确安装 AGM 蓄电池正极导线盖板 □ 正确安装 AGM 蓄电池排气管
	将后备厢天线及支架 1 在后备厢底板 2 上固定好 	□ 正确安装后备厢天线及支架
	将蓄电池负极接线柱 2 定位在蓄电池负极上,拧紧螺母 1。标准力矩:5N·m 	□ 正确安装蓄电池负极接线柱 □ 正确使用扭力扳手紧固负极接线柱上的螺母

续表

步骤	操作方法	操作记录
8. 检查电池的通气口	检查是否正确地用塞子封闭通气口 1 检查在通气口 2 上是否正确连接了排气管 3 检查排气管 3 是否以一定的落差朝外铺设 电池有两个相对的通气口：通气口 1 必须用塞子正确封闭；在另一个通气口 2 处必须正确连接和敷设排气管 3	□ 是否正确地用塞子封闭通气口 □ 通气口上是否正确连接了排气管 □ 排气管是否以一定的落差朝外铺设
9. 安装 48V 蓄电池	将 48V 蓄电池负极导线定位在蓄电池负极上，拧紧螺母。标准力矩：19N·m 连接 CAN 总线的插头 1 且上锁，将夹子 2 嵌入	□ 正确安装 48V 蓄电池负极 □ 正确使用扭力扳手紧固正极接线柱上的螺母 □ 正确连接 CAN 总线的插头 □ 正确安装 CAN 总线的插头线束夹子
10. 启动 48V 车载网络	通过关闭车前盖启动 48V 车载网络，激活会自动进行	□ 确认已关闭车前盖
11. 完工整理	(1)工具设备整理、复位 (2)车辆整理、复位 (3)场地整理	□ 整理完成

四、拓展提升

1. 汽车启停系统的组成

在车辆静止时或以电动模式行驶时，启动装置能够通过齿带启动器舒适地启动发动机。启停系统组成部件：

① 启动装置的辅助蓄电池；

② 辅助蓄电池的智能型传感器；

③ 辅助蓄电池的安全接线柱；

④ 辅助蓄电池充电装置；

⑤ 齿带启动器或小齿轮起动机。

2. 辅助蓄电池的智能型传感器

辅助蓄电池的智能型传感器通过 LIN 总线连接在电机电子伺控系统上。此智能型传感器是一个带有专用微处理器的机械电子部件。为监控蓄电池状态，探测下列测量值：

① 端电压；

② 充电电流和放电电流；

③ 蓄电池接线柱的温度。

3. 齿带启动器或小齿轮起动机

齿带启动器占据发动机上的皮带传动结构空间（图 2-2-6）。齿带启动器生成的转矩通过齿带和减振器传递至曲轴，以这种方式启动发动机。为了能够可靠传递启动电机的转矩，使用机械张紧辊。发动机启动后，将曲轴超越离合器与曲轴齿带启动器分离。齿带启动器具有下列优点。

图 2-2-6　齿带启动器

1—齿带；2—蓄电池正极导线；
3—插头连接；4—齿带的齿轮

① 非常快速、低噪声和振动少地启动发动机。

② 可以在任何情况下启动发动机。启动装置可以重新启动刚刚熄火的发动机，由此可以使得发动机启动优化匹配于运行策略或者行驶状况。

③ 良好的冷启动性能和热启动性能。齿带启动器由具有双中间轴的永久励磁的直流电机构成。齿带启动器可以输出 1.7kW 的额定功率和 96N·m 的转矩。齿带启动器为免维护型，发生损坏时只能整体更新。

五、巩固练习

1. 单项选择题

① 在拆装蓄电池电缆时，下列（　　）步骤是正确的。

A. 先拆负极，先装正极　　　　　　B. 先拆正极，先装正极

C. 先拆负极，先装负极　　　　　　D. 先拆正极，先装负极

② 智能型蓄电池传感器是一个带有专用微处理器的机械电子部件。为监控蓄电池状态，探测下列测量值（　　）。

A. 端电压　　　　　　　　　　　　B. 充电电流和放电电流

C. 蓄电池接线柱的温度　　　　　　　D. 以上答案都对

2. 判断题

① 启停蓄电池主要满足汽车启停系统的需要。启停蓄电池具有电池容量更大、充放电快速、使用寿命更长的特点。（　　）

② EFB 富液蓄电池适合安装在发动机舱附近（富液电池带加液孔），耐高温，不可维护。日系汽车安装 EFB 电池的比较多。（　　）

③ AGM 贫液式蓄电池应避免高温，适合安装在座位下面和后备厢的常温环境中。（　　）

④ 启停蓄电池具有电池容量更大、充放电快速、使用寿命更长的特点。（　　）

3. 简答题

① 在更换汽车启停蓄电池时，为什么要选择启停蓄电池的类型？

② 在更换汽车启停蓄电池时，先拆卸启停蓄电池负极线还是正极线？

③ 请写出铅酸启停蓄电池的作用。

④ 请写出启停蓄电池的分类。

⑤ 请写出 EFB 启停蓄电池的特点。

⑥ 请写出 AGM 启停蓄电池的特点。

⑦ 请写出启停蓄电池与普通蓄电池的区别。

六、学习评价

评价要素	考核内容	配分	A	B	备注
工作准备（10%）	能够正确理解工作任务内容、范围及工作指令	3			
	准备工作场地及器材,能够识别工作场所的安全隐患	3			
	能正确使用维修手册查询资料	4			
知识目标（75%）	能说出铅酸启停蓄电池的作用	5			
	能说出启停蓄电池的分类	5			
	能说出 EFB 启停蓄电池的特点	5			
	能说出 AGM 启停蓄电池的特点	5			
	能说出启停蓄电池与普通蓄电池的区别	5			
	能口述铅酸启停蓄电池的结构	5			
	能口述汽车启停系统的作用	5			
	能口述启停系统的组成	5			
	能口述辅助蓄电池的智能型传感器的测量值	7			

续表

评价要素	考核内容	配分	A	B	备注
知识目标 （75%）	能正确找到启停蓄电池	7			
	能拆装启停蓄电池	21			
职业素养 （15%）	能进行设备和工具的安全检查	2			
	能进行车辆的安全防护操作	2			
	能进行工具的清洁、校准、存放操作	2			
	能进行"三不落地"操作	2			
	能进行工位 7S 操作	2			
	能正确、清晰地填写表单	5			
考核成绩		考评员签字：_____ 日　期：____年___月___日			

模块三　锂离子蓄电池

一、学习目标

① 能口述锂离子蓄电池的类型。
② 能口述单体蓄电池的结构。
③ 能口述锂离子蓄电池的工作原理。
④ 养成认真学习的习惯。
⑤ 养成 5S 工作习惯。

扫一扫

看视频

二、基础知识

1. 锂离子蓄电池类型

锂离子蓄电池可以按照形状和正极材料进行分类。

图 2-3-1　圆柱形
锂离子蓄电池

（1）根据锂离子蓄电池形状分类

可以分为圆柱形锂离子蓄电池、方形锂离子蓄电池和软包锂离子蓄电池。

① 圆柱形锂离子蓄电池。圆柱形锂离子蓄电池是指具有圆柱形电池外壳和连接元件（电极）的蓄电池。特斯拉纯电动汽车使用的是圆柱形锂离子蓄电池（图 2-3-1）。

比较典型的圆柱形锂离子蓄电池有 18650 和 21700。18650 蓄电池是日本索尼公司的一种标准性的锂离子蓄电池型号，其中 18 表示直径为 18mm，65 表示长度为 65mm，0 表示为圆柱形蓄电池；18650 单体蓄电池容量为 2.2～3.6A·h，单体蓄电池质量为 45～48g；蓄电池系统能量密度为 250W·h/kg。21700 蓄电池为特斯拉与松下公司联合研发的，21 表示蓄电池直径为 21mm，70 表示长度为 70mm，0 表示为圆柱形电池；21700 单体蓄电池容量为 3.0～4.8A·h，单体蓄电池质量为 60～65g；蓄电池系统能量密度为 300W·h/kg。

圆柱形锂离子蓄电池采用非常成熟的卷绕工艺，生产自动化水平高，批量化生产成本较低，同时保持较好的良品率和成组一致性。在应用层面，圆柱形锂离子蓄电池由于其结构特性，成组后单体蓄电池之间仍保留有一定的空隙，利于散热，但其单体体积较小。为实现长续驶里程目标，相应蓄电池总量需求更多，因此大大增加了系统连接及管控难度。钢壳蓄电池的自重较大，其质量能量密度提升空间受限。

② 方形锂离子蓄电池。方形锂离子蓄电池是指具有长方形蓄电池外壳和连接元件（电极）的蓄电池。由于方形锂离子蓄电池电芯连接比圆形锂离子蓄电池容易，所以国内纯电动汽车用动力电池以方形锂离子蓄电池为主（图 2-3-2）。

方形锂离子蓄电池以铝壳为主，其规格尺寸多为根据搭载车型需求进行定制开发，设计相对灵活，具有很强的适配性，但也使得该结构单体蓄电池批量化生产工艺难以统一，降低自动化水平进程。在应用层面，方形锂离子蓄电池外壳更趋向于轻量化铝合金材质，结构设计更为简单，因此相对于圆柱形锂离子蓄电池，质量能量密度有所提升。成组后其排列方式更为紧凑，空间利用率较高，并且其外壳材质具有一定的强度，因此成组难度较小，但相应地对于热安全管控技术提出更高要求。

③ 软包锂离子蓄电池。软包锂离子蓄电池是指具有复合薄膜制成的蓄电池外壳和连接元件（电极）的蓄电池（图 2-3-3）。

图 2-3-2　方形锂离子蓄电池

图 2-3-3　软包锂离子蓄电池

软包锂离子蓄电池采用质量更小且韧度更高的铝塑膜材料，同时单体蓄电池内部装配为叠片式结构，其规格尺寸目前也以定制化开发为主。

软包锂离子蓄电池具有以下优势。

① 安全性能好。软包锂离子蓄电池较少漏液，鼓气严重时会裂开，在一定程度上可以降低因内压过大而导致爆炸的风险。

② 重量轻。软包锂离子蓄电池的重量比同等容量的钢壳方形锂离子蓄电池约轻40%，比铝壳方形锂离子蓄电池约轻20%。

③ 单位体积电能容量大。软包锂离子蓄电池较同等规格尺寸的钢壳锂离子蓄电池可多容纳电能约50%，较铝壳锂离子蓄电池多出20%～30%。

④ 循环性能好。软包锂离子蓄电池的循环寿命更长，100次循环衰减比铝壳锂离子蓄电池少4%～7%。

⑤ 设计灵活。可根据客户需求定制外形。普通铝壳的厚度一般只能做到4mm，而铝塑膜软包的厚度可以低至0.5mm。

软包锂离子蓄电池也有缺点，主要是生产工艺复杂，单体蓄电池一致性和良品率相对较低。

(2) 根据锂离子蓄电池正极材料分类

根据锂离子蓄电池正极材料的不同，锂离子蓄电池主要分为磷酸铁锂电池、锰酸锂电池、钛酸锂电池、钴酸锂电池和三元锂电池等。

① 磷酸铁锂电池。磷酸铁锂电池是指用磷酸铁锂作为正极材料的锂离子蓄电池（图2-3-4）。磷酸铁锂具有橄榄石晶体结构，其理论容量为170mA·h/g，在没有掺杂改性时其实际容量已高达110mA·h/g。通过对磷酸铁锂进行表面修饰，其实际容量可高达165mA·h/g，已经非常接近理论容量，工作电压为3.4V左右。磷酸铁锂电池的优点是稳定性高，安全可靠，环保并且价格低；缺点是电阻率较大，电极材料利用率低。

② 锰酸锂电池。锰酸锂电池是指用锰酸锂作为正极材料的锂离子蓄电池。锰酸锂具有尖晶石结构，其理论容量为148mA·h/g，实际容量为90～120mA·h/g，工作电压范围为3～4V。锰酸锂电池的优点是锰资源丰富，价格便宜，安全性高，比较容易制备；缺点是理论容量低，与电解质相溶性不好，在深度充放电的过程中电池容量衰减快。

③ 钛酸锂电池。钛酸锂电池是一种用作负极材料锂离子蓄电池，钛酸锂可与锰酸锂、三元材料或磷酸铁锂等正极材料组成2.4V或1.9V的锂（离子）二次电池。此外，它还可以用作正极，与金属锂或锂合金负极组成1.5V的锂二次电池。钛酸锂具有高安全性、高稳定性、长寿命和绿色环保的特点。钛酸锂电池工作电压为2.4V，最高电压为3.0V。

④ 钴酸锂电池。钴酸锂电池是指用钴酸锂作为正极材料的锂离子蓄电池。钴酸锂电池的优点是电化学性能优越，易加工，性能稳定，一致性好，比容量高，综合性能突出；缺点是安全性较差，成本高。钴酸锂主要用于小型电池，如手机电池、计算机电池等。

⑤ 三元锂电池。三元锂电池是指使用镍钴锰酸或镍钴铝作为正极材料，石墨作为负极材料的锂电池。与磷酸铁锂电池不同，三元锂电池电压平台很高，工作电压为 3.7V 左右，这也就意味着在相同的体积或重量下，三元锂电池的比能量、比功率更大。除此之外，在大倍率充电和耐低温性能等方面，三元锂电池也有很大的优势。特斯拉的 Model S 采用的松下 18650 电池组成的蓄电池组就是三元锂电池（图 2-3-4）。

图 2-3-4　三元锂电池和磷酸铁锂电池

三元锂电池以镍钴锰路线为主，而且不断提高镍的比例。从镍∶钴∶锰比例 3∶3∶3（实际为各占 1/3）转向 6∶2∶2，再转变到 8∶1∶1，称为 811 电池。

2. 锂离子单体蓄电池的结构

锂离子单体蓄电池主要由正极、负极、隔膜、电解液、外壳等组成（图 2-3-5）。

① 正极。正极材料作为锂离子蓄电池中锂离子的唯一供给者，对锂离子蓄电

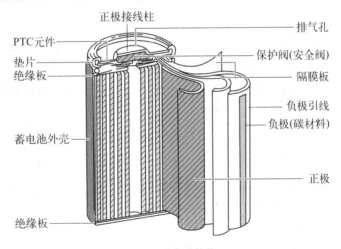

(a) 圆柱形锂离子蓄电池结构

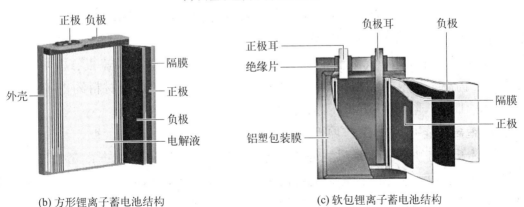

(b) 方形锂离子蓄电池结构　　　　(c) 软包锂离子蓄电池结构

图 2-3-5　锂离子单体蓄电池的结构

池能量密度的提高及成本的降低起着决定性作用。被广泛采用的正极材料主要有磷酸铁锂、锰酸锂、钴酸锂和三元材料等。特斯拉 Model 3 的动力电池使用的正极材料是镍钴铝三元材料；比亚迪 e6 的动力电池使用的正极材料是磷酸铁锂/镍钴锰三元材料。

② 负极。负极材料影响锂离子蓄电池的安全性，负极材料有碳材料、石墨材料和钛酸锂等。目前，广泛应用的碳基负极材料，将锂在负极表面的沉积/溶解转变为在碳材料中的嵌入/脱出，大幅度地减少锂枝晶的形成，提高锂离子蓄电池的安全性。特斯拉 Model 3 的动力电池使用的负极材料是石墨＋硅；比亚迪 e6 的动力电池使用的负极材料是石墨。

③ 隔膜。隔膜是夹在蓄电池正极片和负极片之间起电子绝缘作用并提供锂离子迁移微通道的薄膜，是影响蓄电池性能的重要组件。

隔膜起着分离正极和负极的功能，既避免蓄电池正极和负极直接接触短路，又能起着锂离子传导和绝缘的功能。目前，应用比较广泛的隔膜主要有聚乙烯（Poly Ethylene，PE）隔膜、聚丙烯（Polypro Pylene，PP）隔膜、PP-PE-PP 三层隔膜、无纺布复合隔膜、凝胶隔膜、表面涂覆的复合隔膜等。

没有哪种隔膜适用于所有的蓄电池材料体系和蓄电池型号。为使动力电池发挥最佳的性能，需要根据具体的蓄电池设计以及蓄电池制造的工艺和设备水平选配适合的隔膜。为保证动力电池的安全性，隔膜的孔隙率不能太高，以 30%～45% 为宜。单体容量较高的能量型蓄电池不宜使用过薄的隔膜；而功率型蓄电池可以考虑孔隙率较高、较薄的隔膜。

④ 电解液。电解液是锂离子蓄电池中锂离子传输的载体，一般由锂盐和有机溶剂组成。电解液在锂离子电池正、负极之间起到传导锂离子的作用。溶有电解质锂盐的有机溶剂提供锂离子，电解质锂盐有 $LiPF_6$、$LiClO_4$、$LiBF_4$ 等，有机溶剂主要由碳酸二乙酯（Diethyl Carbonate，DEC）、碳酸丙烯酯（Propylene Carbonate，PC）、碳酸乙烯酯（Ethylene Carbonate，EC）、碳酸二甲酯（Dimethyl Carbonate，DMC）等其中的一种或几种混合组成。

电解液与蓄电池之间的对应性强，使用时根据不同厂商蓄电池设计的电化学性能要求，配套使用不同配方的电解液。

⑤ 外壳。外壳用于蓄电池封装，主要包括铝壳、铝塑膜、盖板、极耳、绝缘片等。在锂离子蓄电池成本结构中，正极材料约占 33%，负极材料约占 10%，电解液约占 12%，隔膜约占 30%，其他约占 15%。

3. 锂离子蓄电池的工作原理

锂离子蓄电池的工作原理就是指其充放电原理。当对蓄电池进行充电时，蓄电池的正极上有锂离子生成，生成的锂离子经过电解液运动到负极。而作为负极的碳呈层状结构，它有很多微孔，到达负极的锂离子就嵌入碳层的微孔中，嵌入的锂离子越多，充电容量越高。

单体锂离子蓄电池的最高充电终止电压为 4.2V，不能过充，否则会因正极的锂离子丢失太多而使蓄电池报废。对锂离子蓄电池进行充电时，应采用专用的恒流、恒压充电器，先恒流充电至锂离子蓄电池两端电压为 4.2V 后，再转入恒压充电模式；当恒压充电电流降至 100mA 时，应停止充电。

由于锂离子蓄电池的内部结构原因，放电时锂离子不能全部移向正极，必须保留一部分锂离子在负极，以保证在下次充电时锂离子能够畅通地嵌入通道，否则蓄电池寿命会缩短。为了保证石墨层中放电后留有部分锂离子，应要严格限制放电终止最低电压，也就是说锂离子蓄电池不能过放电。单体锂离子蓄电池的放电终止电压通常为 3.0V，最低不能低于 2.5V。蓄电池放电时间长短与蓄电池容量、放电电流大小有关。

蓄电池充电时，正极上锂原子电离成锂离子和电子（脱嵌），锂离子通过电解液运动到负极，得到电子，被还原成锂原子嵌入碳层的微孔中（插入）；蓄电池放电时，嵌在负极碳层中的锂原子，失去电子（脱插）成为锂离子，通过电解液，又运动回正极（嵌入）；锂离子蓄电池的充放电过程，也就是锂离子在正负极间不断嵌入和脱嵌的过程，同时伴随着等当量电子的嵌入和脱嵌。锂离子数量越多，充放电容量就越高（图 2-3-6）。

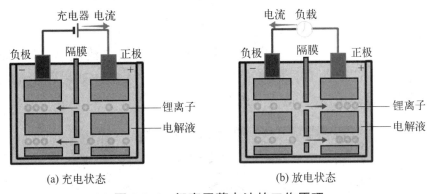

图 2-3-6　锂离子蓄电池的工作原理

蓄电池反应过程中既没有消耗电解液，也不产生气体，只是锂离子在正负极间移动，所以锂离子蓄电池的结构可以做成完全封闭的。此外，正常条件下，蓄电池充放电过程中没有其他副反应，所以锂离子蓄电池充电效率很高，甚至达到 100%。

放电时锂离子不能完全移向正极，必须保留一部分锂离子在负极，以保证下次充电时的锂离子畅通嵌入通道，否则，蓄电池寿命就相当短。为了保证碳层中放电后留有部分锂离子，也就是锂离子电池不能过放电，这就要严格限制放电终止最低电压；同时，根据锂离子工作原理，最高充电终止应为 4.2V，不能过充，否则会因正极材料中的锂离子过度减少时，造成晶型坍塌，而使电池表现出寿命终结状态。由此可见，锂离子充/放电控制精度要求相当高，既不能过充，也不能过放，否则都将影响蓄电池寿命，这是由锂离子电池工作机理所决定的。

4. 锂离子蓄电池的应用

（1）雪佛兰 Bolt 纯电动汽车

动力电池是由 288 个 LG 方形电芯制成，单体电芯标称容量为 55A·h，标称电压为 3.75V，系统电能为 59.4kW·h（288×55A·h×3.75V）；蓄电池系统体积为 285L，质量为 435kg，体积能量密度为 208W·h/L，质量能量密度为 136W·h/kg（图 2-3-7）。

图 2-3-7 雪佛兰 Bolt 纯电动汽车动力电池

（2）特斯拉 Model S 纯电动汽车

动力电池由 7104 节 18650 锂离子电池组成，16 个蓄电池模块串联而成，每个蓄电池模块采用 6S72P 组合，即 6 个电芯串联，共 74 组。如果每个电芯电压为 3.7V，则动力电池总电压为 355V（图 2-3-8）。

图 2-3-8 特斯拉 Model S 纯电动汽车动力电池

（3）比亚迪刀片电池

传统的磷酸铁锂电池包含三层结构：单体、模组和电池包，其中单体和模组的支撑固定结构件会占据很大一部分空间。

刀片电池直接将单体电池拉长，固定在电池包的边框上。在刀片电池里，电池单体成为结构件的一部分，既是供电部件，又是电池包的梁，省去了模组和大部分支撑结构，空间利用率大大提升。同样的电池体积里，现在可以塞下比以前多得多的单体电池。据比亚迪给出的数据，对电池包的重塑使刀片电池单位体积能量密度提升 50%，相当于原来满充能行驶 400km 的纯电动汽车，如今能行驶 600km。由于刀片电池也是磷酸铁锂电池，所以安全性非常高（图 2-3-9）。

图 2-3-9　比亚迪刀片电池

三、技能训练

① 写出下列零部件正确的名称及特点。

序号	图示	名称及特点
1		
2		
3		

② 一辆纯电动汽车因续航里程有明显的缩短而进厂检查，修理人员使用新能源故障诊断仪对动力电池的总电压、电池模组或单体电池电压进行读取并记录。

四、拓展提升

动力电池是纯电动汽车的储能装置，要评定动力电池的实际效应，主要是看其性能指标。动力电池性能指标主要有电压、容量、能量、功率、内阻、放电电流、荷电状态、自放电率、输出效率、使用寿命等，根据动力电池种类不同，其性能指标也有差异。

（1）电压

蓄电池电压主要有电动势、开路电压、工作电压、标称电压、放电终止电压和充电终止电压。

（2）容量

蓄电池容量是指在一定的放电条件下可以从蓄电池放出的电量，单位为 A·h 或 kA·h，它等于放电电流与放电时间的乘积，1A·h 就是能在 1A 的电流下放电 1h。

单体蓄电池内活性物质的数量决定其含有的电荷量，而活性物质的含量则由蓄电池使用的材料和体积决定，通常蓄电池体积越大，容量越高。蓄电池的容量可以分为理论容量、额定容量、实际容量、比容量、剩余容量等。

（3）能量

蓄电池的能量是指蓄电池在一定放电条件下对外做功所能输出的电能，单位为 W·h 或 kW·h。它影响纯电动汽车的续驶里程。蓄电池的能量主要分为理论能量、实际能量和比能量。

（4）功率

蓄电池的功率是指在一定放电制度下，单位时间内蓄电池所输出的能量，单位为 W 或 kW。蓄电池的功率决定了纯电动汽车的加速性能和爬坡能力。

功率密度是指单位质量或单位体积的蓄电池所输出的功率，相应地称为质量功率密度或体积功率密度，单位为 W/kg 或 W/L。

功率密度的大小表示蓄电池所能承受的工作电流的大小。蓄电池的功率密度大，表示它可以承受大电流放电。功率密度是评价单体蓄电池或蓄电池组是否满足纯电动汽车加速、爬坡能力和制动能量回收能力的重要指标。

（5）内阻

蓄电池的内阻是指电流通过蓄电池内部时所受到的阻力，它包括欧姆内阻和极化内阻。

（6）放电电流

放电电流是指蓄电池放电时电流的大小。放电电流直接影响蓄电池的各项性能指标，例如放电电流的大小直接影响蓄电池的容量或能量。放电电流一般用放电率表示，放电率是指蓄电池放电时的时率，常用"时率"和"倍率"两种形式表示。

（7）荷电状态

荷电状态（State of Charge，SOC）是指蓄电池在一定放电倍率下，剩余电量与相同条件下额定容量的比值，反映蓄电池容量变化的特性，是蓄电池使用过程中的重要参数。荷电状态值是一个相对值，一般用比例（%）方式表示，SOC 的数值为 $0 \leqslant SOC \leqslant 100\%$。SOC=100%，表示蓄电池为充满状态；SOC=0，表示蓄电池为全放电状态。因为蓄电池所能放出的容量受充放电倍率、温度、自放电、老化、充放电循环次数等因素的影响，所以表示蓄电池剩余电量的 SOC 也与这些因素有关。在实际应用中，经常要对蓄电池的 SOC 进行估算。一般蓄电池放电高效率区为（50%～80%）SOC。对蓄电池 SOC 值的估算已成为蓄电池管理的重要环节。

（8）自放电率

自放电率是指蓄电池在存放期间容量的下降率，即蓄电池无负荷时自身放电使容量损失的速度，它表示蓄电池搁置后容量变化的特性。自放电率用单位时间容量降低的比例（%）表示。自放电率除了与蓄电池体系自身特性有关外，还与环境温度、湿度等有关。

（9）输出效率

动力电池作为能量存储器，充电时把电能转化为化学能贮存起来，放电时把电能释放出来。在这个可逆的电化学转换过程中，有一定的能量损耗。通常用蓄电池的容量效率和能量效率来表示。

五、巩固练习

1. 单项选择题

① 目前纯电动汽车领域应用最广的动力电池类型为（　　　）。

A. 镍氢电池　　　B. 锂电池　　　　　C. 铅酸电池　　　　　D. 锌系列电池

② 三元锂电池是指正极材料以哪三种元素（　　　）的盐为原料？

A 镍钴锰　　　　B. 铁钴锰　　　　　C. 铁钴锌　　　　　D. 铁钴镁

③ 以下几种常见电池当中，（　　　）电池有毒。

A. 钴酸锂电池　　B. 锰酸锂电池　　　C. 磷酸铁锂电池　　D. 三元锂电池

④（　　　）是指在一定放电倍率下放电之后，电池剩余的可用容量。

A. 理论容量　　　B. 额定容量　　　　C. 剩余容量　　　　D. 实际容量

⑤ 不是电动汽车用电池的主要性能指标的是（　　　）。

A. 电压　　　　　B. 内阻　　　　　　C. 容量和比容量　　D. 流量

2. 判断题

① 锂电池属于二次电池。（　　　　）

② 18650 电池是指直径 18mm、长度 65mm 的圆柱形电池。（　　　　）

③ 锂电池具有轻度记忆效应，高温环境下性能差。（　　　　）

④ 电动汽车理想能源：持续大电流放电；短暂大电流放电；足够的能源。（　　　　）

⑤ 温度高，提高反应物反应活性，电解液离子传导加快，自放电速率加快。（　　　　）

⑥ 离子动力电池充电特性影响因数中：充电电流的增加，恒流时间逐步减少，恒流可充入容量和能量也逐步增加。（　　　　）

⑦ 锂电池放电温度越低，放电电压越高，终止电压越高。（　　　　）

3. 简答题

① 请写出圆柱形锂离子蓄电池的特点。

② 请写出方形锂离子蓄电池的特点。

③ 请写出软包锂离子蓄电池的特点。

④ 请写出按正极材料进行分类，锂离子蓄电池可分为哪几种？

⑤ 请写出锂离子单体蓄电池的结构组成及充放电原理。

六、学习评价

评价要素	考核内容	配分	A	B	备注
工作准备 （10%）	能够正确理解工作任务内容、范围及工作指令	3			
	准备工作场地及器材，能够识别工作场所的安全隐患	3			
	能正确使用维修手册查询资料	4			
知识目标 （75%）	能说出锂离子蓄电池形状类型	5			
	能说出 18650 型号单体蓄电池的含义	5			
	能说出圆柱形锂离子蓄电池的定义及特点	5			
	能说出方形锂离子蓄电池的定义及特点	5			
	能说出磷酸铁锂电池的工作电压	5			
	能口述磷酸铁锂电池的特点	5			
	能口述 811 三元锂电池的正极材料及比例	5			
	能说出比亚迪 e6 的动力电池使用的正极材料	5			
	能说出隔膜、电解液的作用	7			
	能说出锂离子蓄电池充放电原理	7			
	能说出应用锂离子蓄电池的两个车型	7			
	能说出刀片电池的优点	7			
	能说出工作电压的定义	3			
	能说出什么是比能量	4			
职业素养 （15%）	能进行设备和工具的安全检查	2			
	能进行车辆的安全防护操作	2			
	能进行工具的清洁、校准、存放操作	2			
	能进行"三不落地"操作	2			
	能进行工位 7S 操作	2			
	能正确、清晰地填写表单	5			

续表

评价要素	考核内容	配分	A	B	备注
考核成绩		考评员签字：_____ 日　　　期：_____年___月___日			

模块四　比亚迪 e5 动力电池成组技术

一、学习目标

① 能找到比亚迪 e5 动力电池的安装位置。
② 能口述比亚迪 e5 动力电池的组成与结构。
③ 能口述单列和双列模组电池的结构。
④ 养成认真学习的习惯。
⑤ 养成 5S 工作习惯。

扫一扫

看视频

二、基础知识

比亚迪 e5 动力电池为磷酸铁锂电池，磷酸铁锂电池的正极材料是磷酸铁锂，负极材料是石墨，隔膜由聚乙烯（PE）、聚丙烯（PP）材料构成，形成 PP-PE-PP 三层隔膜，其间充满六氟磷酸锂有机电解溶液（电解液有腐蚀性并且可燃）。磷酸铁锂电池的主要优点在于循环使用寿命相对较长、发热量低、热稳定性好、成本较低及安全性好。

比亚迪 e5 动力电池由 13 个电池模组串联而成，每个模组内部有单体电池，每个单体电池的标称电压是 3.2V，电池总电压可以达到 633.6V，容量为 75A·h。

1. 比亚迪 e5 动力电池的安装位置

比亚迪 e5 动力电池安装在车辆底盘上，在前桥与后桥之间（图 2-4-1）。

图 2-4-1　比亚迪 e5 动力电池的安装位置

2. 比亚迪 e5 动力电池的组成与结构

① 外观。电池包密封盖上粘贴有电池参数标签和电池编号，以及高、低压线束接口（图2-4-2）。

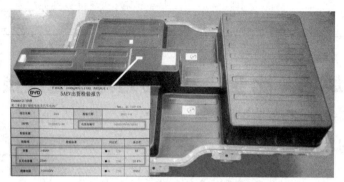

图 2-4-2　动力电池外壳上的提示牌

高压端接口：在动力电池组上带有一个 2 芯高压接口，通过正负极母线快速插头与动力电池连接。拆装高压端接口时，应注意锁止机构锁片的字母提示（图 2-4-3）。

 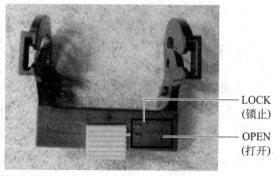

LOCK
（锁止）

OPEN
（打开）

(a) 高压端接口连接器

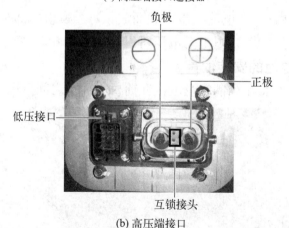

负极

正极

低压接口

互锁接头

(b) 高压端接口

图 2-4-3　高压端接口连接器和高压端接口

动力电池高压母线：带高压互锁端子（图2-4-4）。

围绕高压导线的两个电气触点还各有一个屏蔽触点，这样可使高压电缆屏蔽层（每根导线各有一个屏蔽层）一直持续到动力电池组密封盖内，从而有助于确保电磁兼容性 EMV（图 2-4-5）。

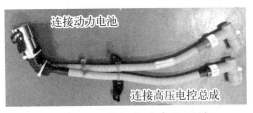

图 2-4-4　动力电池高压母线

图 2-4-5　连接高压电控总成接头

② 动力电池外部结构。由上下密封盖、压条、托盘等组成（图 2-4-6）。

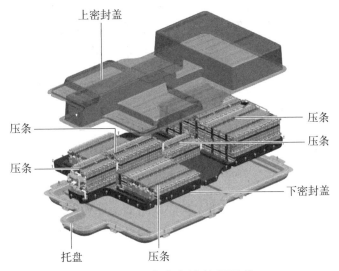

图 2-4-6　动力电池外部结构

③ 动力电池内部结构。由电池模组、动力连接片、连接电缆、采集器、采样线束、电池组固定压条及密封条组成（图 2-4-7）。

动力连接片：动力连接片的非连接处喷涂环氧树脂做绝缘防护，电连接处表面镀银；其中 2～4 号、9～10 号模组之间采用动力电缆连接（连接部位影响电池组是否串联可靠）。

电池模组采用串联的方式，动力电池接口：1 号电池负极、13 号电池正极。

动力电池内部含有 4 个接触器：负极接触器安装在 1 号电池模组，正极接触器安装在 13 号电池模组，分压接触器安装在 6 号与 10 号模组（图 2-4-8）。

比亚迪 e5 动力电池使用单列模组和双列模组组成动力电池总成，由电压采样

(a) 动力电池内部

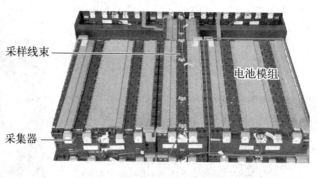

采样线束

电池模组

采集器

(b) 电池模组、采集器、采样线束

动力连接片

(c) 动力连接片

图 2-4-7 动力电池内部结构

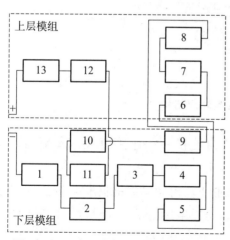

图 2-4-8 动力电池内部接触器分布

线板、温度采样线板、电芯保护盖组成（图 2-4-9 和图 2-4-10）。电池模组尾端装有信息采集器，主要采集电压采样、温度采样、通信信号。

比亚迪 e5 使用电池信息采集器（BIC）监控电池组传感器测量的数据和电池性能。通常情况下，数据被报告给电池管理器（BMS），然后 BMS 根据工作条件和驾驶员的需求命令使电池进行相应的充电或放电。如果单体电池、电池模组或部分电路的电压变得不平衡，部分带充电系统的纯电动车还可以用 BIC 来帮助进行电池电压均衡。

④ 动力电池低压接口端口定义。动力电池低压接口设计在动力电池外壳上，一共 19 个针脚（图 2-4-11 和表 2-4-1）。

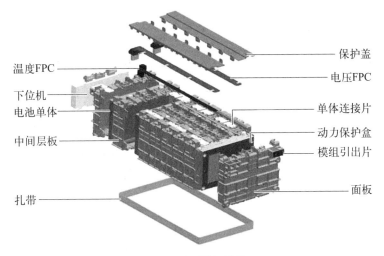

(a) 单列模组结构

(b) 电池信息采集器

图 2-4-9　单列模组的结构

表 2-4-1　动力电池信号接插件接口定义

针脚号	端口定义
D-1	NC
D-2	NC
D-3	NC
D-4	采集器电源正
D-5	负极接触器电源
D-6	分压接触器电源1
D-7	分压接触器电源2
D-8	正极接触器电源
D-9	高压互锁信号输入

续表

针脚号	端口定义
D-10	采集器 CAN 屏蔽地
D-11	NC
D-12	采集器 CAN-L
D-13	采集器 CAN-H
D-14	高压互锁信号输出
D-15	采集器电源地
D-16	负极接触器控制
D-17	分压接触器控制 1
D-18	分压接触器控制 2
D-19	正极接触器控制

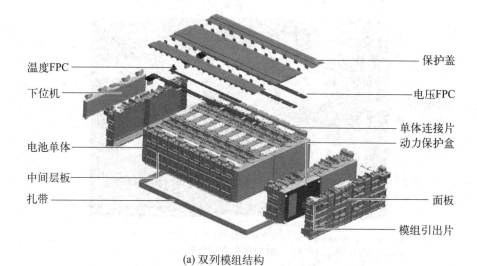

(a) 双列模组结构

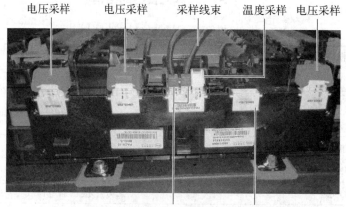

(b) 电池信息采集器

图 2-4-10 双列模组的结构

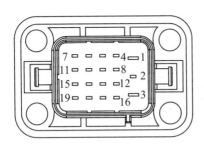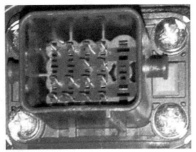

图 2-4-11 动力电池低压接口

三、技能训练

1. 准备工作

用途类别	工具设备名称	单位	数量	备注
安全防护	车辆防护、个人绝缘防护用品、干粉灭火器	套	4	
设备与工具	查询维修手册、用计算机记录维修工单	套	1	
	维修工具车、零件车	台	1	含绝缘拆装工具
	手电筒	把	1	
车辆与配件	实训车辆	辆	1	

2. 安全及注意事项

① 熟知并了解更换动力电池的安全注意事项。

② 在教师指导下操作举升机，严禁私自操作。

③ 务必确认举升机功能正常、车辆举升位置正确且举升机落锁后，才可进入车底作业；举升过程中时刻观察车身是否倾斜，若倾斜需马上停止工作。

④ 合理规范地使用工具，未经允许禁止违规操作。

⑤ 正确穿戴绝缘防护用品。

⑥ 在教师指导下操作动力电池举升机，严禁私自操作。

3. 实操作业

本操作任务主要完成比亚迪 e5 动力电池总成的拆卸与安装，请按下表进行拆装作业。

步骤	操作方法	操作记录
1. 准备工作	(1)做好个人绝缘防护和工作着装 (2)车辆防护：安装方向盘三件套与前翼子板布和前格栅布 (3)准备维修资料 (4)准备工具 (5)准备干粉灭火器	□ 确认着装规范 □ 确认车辆或台架已做好防护 □ 确认资料与车型一致 □ 确认工量具齐全

续表

步骤	操作方法	操作记录
2. 断开高压电	(1)将车辆退电至 OFF 挡,等待 5min 	□ 确认退电至 OFF 挡,等待 5min
	(2)打开前机舱盖,拆卸 12V 蓄电池负极线并放置好 	□ 确认拆卸 12V 蓄电池负极线 □ 确认放置好 12V 蓄电池负极线
	(3)拆卸高压电维修开关 	□ 确认断开维修开关
3. 拆卸动力电池	(1)用举升机将整车升起到合适的高度,并锁止。注意:举升时确保举升机的支撑点不要支撑在动力电池上 	□ 确认支撑点在正确的位置 □ 正确举升车辆并锁止
	(2)推入平台车,使用平台车支撑动力电池总成 	□ 正确使用平台车 □ 正确支撑在动力电池总成的中间位置

步骤	操作方法	操作记录
3. 拆卸动力电池	（3）佩戴绝缘手套，拔下动力电池的低压接插件，然后拔下直流母线接插件	□ 正确佩戴绝缘手套等个人防护用品 □ 确认断开动力电池的低压接插件 □ 确认断开直流母线接插件
	（4）断开连接动力电池的进水管和出水管	□ 确认断开进水管和出水管
	（5）使用绝缘工具，按对角的顺序拧松动力电池固定螺栓。注意：动力电池螺栓拧松后，再拆卸下来	□ 确认使用绝缘工具 □ 按对角的顺序拧松螺栓 □ 动力电池的螺栓全部拧松后再拆卸
	（6）拆卸动力电池的全部固定螺栓。注意：确认动力电池全部螺栓已拆卸	□ 拆卸动力电池的固定螺栓
	（7）缓慢下降平台车取出动力电池总成。注意：动力电池下降过程中平台车缓慢向前移动，可以避免动力电池与后悬架的干涉	□ 缓慢下降平台车取出动力电池总成

步骤	操作方法	操作记录
	(1)佩戴绝缘手套及个人绝缘防护用品,用万用表测试新的动力电池包母线是否有电压输出,没有电压输出就可装车。注意:万用表选择合适的挡位	□ 确认动力电池没有电压输出
	(2)缓慢举升平台车,调整平台车位置,使动力电池总成上的安装孔与车身对齐。注意:动力电池上升过程中将举升平台缓慢向后移动,可以避免动力电池与车身的干涉 	□ 缓慢举升平台车,动力电池总成上的安装孔与车身对齐
4. 安装动力电池	(3)佩戴绝缘手套及个人绝缘防护用品,使用绝缘工具,安装并紧固动力电池固定螺栓,使用绝缘扭力扳手按对角顺序紧固。标准力矩:135N·m。注意:安装动力电池固定螺栓时,如果阻力较大需重新对孔后再安装 	□ 安装动力电池固定螺栓 □ 使用对角的顺序紧固动力电池固定螺栓 □ 正确使用绝缘工具
	(4)连接动力电池直流母线接插件,确认连接牢固可靠 	□ 确认连接动力电池直流母线接插件,连接牢固可靠
	(5)连接动力电池低压线束接插件,确认连接牢固可靠 	□ 确认连接动力电池低压线束接插件,连接牢固可靠

续表

步骤	操作方法	操作记录
4. 安装动力电池	(6)连接动力电池的进水管和出水管,确认连接牢固可靠 	□ 确认连接动力电池的进水管和出水管,连接牢固可靠
	(7)缓慢降下平台车并移走	□ 确认缓慢降下平台车并移走
5. 复原车辆	(1)将车辆下降到地面,但举升机不完全到底	□ 确认降下车辆
	(2)佩戴绝缘手套及个人绝缘防护用品,安装维修开关 	□ 确认安装维修开关
	(3)安装 12V 蓄电池负极线。使用扭力扳手紧固:10N·m 	□ 确认安装 12V 蓄电池负极线 □ 确认使用扭力扳手紧固
	(4)添加动力电池冷却液至标准液位 	□ 确认动力电池冷却液在标准液位
	(5)给车辆上电,使动力电池冷却液循环泵工作,使动力电池冷却系统进行排气,再次检查动力电池冷却液液位。检查仪表是否报故障。注意:如果动力电池冷却液缺少时,需添加至标准液位	□ 确认动力电池冷却液在标准液位 □ 确认仪表无故障
	(6)再次举升车辆至合适的高度,并锁止;检查动力电池上的进水管和出水管是否有泄漏	□ 确认动力电池上的进水管和出水管无泄漏
	(7)将车辆下降到地面,举升机完全到底,并收起支撑臂	□ 将车辆下降到地面,举升机完全到底,并收起支撑臂

续表

步骤	操作方法	操作记录
6. 完工整理	(1)工具设备整理、复位 (2)车辆整理、复位 (3)场地整理	□ 完工整理

四、拓展提升

新能源电动车中车辆维修开关的作用是检修时为了确保人车安全，通过拔出维修开关将高压系统的电源断开。它可以实现高压系统的电气隔离，同时也可以起到短路保护的作用。

维修开关安装位置一般有两种：一种是位于高压电源的正极；另一种是布置于动力电池总成组中间。维修开关位于动力电池的正极，在动力电池正极与维修开关之间有一段电路，如果采用这种类型布置方式，需要保证此段电路处于人体不能接触的区域（一般在动力电池总成内部位置）（图 2-4-12）。

(a) 外观   (b) 位置

图 2-4-12 维修开关

五、巩固练习

1. 单项选择题

① 比亚迪 e5 采用（ ）。

A. 磷酸铁锂电池发动机　　　　　　　B. 锰酸锂电池

C. 钴酸锂电池　　　　　　　　　　　D. 三元锂电池

② 高压车辆上，如何切断动力电池供电系统？（ ）

A. 关闭点火开关　　　　　　　　　　B. 拔掉蓄电池正极

C. 拔掉蓄电池负极　　　　　　　　　D. 拔掉检修塞

③ 比亚迪 e5 动力电池由 13 个电池模组串联而成，每个模组内部都有单体电池，每个单体电池的标称电压是（ ）V，电池总电压可以达到 633.6V，容量为 75A·h。

A. 3.0　　　　　B. 3.1　　　　　C. 3.2　　　　　D. 3.3

2. 简答题

① 一辆比亚迪 e5 纯电动汽车因动力电池故障需要更换，维修技师需要进行哪些个人防护？

② 拆卸比亚迪 e5 纯电动汽车动力电池前为什么要先断开 12V 蓄电池和维修开关？

③ 更换比亚迪 e5 纯电动汽车动力电池后，如不对动力电池冷却系统排空气，会造成什么后果？

④ 写出比亚迪 e5 动力电池采用哪种类型的电池，并简单描述其特点。

⑤ 写出比亚迪 e5 动力电池的外部结构和内部结构组成。

⑥ 写出电池信息采集器 BIC 的作用。

六、学习评价

评价要素	考核内容	配分	A	B	备注
工作准备 （10%）	能够正确理解工作任务内容、范围及工作指令	3			
	准备工作场地及器材，能够识别工作场所的安全隐患	3			
	能正确使用维修手册查询资料	4			
知识目标 （75%）	能说出比亚迪 e5 动力电池是什么材料制造的	5			
	能说出比亚迪 e5 动力电池由几个电池模组串联而成	5			
	能说出比亚迪 e5 动力电池的外部结构和内部结构	5			
	能说出比亚迪 e5 单列和双列模组电池的结构	5			
	能找到动力电池的高压母线	5			
	能找到接高压电控总成的接头	5			
	能说出比亚迪 e5 动力电池正极、负极各连接的是哪块模组	5			
	能找到比亚迪 e5 动力电池的采集器和采样线束	4			
	能找到动力电池低压接口端口	4			
	能通过维修手册正确查找动力电池端口定义	4			
	能找到动力电池维修开关的位置	7			

续表

评价要素	考核内容	配分	A	B	备注
知识目标 （75%）	能正确进行高压下电操作	7			
	能正确进行动力电池的拆卸	7			
	能正确进行动力电池的安装	7			
职业素养 （15%）	能进行设备和工具的安全检查	2			
	能进行车辆的安全防护操作	2			
	能进行工具的清洁、校准、存放操作	2			
	能进行"三不落地"操作	2			
	能进行工位 7S 操作	2			
	能正确、清晰地填写表单	5			
考核成绩			考评员签字：_____ 日　　期：_____年___月___日		

模块五　比亚迪 e5 动力电池管理系统

一、学习目标

① 能口述比亚迪 e5 动力电池管理系统的功能。
② 能口述比亚迪 e5 动力电池管理系统的工作模式。
③ 能找到比亚迪 e5 动力电池管理系统的安装位置。
④ 能口述电池管理系统的组成。
⑤ 养成认真学习的习惯。
⑥ 养成 5S 工作习惯。

扫一扫

看视频

二、基础知识

1. 电池管理系统的定义

电池管理系统（Battery Management System，BMS）是连接动力电池和纯电动汽车的重要纽带，其精准的控制和管理为动力电池的完美应用保驾护航（图 2-5-1）。

比亚迪 e5 动力电池使用分布式电池管理系统，由 1 个电池管理控制器（BMC）和 12 个/13 个电池信息采集器（BIC）及 1 套动力电池采

图 2-5-1　电池管理系统

样线组成。

2. 电池管理系统的功能

电池管理系统为分布式，由电池管理控制器（BMC）、电池信息采集器、动力电池采样线组成。电池管理控制器的主要功能有充放电管理、接触器控制、功率控制、电池异常状态报警和保护、SOC/SOH计算、自检以及通信功能等；电池信息采集器的主要功能有电池电压采样、温度采样、电池均衡、采样线异常检测等；动力电池采样线的主要功能是连接电池管理控制器和电池信息采集器，实现两者之间的通信及信息交换（图 2-5-2）。

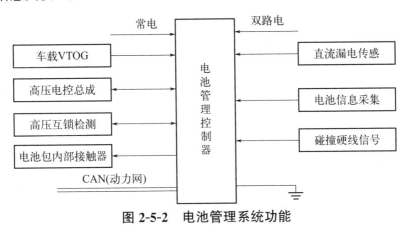

图 2-5-2 电池管理系统功能

电池管理系统的功能解释如下。

① 蓄电池参数检测。蓄电池参数检测包括总电压、总电流、单体蓄电池电压检测、温度检测（最好每串蓄电池、关键电缆接头等均有温度传感器）、烟雾探测（监测电解液泄漏等）、绝缘检测（监测漏电）、碰撞检测等。

② 蓄电池状态估计。蓄电池状态包括荷电状态或放电深度（Depth of Discharge，DOD）、健康状态（State of Health，SOH）、功能状态（State of Function，SOF）、能量状态（State of Energy SOE）、故障及安全状态（Safety of Status，SOS）等。

③ 充电控制。BMS中具有一个充电管理模块，它能够根据蓄电池的特性、温度高低以及充电机的功率等级，控制充电机给蓄电池进行安全充电。

④ 热管理。根据蓄电池组内温度分布信息及充放电需求，决定主动加热入散热的强度，使得蓄电池尽可能工作在最适合的温度，充分发挥性能。

⑤ 蓄电池均衡。蓄电池不一致分为容量不一致、电阻不一致和电压不一致。特别是容量不一致的存在，使得蓄电池组的容量小于组中最小单体蓄电池的容量。因此，需根据单体蓄电池信息，采用主动或被动、耗散或非耗散等均衡方式，尽可能使蓄电池组容量接近最小单体蓄电池的容量。

⑥ 在线故障诊断。在线故障诊断包括故障检测、故障类型判断、故障定位、故障信息输出等。故障检测是指通过采集到的传感器信号，采用诊断算法诊断故障

类型，并进行早期预警。蓄电池故障是指蓄电池组、高压电回路、热管理等各个子系统的传感器故障，执行器故障（如接触器、风扇、泵、加热器等），以及网络故障、各种控制器软硬件故障等。蓄电池组本身故障是指过压（过充）、欠压（过放）、过电流、超高温、内短路故障、接头松动、电解液泄漏、绝缘能力降低等。

⑦ 蓄电池安全控制与报警。蓄电池安全控制包括热系统控制、高压电安全控制。BMS 诊断到故障后，通过网络通知整车控制器，并要求整车控制器进行有效处理（超过一定阈值时 BMS 也可以切断主回路电源），以防止高温、低温、过充、过放、过电流、漏电等对蓄电池和人身的损害。

⑧ 网络通信。BMS 需要与整车控制器等网络节点通信；同时，BMS 在车辆上拆卸不方便，需要在不拆壳的情况下进行在线标定、监控、自动代码生成和在线程序下载（程序更新而不拆卸产品）等，一般的车载网络均采用 CAN 总线技术。

⑨ 信息存储。用于存储关键数据，如 SOC、SOH、SOF、SOE、累积充放电安时数、故障码和一致性等。

⑩ 电磁兼容。由于纯电动汽车使用环境恶劣，要求 BMS 具有好的抗电磁干扰能力，同时要求 BMS 对外辐射小。

蓄电池管理系统的具体组成和功能应以实际车型的蓄电池管理系统为准。纯电动汽车中的真实 BMS 可能只有上面提到的部分功能。

3. 电池管理系统的安装位置

电池管理控制器位于高压电控后部（图 2-5-3）。

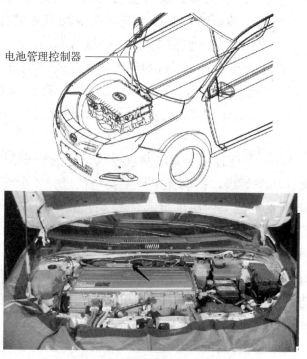

图 2-5-3　电池管理系统的安装位置

4. 电池管理系统的组成

电池管理系统主要由检测模块、均衡电源模块和控制模块三部分组成（图2-5-4）。

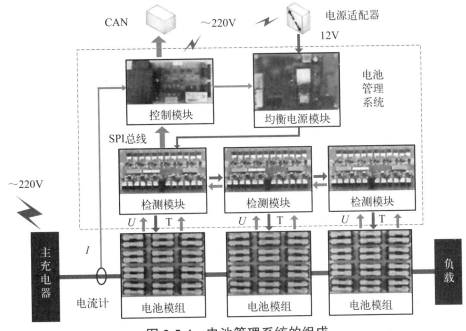

图 2-5-4　电池管理系统的组成

① 检测模块。检测模块能够对蓄电池组中各单体蓄电池的电压电流、温度等关键状态参数进行准确和实时的检测，并通过串行外设接口（Serial Peripheral Interface，SPI）总线上报给控制模块。

② 均衡电源模块。均衡电源模块能够平衡单体蓄电池间的电压差异，解决蓄电池组的"短板效应"。

③ 控制模块。控制模块能够根据既定策略完成控制功能，实现SOC估计，同时将电池状态数据通过CAN总线发送给整车其他的电子控制单元。

电池管理系统和动力电池组一起组成蓄电池包整体，与蓄电池管理系统有通信关系的两个部件分别是整车控制器和充电机。蓄电池管理系统向上通过CAN总线与纯电动汽车整车控制器通信，上报蓄电池包状态参数，接收整车控制器指令，配合整车需要，确定功率输出；向下监控整个蓄电池包的运行状态，保护蓄电池包不受过放、过热等非正常运行状态的侵害。充电过程中，与充电机交互，管理充电参数，监控充电过程正常完成。

5. 电池管理系统的工作模式

电池管理系统的工作模式主要有下电模式、待机模式、放电模式、充电模式、故障模式等。

① 下电模式。下电模式是整个系统的低压与高压部分处于不工作状态的模式。在下电模式下，BMS控制的所有高压接触器均处于断开状态；低压控制电源处于

不供电的状态。下电模式属于省电模式。

② 待机模式。BMS 在此模式下不处理任何数据，能耗极低，能快速启动。准备模式下，系统所有的接触器均处于未吸合状态。在该模式下，系统可接收外界的点火锁、整车控制器、电机控制器、充电插头开关等部件发出的硬线信号或受 CAN 报文控制的低压信号来驱动各高压接触器，从而使 BMS 进入所需工作模式。

③ 放电模式。BMS 在待机模式下检测放电唤醒信号后，接收整车控制器发来的动力电池运行状态指令和接触器的动作指令，并执行相关指令，完成 BMS 上电及预充电流程，进入放电模式。

④ 充电模式。当 BMS 检测充电唤醒信号时，系统即进入充电模式。在该模式下主正、主负继电器闭合，同时为保证低压控制电源持续供电，DC/DC 转换器需处于工作状态。

⑤ 故障模式。BMS 在任何模式下检测到故障，均进入故障模式，同时上报整车控制器故障状态和相关故障码。故障模式是控制系统中常出现的一种状态。由于纯电动汽车动力电池的使用关系到用户的人身安全，因而系统对于各种相应模式总是采取安全第一的原则。BMS 对于故障的响应还需根据故障等级而定，当其故障级别较低时，系统可采取报错或发出轻微报警信号的方式告知驾驶员；而当故障级别较高，甚至伴随有危险时，系统采取直接断开高压接触器的控制策略。

三、技能训练

1. 准备工作

用途类别	工具设备名称	单位	数量	备注
安全防护	车辆防护、个人绝缘防护用品、干粉灭火器	套	4	
设备与工具	查询维修手册、用计算机记录维修工单	套	1	
	维修工具车、零件车	台	1	含绝缘拆装工具
	手电筒	把	1	
车辆与配件	实训车辆	辆	1	

2. 安全及注意事项

① 熟知并了解更换电池管理系统的安全注意事项。

② 合理规范地使用工具，未经允许禁止违规操作。

③ 正确穿戴绝缘防护用品。

3. 实操作业

① 本操作任务主要完成比亚迪 e5 电池管理系统的拆卸与安装，请按下表进行拆装作业。

步骤	操作方法	操作记录
1. 准备工作	(1)做好个人绝缘防护和工作着装 (2)车辆防护:安装方向盘三件套与前翼子板布和前格栅布 (3)准备维修资料 (4)准备工具 (5)准备干粉灭火器	□ 确认着装规范 □ 确认车辆或台架已做好防护 □ 确认资料与车型一致 □ 确认工量具齐全
2. 断开高压电	(1)将车辆退电至 OFF 挡,等待 5min	□ 确认退电至 OFF 挡,等待 5min
	(2)打开前机舱盖,拆卸 12V 蓄电池负极线并放置好	□ 确认拆卸 12V 蓄电池负极线 □ 确认放置好 12V 蓄电池负极线
	(3)拆卸高压电维修开关	□ 确认断开维修开关
3. 拆卸电池管理系统	(1)断开电池管理系统上连接的动力电池采样线和整车低压线束的接插件	□ 确认动力电池采样线和整车低压线束的接插件已断开
	(2)断开整车低压线束在电池管理控制器支架上的固定卡扣	□ 确认固定卡扣已断开
	(3)使用 10 号套筒拆卸电池管理系统上的三个固定螺母	□ 已拆卸电池管理系统固定螺栓
	(4)取下电池管理系统	□ 取下电池管理系统
4. 安装电池管理系统	(1)安装电池管理系统,安装三个固定螺母	□ 安装电池管理系统及三个固定螺栓
	(2)使用 10 号套筒紧固电池管理系统的三个固定螺母	□ 紧固电池管理系统固定螺栓
	(3)连接整车低压线束在电池管理控制器支架上的固定卡扣	□ 确认固定卡扣已安装
	(4)连接电池管理系统上的动力电池采样线和整车低压线束的接插件	□ 确认动力电池采样线和整车低压线束的接插件已连接

续表

步骤	操作方法	操作记录
5. 复原车辆	(1)佩戴绝缘手套及个人绝缘防护用品,安装维修开关	□ 确认安装维修开关
	(2)安装 12V 蓄电池负极线,使用扭力扳手紧固:10N·m	□ 确认安装 12V 蓄电池负极线 □ 确认使用扭力扳手紧固
6. 完工整理	(1)工具设备整理、复位 (2)车辆整理、复位 (3)场地整理	□ 完工整理

② 当比亚迪 e5 纯电动汽车动力电池报总电压测量故障时,无法监控动力电池系统的总电压,需检查动力电池总电压测量模块,记录报故障时的总电压和测量出来的电压。

四、拓展提升

1. 比亚迪 e5 电池管理系统监测的主要数据

① 监测动力电池电压数据。

序号	电池工作状态	警报	触发条件	措施
1	放电状态	单节电池电压过低严重报警	$U \leqslant 2.5V$	(1)大功率设备(主电机、空调压缩机和 PTC)停止放电 (2)延迟 10s 切断主接触器,断开负极接触器 (3)仪表灯亮 (4)仪表显示报警信息
2		单节电池电压过低一般报警	$2.5V < U < 2.75V$	(1)大功率设备(电机、空调压缩机和 PTC)降低当前电流,限功率工作 (2)仪表显示报警信息 (3)电压为 2.5V 时,SOC 修正为 0

续表

序号	电池工作状态	警报	触发条件	措施
3	充电状态	单节电池电压过高一般报警	$3.8V\leqslant$ $U<3.9V$	(1)禁止动力电池进行充电 (2)仪表显示报警信息 (3)电压为3.75V时,SOC修正为100% (4)电机能量回馈禁止
4		单节电池电压过高严重报警	$U\geqslant3.9V$	(1)延迟10s,断开充电接触器,断开负极接触器,禁止充电 (2)仪表灯亮 (3)仪表显示报警信息

② 监测动力电池电流数据。

序号	电池工作状态	警报	触发条件	措施
1	电池放电电流		$I\geqslant360A$	(1)要求大功率用电设备(电机、空调压缩机和PTC)降低电流,限功率工作 (2)如果在过流报警发出后,电流依然在过流状态并持续10s,则断开主接触器,禁止放电
2	电池充电电流	过流报警	$I\leqslant-100A$(负号表示充电)	电流在过流状态持续10s,断开充电接触器,禁止充电
3	回馈充电电流		$I\leqslant-100A$(负号表示充电)	(1)要求电机控制器限制回馈充电电流 (2)如果发出过流报警后,电流依然处于过流状态并持续10s,断开主接触器

③ 监测动力电池温度数据。

序号	电池工作状态	警报	触发条件	措施
1	充放电状态	电池组过热严重报警	$T_{max}\geqslant70℃$	(1)充电设备关断充电,直到清除报警 (2)大功率设备(驱动电机、空调压缩机和PTC)停止用电 (3)延迟10s切断主接触器、负极接触器
2		电池组过热一般报警	$65℃\leqslant T_{max}$ $<70℃$	(1)充电设备降低当前充电电流 (2)大功率设备(驱动电机、空调压缩机和PTC)降低当前电流
3	充电状态	电池组低温一般报警	$-20℃\leqslant T_{min}$ $<-10℃$	限功率充电
4		电池组严重低温报警	$T_{min}<-20℃$	限功率充电

④ 检测碰撞、漏电数据。

序号	名称	电池工作状态	警报	触发条件	措施
1	碰撞保护	充、放电状态下	碰撞故障	接收碰撞信号	立即断开主接触器、分压接触器
2			正常	$R>500\Omega/V$	无须处理
3			一般漏电报警	$100\Omega/V<R$ $\leqslant500\Omega/V$	仪表灯亮,报动力系统故障
4	动力电池漏电	充放电状态下	严重漏电报警	$R\leqslant100\Omega/V$	行车中:仪表灯亮,立即断开主接触器、分压接触器 停车中: (1)禁止上电 (2)仪表灯亮,报动力系统故障 充电中: (1)断开交流充电接触器、分压接触器 (2)仪表灯亮,报动力系统故障

2. 动力电池的热管理

纯电动汽车自燃是非常大的安全隐患。纯电动汽车自燃的重要原因之一就是动力电池故障,因此动力电池的热管理非常重要,如果温度过高,会影响动力电池的寿命和安全性,希望动力电池的工作温度保持在 20~35℃。纯电动汽车对动力电池的热管理具有以下要求。

① 保证单体蓄电池最适宜的工作温度范围,避免单体蓄电池整体或局部温度过高,能够使蓄电池在高温环境中有效散热,低温环境中迅速加热或保温。

② 减小单体蓄电池尤其是大尺寸单体蓄电池内部不同部位的温度差异,保证单体蓄电池温度分布均匀。

③ 满足纯电动汽车轻量化、紧凑性的具体要求,安装和维护方便,可靠性好且成本低廉。

④ 有害气体产生时的有效通风,以及与温度等相关参数相一致的热测量与监控。

五、巩固练习

1. 单项选择题

① 电池管理控制器位于（　　）。

A. 动力电池包内　　　　　　　　　B. 高压电控总成后部

C. VTOG 上　　　　　　　　　　　D. 车载充电机上

② 当发现高压驱动蓄电池的状态有异常时（　　）。

A. BMS 正常接通低压控制电路

B. BMS 不允许接通低压控制电路或立刻切断低压控制电路，从而控制高压电不输出。

C. 只能由电机控制器控制不接通或断开高压电路

③ 比亚迪 e5 动力电池由（　　）电池管理系统、1 个电池管理控制器（BMC）和 12 个/13 个电池信息采集器（BIC）及 1 套动力电池采样线组成。

A. 分布式　　　　B. 集中式　　　　C. 分布式和集中式　D. 以上都不对

④ 锂离子动力电池理想的工作温度为（　　）。

A. -10~0℃　　B. 0~20℃　　　　C. 20~40℃　　　　D. 40~60℃

2. 判断题

① 分布式电池管理系统，主要由电池管理控制器（BMC）、电池信息采集器、电池采样线组成。（　　）

② 电池信息采集器的主要功能有电池电压采样、温度采样、电池均衡、采样线异常检测等。（　　）

③ 电池管理系统具有在线故障诊断的功能，包括故障检测、故障类型判断、故障定位、故障信息输出等。（　　）

④ 温度对蓄电池充电没有影响。（　　）

⑤ BMS 中具有一个充电管理模块，它能够根据蓄电池的特性、温度高低以及充电机的功率等级，控制充电机给蓄电池进行安全充电。（　　）

3. 简答题

① 写出动力电池需要均衡的必要性是什么？常见均衡系统有哪些类型？

② 写出电池管理系统的组成。

③ 写出电池管理系统的基本功能有哪些？

④ 写出 BMS 有哪几种工作模式？

⑤ 写出纯电动汽车对动力电池的热管理的要求。

六、学习评价

评价要素	考核内容	配分	A	B	备注
工作准备 （10%）	能够正确理解工作任务内容、范围及工作指令	3			
	准备工作场地及器材,能够识别工作场所的安全隐患	3			
	能正确使用维修手册查询资料	4			
知识目标 （75%）	能口述电池管理系统的定义	4			
	能口述动力电池为什么需要均衡	4			
	能说出电池管理系统的组成	4			

续表

评价要素	考核内容	配分	A	B	备注
知识目标 （75%）	能说电池管理系统的基本功能有哪些	4			
	能说出蓄电池参数检测包括哪些	4			
	能说出蓄电池状态估计包括哪些	4			
	能口述充电控制的含义	4			
	能口述热管理的含义	4			
	能说出 BMS 有哪几种工作模式	5			
	能找到电池管理系统的安装位置	5			
	能正确进行高压下电操作	5			
	能正确进行电池管理系统的拆卸	10			
	能正确进行电池管理系统的安装	6			
	能说出比亚迪 e5 电池管理系统监测的主要数据	6			
	能口述纯电动汽车对动力电池的热管理的要求	6			
职业素养 （15%）	能进行设备和工具的安全检查	2			
	能进行车辆的安全防护操作	2			
	能进行工具的清洁、校准、存放操作	2			
	能进行"三不落地"操作	2			
	能进行工位 7S 操作	2			
	能正确、清晰地填写表单	5			
考核成绩		考评员签字：_____ 日　　期：____年___月___日			

模块六　比亚迪 e5 动力电池冷却系统

一、学习目标

① 能口述比亚迪 e5 动力电池冷却系统的组成。
② 能口述比亚迪 e5 动力电池冷却系统的工作原理。
③ 能口述比亚迪 e5 动力电池冷却液的更换周期。
④ 养成认真学习的习惯。
⑤ 养成 5S 工作习惯。

扫一扫

看视频

二、基础知识

1. 比亚迪 e5 动力电池冷却系统的组成

比亚迪 e5 动力电池冷却系统也属于空调制冷循环冷却系统，冷却液也通过热交换器加强冷却，其主要由冷却系统、制冷系统、控制系统三部分组成。

冷却系统包括散热器、电动水泵、副水箱、冷却液及相关管路。制冷系统包括电子膨胀阀、热交换器及空调制冷相关元件。控制系统包括电池热管理器、冷却液温度传感器、液位传感器、压力温度传感器（图 2-6-1）。

在冷却方式上，比亚迪 e5 在电池内增加了散热回路，通过板式换热器与空调回路相连，结合电池温度实时调节空调压缩机的功率来控制电池进水温度及流量，以此来控制电池在适宜的工作温度。

① 冷却液循环水泵。冷却液循环水泵的功能主要是对冷却液进行加压，保证其在冷却系统中能够不间断的循环流动。

冷却液循环水泵是整个冷却系统中唯一的动力元件，负责为冷却液的循环提供机械能（图 2-6-2）。由于电动汽车和传统汽车有着一定的区别，因此电动汽车的水泵驱动方式由机械传动变为电机驱动。电动水泵的电机带动叶轮旋转时，水泵中的冷却液在离心力作用下被甩到叶轮外缘，叶轮外缘压力升高，冷却液从出水口甩出。

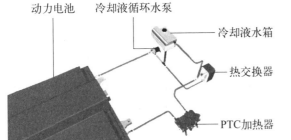

图 2-6-1　比亚迪 e5 冷却系统的组成

图 2-6-2　冷却液循环水泵在车辆底盘左侧

② 冷却液储液水箱。冷却液储液水箱箱体使用厚度 3.5mm 的 PP-PE 材料设计，采用注塑生产工艺制成（图 2-6-3）。一般选用白色或者淡黄色等浅色系，并且在膨胀水箱外部压制"MAX"和"MIN"刻度标示，便于观察冷却液液位。

③ 冷却液温度传感器（图 2-6-4）。冷却液温度传感器又称水温传感器，安装在冷却水道或者冷却系统元件上，直接与冷却液接触。

冷却液温度传感器为负温度系数电阻计，即随着温度的升高，其电阻值下降。冷却液温度传感器的工作原理是主控器通过传感器电阻的变化测量其电压值，并推算出冷却液温度。水温传感器的两根导线都与控制单元相连接。其中一根为地线，另一根的对地电压随热敏电阻阻值的变化而变化。

图 2-6-3　冷却液储液水箱在前机舱左侧

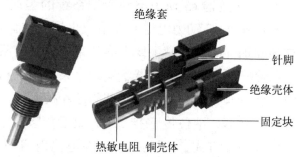

图 2-6-4　冷却液温度传感器

④ 压力传感器。在动力电池冷却系统中，其主要作用是控制空调系统的工作。当系统中的压力过低时，切断压缩机，防止压缩机回油润滑差导致卡死；当系统压力过高时，切断压缩机，防止压缩机排气压及温度过高，润滑油黏度下降，压缩机内部抱死；同时可以将信号反馈回控制模块，控制散热风扇的转速。

⑤ 电子膨胀阀。电子膨胀阀安装于空调制冷管路上，它通过空调控制器或者动力电池热管理器进行控制，控制施加于膨胀阀上的电压或电流，进而达到调节供液量的目的。

比亚迪 e5 上面有两个电子膨胀阀，其中一个用于车内空调制冷系统，另一个用于动力蓄电池冷却系统，分别由空调控制器与动力电池热管理器控制。

⑥ 电池冷却器。电池冷却器是动力电池冷却系统的一个关键部件，它负责将动力电池维持在一个适当的工作温度，使动力电池的放电性能处于最佳状态。

电池冷却器主要由热交换器、带电磁阀的膨胀阀、管路接口和支架组成。热交换器主要用于动力电池冷却液和制冷系统中制冷剂的热交换，将动力电池冷却液中的热量转移到制冷剂中。

⑦ 电池热管理器。电池热管理器的主要功能是控制空调制冷系统参与动力电池的冷却程度。动力电池冷却系统主要通过冷却液的循环带走动力电池组内部由于电化学反应所产生的热量。

在比亚迪 e5 中，除了空调控制器以外，还有一个电池热管理器用于控制空调制冷系统参与动力电池的冷却。当冷却液温度传感器将高温信号传递给电池热管理器时，此时控制器根据压力传感器提供的信号决定是否开启电子膨胀阀，如果此时制冷管路压力符合要求，电池热管理器控制电子膨胀阀开启，制冷管路通过热交换器将冷却液制冷，带走动力电池内部的高温。

⑧ PTC 加热器（图 2-6-5）。PTC（Positive Temperature Coefficient）的意思是正的温度系数，泛指正温度系数很大的半导体材料或元器件。

通常提到的 PTC 是指正温度系数热敏电阻，简称 PTC 热敏电阻。PTC 热敏电阻是一种典型的具有温度敏感性的半导体电阻，超过一定的温度（居里温度）时，它的电阻值随着温度的升高呈阶跃性增高。

比亚迪 e5 动力电池采用 PTC 水加热器总成进行加热。加热器在冷却系统水温过低时，用于加热冷却液，电池管理器通过 PTC 加热器对电池组进行热管理。

PTC 加热器主要由上端盖、下端盖、主控板、发热模块、载热铝体等组成，在 PTC 加热器上还装有水温传感器（图 2-6-6）。

图 2-6-5　PTC 加热器

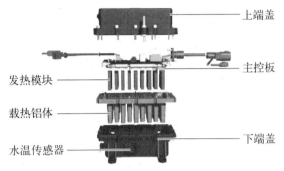

图 2-6-6　PTC 加热器结构

先由水泵抽取动力电池冷却水道内的冷却液，泵入 PTC 加热器总成进行加热，加热后的冷却液再回到动力电池内对动力电池进行加热。如此循环，将动力电池的温度提高到正常的工作温度。

2. 比亚迪 e5 动力电池冷却系统的工作原理

比亚迪 e5 动力电池的冷却采用水冷方式，当电脑监测到动力电池过热时，电池的冷却水泵运转，将冷却液通过蛇形冷却水管进行循环；当电池更热时，冷却水经过板式换热器降温后进行循环（图 2-6-7 和图 2-6-8）。而在冬季时，动力蓄电池也可以被加热，提高放电和续航能力。

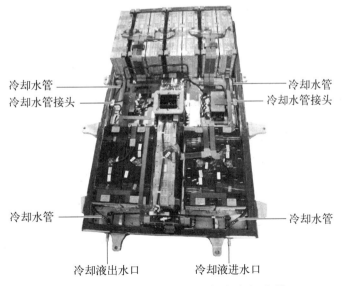

图 2-6-7　比亚迪 e5 动力电池冷却水管

在动力电池内，水道必须尽可能地与每一块电池或电池组接触，流向设计多见于分层设计，这样可以使叠加的电池包均有冷却管路通过，使整个电池组的温度均匀，不会出现局部过热的现象发生（图2-6-9）。

图2-6-8　铝制水管

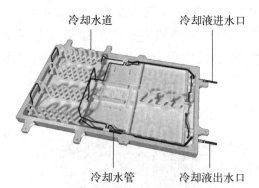

图2-6-9　动力电池内的水道分布

3. 比亚迪 e5 动力电池冷却液的更换周期

每4年或十万千米更换一次冷却液，以先到为准。应该在车辆处于冷态时检查或添加防冻液，以避免烫伤。要使用厂家推荐的冷却液，不可使用清水代替冷却液。

4. 电池热管理功能

电池热管理的主要功能包括：

① 电池温度的准确测量和监控；

② 电池组温度过高时的有效散热；

③ 低温条件下的快速加热；

④ 保证电池组温度场的均匀分布；

⑤ 电池散热系统与其他散热单元的匹配。

热管理系统包括电池热管理器、电池冷却器膨胀阀、冷却液泵、空调压缩机、冷却控制单元模块、控制总线及其相关传感器等（图2-6-10）。其主要工作信号来自电池组中的各温度传感器信号，冷却控制单元模块依据温度信号判断是否需要压缩机制冷系统帮助散热。

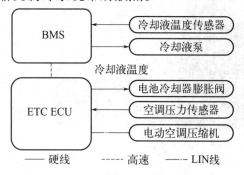

图2-6-10　热管理系统组成

电池热管理器 ETC 收到来自 BMS 的膨胀阀开启的信号要求后，ETC 首先打开电池冷却器膨胀阀的电磁阀，并给空调压缩机 EAC 发送启动信号。车辆空调系统开始工作，进行制冷，并且通过热交换器加速冷却液的冷却，实现动力电池组最适宜的工作温度值（20～30℃）。

正常工作时，若动力电池组的冷却液

温度在 30℃以上，ETC 会限制乘客舱制冷量；若冷却液温度在 48℃以上，ETC 会关闭乘客舱制冷功能，但除霜模式除外。

电池热管理器 ETC 只控制冷却液温度，电池管理器 BMS 控制冷却液与动力电池内部的热量交换。

当车辆进入快速充电模式时，ETC 会被网关模块唤醒，此时电池冷却系统进入正常工作状态，随时监控各电池温度，防止由于充电或者过充导致的局部过热引起的危害。

三、技能训练

1. 准备工作

用途类别	工具设备名称	单位	数量	备注
安全防护	车辆防护、个人绝缘防护用品、干粉灭火器	套	4	
设备与工具	查询维修手册、用计算机记录维修工单	套	1	
	维修工具车、零件车	台	1	含绝缘拆装工具
	手电筒	把	1	
车辆与配件	实训车辆	辆	1	

2. 安全及注意事项

① 熟知并了解更换 PTC 加热器的安全注意事项。

② 在教师指导下操作举升机，严禁私自操作。

③ 务必确认举升机功能正常、车辆举升位置正确且举升机落锁后，才可进入车底作业；举升过程中时刻观察车身是否倾斜，若倾斜需马上停止工作。

④ 合理规范地使用工具，未经允许禁止违规操作。

⑤ 正确穿戴绝缘防护用品。

3. 实操作业

本操作任务主要完成比亚迪 e5 PTC 加热器的拆卸与安装，请按下表进行拆装作业。

步骤	操作方法	操作记录
1. 准备工作	（1）做好个人绝缘防护和工作着装 （2）车辆防护：安装方向盘三件套与前翼子板布和前格栅布 （3）准备维修资料 （4）准备工具 （5）准备干粉灭火器	□ 确认着装规范 □ 确认车辆或台架已做好防护 □ 确认资料与车型一致 □ 确认工量具齐全

续表

步骤	操作方法	操作记录
2. 断开高压电	(1)将车辆退电至 OFF 挡,等待 5min 	☐ 确认退电至 OFF 挡,等待 5min
	(2)打开前机舱盖,拆卸 12V 蓄电池负极线并放置好 	☐ 确认拆卸 12V 蓄电池负极线 ☐ 确认放置好 12V 蓄电池负极线
	(3)拆卸高压电维修开关 	☐ 确认断开维修开关
3. 拆卸 PTC 加热器	(1)拆卸连接 PTC 加热器的管路	☐ 拆卸连接 PTC 加热器的管路
	(2)断开 PTC 加热器的插接器	☐ 断开 PTC 加热器的插接器
	(3)拆卸 PTC 加热器上的 2 个固定螺栓	☐ 拆卸 PTC 加热器上的 2 个固定螺栓
4. 安装 PTC 加热器	(1)安装 PTC 加热器并紧固 2 个固定螺栓	☐ 安装 PTC 加热器并紧固 2 个固定螺栓
	(2)连接 PTC 加热器的插接器	☐ 连接 PTC 加热器的插接器
	(3)连接 PTC 加热器的管路	☐ 连接 PTC 加热器的管路
	(4)加注冷却液并对冷却系统进行排空气	☐ 加注冷却液并对冷却系统进行排空气

续表

步骤	操作方法	操作记录
5. 复原车辆	(1)佩戴绝缘手套及个人绝缘防护用品,安装维修开关	□ 确认安装维修开关
	(2)安装12V蓄电池负极线。使用扭力扳手紧固:10N·m	□ 确认安装 12V 蓄电池负极线 □ 确认使用扭力扳手紧固
6. 完工整理	(1)工具设备整理、复位 (2)车辆整理、复位 (3)场地整理	□ 完工整理

四、拓展提升

动力电池的冷却主要分为风冷和液冷两大类。

风冷的典型代表是日产聆风（Leaf）纯电动汽车,采用鼓风机（专门为动力电池冷却用）驱动空气,通过空调制冷系统的蒸发器后变成冷风,再去冷却动力电池（图 2-6-11）。该技术比较成熟,由于空气的比热容较小,带走的热量较少,主要适用于动力电池散热量较小的情况。

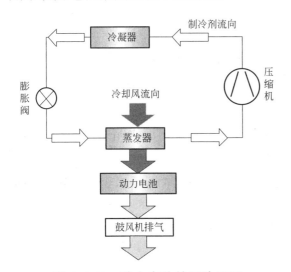

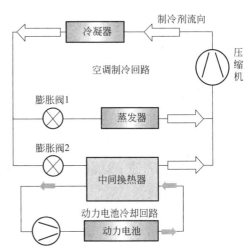

图 2-6-11　动力电池的风冷原理　　　　图 2-6-12　动力电池的液冷原理

液冷的典型代表是特斯拉纯电动汽车，在整个空调系统上添加中间换热器，中间换热器内部有两个流道，一个流道内部流动的是冷却液，另一个流道内部流动的是制冷剂，两者进行热交换。冷却液经过换热后温度降低，流入动力电池中，对动力电池进行冷却（图 2-6-12）。目前该冷却技术比较成熟，获得广泛应用。由于冷却液的比容积大，能够带走更多的散热量，因此主要针对大容量的动力电池。

五、巩固练习

1. 选择题

①（单选题）不属于水冷式动力电池冷却系统的主要部件的是（　　）。

A. 中冷器　　　　B. 电子水泵　　　　C. 冷却管路　　　　D. 冷却液控制阀

②（单选题）除了极少数车型没有采用冷却系统以外，目前应用在动力电池上的冷却方式有（　　）两种。

A. 风冷、油冷　　B. 油冷、水冷　　C. 水冷、风冷　　D. 以上都不正确

③（单选题）比亚迪 e5 动力电池的冷却采用（　　）方式，当电脑监测到动力电池过热时，冷却水泵运转，将冷却液通过蛇形冷却水管进行循环；当电池更热时，冷却水经过板式换热器降温后进行循环。

A. 风冷　　　　　B. 油冷　　　　　C. 水冷　　　　　D. 以上都不正确

④（多选题）电池热管理系统的主要功能包括（　　）。

A. 电池温度的准确测量和监控　　　　B. 电池组温度过高时的有效散热

C. 低温条件下的快速加热　　　　　　D. 保证电池组温度场的均匀分布

E. 电池散热系统与其他散热单元的匹配

⑤（单选题）日产聆风（Leaf）纯电动汽车采用（　　），主要适用于动力电池散热量较小的情况。

A. 风冷　　　　　B. 油冷　　　　　C. 水冷　　　　　D. 以上都不正确

⑥（单选题）一辆行驶 8 万千米的新能源汽车，需要（　　）。

A. 更换 PTC　　　　　　　　　　B. 更换电池冷却液

C. 更换电池包　　　　　　　　　　D. 更换高压电控总成

2. 简答题

① 一辆比亚迪 e5 纯电动汽车进厂保养，检查时发现储液水箱中已无动力电池冷却液，如果继续使用动力电池会出现什么现象？

② 一辆比亚迪 e5 纯电动汽车，使用了 3 年，行驶 15 万千米，是否需要更换动力电池冷却液？

③ 一辆比亚迪 e5 纯电动汽车，冷却系统水管出现泄漏，该如何处理？

④ 请写出比亚迪 e5 冷却系统的组成。

⑤ 请写出热管理系统的组成和作用。

六、学习评价

评价要素	考核内容	配分	A	B	备注
工作准备 （10%）	能够正确理解工作任务内容、范围及工作指令	3			
	准备工作场地及器材，能够识别工作场所的安全隐患	3			
	能正确使用维修手册查询资料	4			
知识目标 （75%）	能口述比亚迪 e5 动力电池冷却系统的组成	5			
	能口述冷却液循环水泵的作用	5			
	能口述冷却液温度传感器的作用	5			
	能口述压力传感器的作用	5			
	能口述电子膨胀阀的作用	5			
	能口述电池冷却器的作用	5			
	能口述电池热管理器的作用	5			
	能口述 PTC 加热器的作用	5			
	能口述比亚迪 e5 动力电池冷却系统的工作原理	7			
	能口述比亚迪 e5 动力电池冷却液的更换周期	7			
	能口述热管理系统的组成和工作原理	7			
	能正确进行高压断电操作	7			
	能正确拆装 PTC 加热器	3			
	能说出一种使用风冷冷却系统的车型	2			
	能说出一种使用液冷冷却系统的车型	2			
职业素养 （15%）	能进行设备和工具的安全检查	2			
	能进行车辆的安全防护操作	2			
	能进行工具的清洁、校准、存放操作	2			
	能进行"三不落地"操作	2			
	能进行工位 7S 操作	2			
	能正确、清晰地填写表单	5			
考核成绩		考评员签字：_____ 日　　期：____年___月___日			

模块七　比亚迪 e5 充电系统

一、学习目标

① 能口述比亚迪 e5 充电系统的组成。
② 能口述比亚迪 e5 充电系统的工作原理。
③ 能口述比亚迪 e5 充电系统的快充接口和慢充接口的定义。
④ 养成认真学习的习惯。
⑤ 养成 5S 工作习惯。

扫一扫

看视频

二、基础知识

1. 充电系统概述

交流慢充方式是用交流充电桩充电接口，把电网的交流电输入纯电动汽车的慢充接口，经过汽车内部的车载充电机把交流电转换成直流电后再输入动力电池，完成充电（图 2-7-1）。交流充电桩没有功率转换模块，不进行交直流转换，充电功率取决于车载充电机功率。

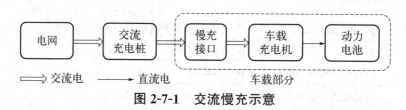

图 2-7-1　交流慢充示意

交流慢充方式也可以使用标准家用电源插座或者预装的充电墙盒以及充电桩。充电时直接从低压照明电路取电，充电功率较小，由 220V/16A 规格的标准电网电源供电。典型的充电时间为 8～10h（SOC 达到 95% 以上）。这种充电方式对电网没有特殊要求，只要能够满足照明要求的供电质量即可使用。

直流快充是指用直流充电桩充电接口，把电网的交流电转换成直流电，输送到纯电动汽车的快充接口，电能直接进入动力电池充电。直流充电桩内置功率转换模块，能将电网的交流电转换为直流电，不需经过车载充电机转换（图 2-7-2）。直流充电的功率取决于蓄电池管理系统和充电桩输出功率，两者取小。

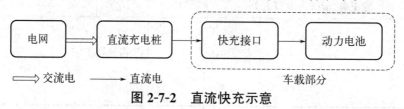

图 2-7-2　直流快充示意

快速充电采用的是直流电充电方式，每小时最多可充电 40kW。直流快充方式以 150~400A 的高充电电流在短时间内为蓄电池充电，与交流慢充方式相比安装成本相对较高。快速充电也可称为迅速充电或应急充电，其目的是在短时间内给纯电动汽车充满电。直流快速充电方式主要针对需要进行快速补充电能的情况进行充电，充电机功率很大，一般都大于 30kW，采用三相四线制 380V 供电。其典型的充电时间是 10~30min。这种充电方式对蓄电池寿命有一定的影响，特别是普通蓄电池不能进行快速充电，因为在短时间内接收大量的电量会导致蓄电池过热。快速充电站的关键是非车载快速充电组件，它能够输出 35kW 甚至更高的功率。由于功率和电流的额定值都很高，因此这种充电方式对电网有较高的要求。

2. 对充电设备的要求

纯电动汽车的充电设备是指与纯电动汽车或动力电池相连接，并为其提供电能的设备。纯电动汽车对充电设备有以下基本要求。

① 安全性。纯电动汽车充电时，要确保人员的人身安全和动力电池系统的安全。

② 使用方便。充电设备应具有较高的智能性，不需要操作人员过多干预充电过程。

③ 成本经济。价格低廉的充电设备有助于降低整个纯电动汽车的成本，提高运行效益，促进纯电动汽车的推广应用。

④ 效率高。效率高是对现代充电设备最重要的要求之一，效率的高低对整个纯电动汽车的能量效率具有重大影响，也会影响用户的充电体验。

⑤ 对供电电源污染要小。采用电力电子技术的充电设备是一种高度非线性的设备，会对供电网及其他用电设备产生有害的谐波污染，而且由于充电设备功率因数低，在充电系统负载大量增加时，对其供电网的影响也不容忽视。

3. 充电设备的类型

主要有车载充电机和非车载充电机，其中非车载充电机又分为交流充电桩、直流充电桩和交直流充电桩等。

① 车载充电机。车载充电机是指固定安装在纯电动汽车上运行，将交流电能转换为直流电能，采用传导方式为纯电动汽车动力电池充电的专用装置。

车载充电机由交流输入接口、功率单元、控制单元、直流输出接口等部分组成。车载充电机作为纯电动汽车电气系统的一部分，被固定在底盘上。车载充电机的输入端，以标准充电接口的形式固定在车体上，用于连接外部电源；车载充电机的输出端，直接连接动力电池系统的慢充电接口。

② 非车载充电机。非车载充电机是指安装在纯电动汽车车体外，将电网的交流电能转换为直流电能，采用传导方式为纯电动汽车动力电池充电的专用装置。

非车载充电机包括交流充电桩、直流充电桩和交直流充电桩。

a. 交流充电桩。交流充电桩是指固定安装在纯电动汽车外，与交流电网连接，采用传导方式为具有车载充电机的纯电动汽车提供交流电源的专用供电装置。交流充电桩只提供电力输出,没有充电功能,需连接车载充电机为纯电动汽车充电,即仅起提供电源的作用(图 2-7-3)。

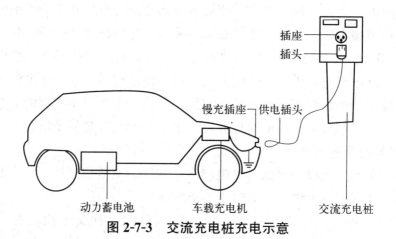

图 2-7-3　交流充电桩充电示意

交流充电桩输出单相/三相交流电,通过车载充电机转换成直流电给动力电池充电,功率较小,有 7kW、22kW、40kW 等;充电速度较慢,一般安装在商业区、写字楼、小区停车场等地。

高压电通过变压器转化成低压电,低压电经由低压电缆引至非车载充电机,输出交流电,通过车载充电机给动力电池充电(图 2-7-4)。

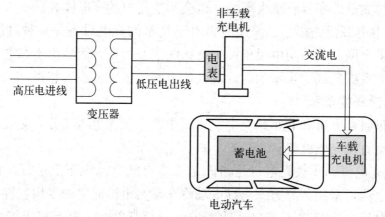

图 2-7-4　交流充电示意

b. 直流充电桩。直流充电桩是指固定在纯电动汽车外,与交流电网连接,可以为纯电动汽车动力电池提供大功率直流电源的供电装置。直流充电桩直接输出直流电给车载动力电池进行充电,功率较大,有 60kW、120kW、200kW 甚至更高;充电速度较快,故一般安装在大型充电站。

直流充电桩主要由触摸屏、刷卡区、充电指示灯、插枪接口、充电桩体等部分组成(图 2-7-5)。

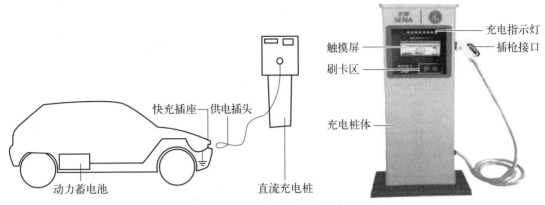

图 2-7-5　直流充电桩充电示意及实物

高压电通过变压器转化为低压电，低压电经由低压电缆引至非车载充电机，输出直流电，不通过车载充电机直接给动力电池充电（图 2-7-6）。

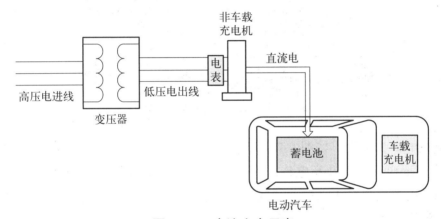

图 2-7-6　直流充电示意

c. 交直流充电桩。交直流充电桩是采用交直流一体的结构，既可实现直流充电，也可实现交流充电。白天充电业务多的时候，使用直流充电方式进行快速充电，当夜间充电站用户少时可用交流充电方式进行慢充操作。

4. 比亚迪 e5 充电系统概述

比亚迪 e5 电动车有两种充电方式：40kW 直流充电和 7kW 交流充电。充电系统主要组成部分：交流充电口、直流充电口、高压电控总成、动力电池包、电池管理器（图 2-7-7）。

（1）交流充电

① 交流充电系统概述。交流充电主要是通过交流充电桩、壁挂式充电盒以及家用供电插座接入交流充电口，通过高压电控总成中的车载充电机将 220V 交流电转换为 220V 直流电，之后利用高压电控总成中的 DC/DC 转换器将 220V 直流电转换成 650V 高压直流电给动力电池充电。交流充电系统主要由车载充电机、交流充

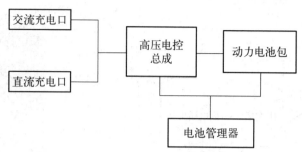

图 2-7-7　充电系统主要组成

电口、交流充电桩等部件构成。

②交流充电口定义。隐藏在中央格栅后面，充电接口有照明灯（图 2-7-8）。

图 2-7-8　交流充电口的位置

交流充电口为 7 孔，如图 2-7-9 所示。

③交流充电过程。在充电连接过程中，首先接通保护接地触头，然后接通控制确认触头与充电连接确认触头；断开过程相反（图 2-7-10 和图 2-7-11）。

工作流程如下。

a. 交流供电。

b. 低压唤醒整车控制系统。

c. BMS 检测充电需求。

d. BMS 给车载充电机发送工作指令并闭合继电器。

e. 车载充电机开始工作，给动力电池充电。

f. 动力电池检测充电完成后，给车载充电机发送停止指令。

g. 车载充电机停止工作。

h. 断开继电器。

（2）**直流充电**

①直流充电系统概述。直流充电主要是通过充电站的充电柜将直流高压电直接通过直流充电口给动力电池充电。这种充电系统实现了对动力电池快速高效的充电，所以也称为直流（快充）充电系统。比亚迪 e5 的直流充电系统主要由快充充电口、快充充电桩、快充充电枪等部件构成。

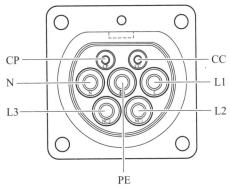

(a) 车辆插座界面与端子布置

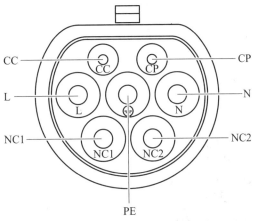

(b) 车辆插头界面与端子布置

图 2-7-9　交流充电口

L—A 相；NC1—B 相；NC2—C 相；N—中性线；PE—地线；CC—充电连接确认；CP—充电控制

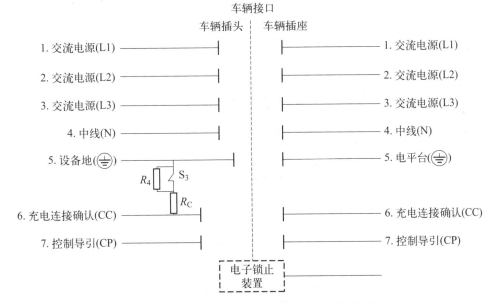

图 2-7-10　车辆充电接口的电气连接界面

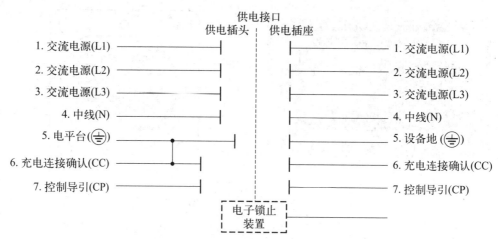

图 2-7-11　车辆供电接口的电气连接界面

② 直流充电口定义。隐藏在中央格栅后面，充电接口处有照明灯；直流充电口为 9 孔，中间两个大孔分别接直流正极和直流负极（图 2-7-12）。

③ 直流充电过程。车辆插头和车辆插座在连接过程中触头耦合的顺序为：保

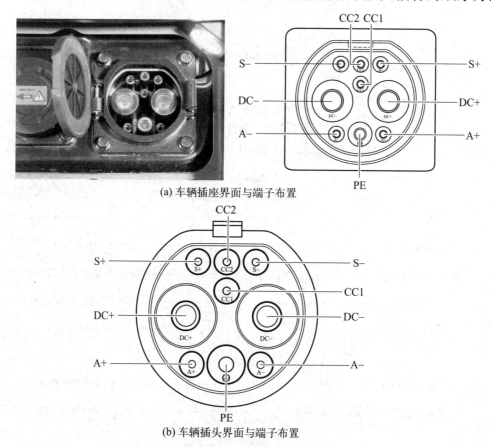

(a) 车辆插座界面与端子布置

(b) 车辆插头界面与端子布置

图 2-7-12　直流充电口

A——低压辅助电源负；A+——低压辅助电源正；CC2—直流充电感应信号；CC1—车身地；
S——CAN-L；S+——CAN-H；PE—地线；DC——动力电池负极；DC+——动力电池正极

护接地，直流电源正、直流电源负、车辆端连接确认，低压辅助电源正与低压辅助电源负，充电通信与供电端连接确认；在脱开的过程中顺序则相反（图 2-7-13）。

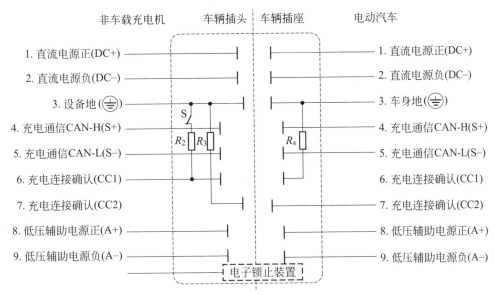

图 2-7-13 直流充电接口的连接界面

直流充电安全保护方案：包括非车载充电机控制装置，电阻 $R_1 \sim R_5$，开关 S，直流供电回路接触器 K_1 和 K_2（可以仅设置 1 个）、低压辅助供电回路接触器 K_3 和 K_4（可以仅设置 K_3）、充电回路接触器 K_5 和 K_6（可以仅设置 1 个），电子锁以及车辆控制装置，其中车辆控制装置可以集成在蓄电池管理系统中。电阻 R_2 和 R_3 安装在车辆插头上，电阻 R_4 安装在车辆插座上。开关 S 为车辆插头的内部常闭开关，当车辆插头和车辆插座完全连接后，开关 S 闭合。在整个充电过程中，非车载充电机控制装置应能监测接触器 K_1、K_2，接触器 K_3、K_4，以及电子锁状态并控制其接通和关断；纯电动汽车车辆控制装置应能监测接触器 K_5 和 K_6 的状态并控制其接通及关断（图 2-7-14）。

工作流程如下。

a. 将车辆插头和车辆插座插合后，车辆的总体设计方案可以自动启动某种触发条件，通过互锁或者其他控制措施使车辆处于不可行驶状态。

b. 操作人员对非车载充电机进行充电设置后，非车载充电机控制装置通过测量检测点 1 的电压值判断车辆插头与车辆插座是否已完全连接，如检测点 1 的电压值为 4V，则判断车辆接口完全连接，非车载充电机控制电子锁锁止。

c. 在车辆接口完全连接后，如非车载充电机完成自检，则闭合接触器 K_3 和 K_4，使低压辅助供电回路导通，同时开始周期发送"充电机辨识报文"；在得到非车载充电机提供的低压辅助电源供电后，车辆控制装置通过测量检测点 2 的电压值判断车辆接口是否已完全连接；如检测点 2 的电压值为 6V，则车辆控制装置开始周期发送"车辆控制装置（或蓄电池管理系统）辨识报文"，该信号也可以作为车

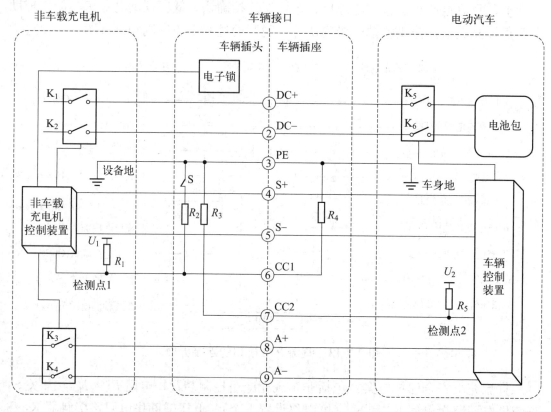

图 2-7-14　直流充电安全保护系统基本方案

辆处于不可行驶状态的触发条件之一。

　　d. 车辆控制装置与非车载充电机控制装置通过通信完成"握手"和配置后，车辆控制装置闭合接触器 K_5 和 K_6，使充电回路导通，非车载充电机控制装置闭合接触器 K_1 和 K_2，使直流供电回路导通。

　　e. 在整个充电阶段，车辆控制装置通过向非车载充电机控制装置实时发送充电级别需求来控制整个充电过程，非车载充电机控制装置根据动力电池充电级别需求来调整充电电压和充电电流，以确保充电正常进行。此外，车辆控制装置和非车载充电机控制装置还相互发送各自的状态信息。

　　f. 车辆控制装置根据动力电池系统是否达到满充状态或是否收到"充电机中止充电报文"来判断是否结束充电。在满足以上充电结束条件时，车辆控制装置开始周期发送"车辆控制装置（或蓄电池管理系统）中止充电报文"，在一定时间后断开接触器 K_5 和 K_6；非车载充电机控制装置开始周期发送"充电机中止充电报文"，并控制充电机停止充电，之后断开接触器 $K_1 \sim K_4$，然后电子锁解锁。

5. 充电方法

　　纯电动汽车动力电池充电方法主要有恒流充电、恒压充电和恒流限压充电，现代智能型蓄电池充电机可设置不同的充电方法。

① 恒流充电。恒流充电是指充电过程中使充电电流保持不变的方法。恒流充电具有较强的适应性，容易将动力电池完全充足，有益于延长动力电池的寿命。缺点是在充电过程中，需要根据逐渐升高的动力电池电动势调节充电电压，以保持电流不变，充电时间也较长。

恒流充电是一种标准的充电方式，有如下 4 种充电方法。

a. 涓流充电是指以小于 0.1C 的电流对动力电池充电，一般在动力电池接近充满电时，进行补充充电时采用。若动力电池对充电时间没有严格要求，建议采用涓流充电方式充电（在此情况下，动力电池使用寿命较长）。

b. 最小电流充电是指在能使深度放电的蓄电池有效恢复蓄电池容量的前提下，把充电电流尽可能地调整到最小的充电方法。

c. 标准充电即采用标准速率充电，充电时间为 14h。

d. 高速率（快速）充电即在 3h 内就给蓄电池充满电的方法，这种充电方法需要自动控制电路，保护蓄电池不损坏。

② 恒压充电。恒压充电是指充电过程中保持充电电压不变的充电方法，充电电流随蓄电池电动势的升高而减小。合理的充电电压，应在蓄电池即将充足时使其充电电流趋于 0。如果电压过高会造成充电初期充电电流过大和过充电，如果电压过低会使蓄电池充电不足。充电初期若充电电流过大，则应适当调低充电电压，待蓄电池电动势升高后再将充电电压调整到规定值。

恒压充电的优点是充电时间短，充电过程无须调整电压，较适合补充充电。缺点是不容易将蓄电池完全充足，充电初期的大电流对极板会有不利影响。

③ 恒流限压充电。恒流限压充电方法是先以恒流方式进行充电，当蓄电池组端电压上升到限压值时，充电机自动转换为恒压充电，直到充电完毕。

充电深度（Depth of Charge，DOC）和放电深度（Depth of Discharge，DOD）是充电的基本概念，是蓄电池保有容量数值的表示方法，以比例（%）表示。充电深度是指蓄电池在充电过程中从外电路接收的容量与其完全充电状态时的容量的比值。放电深度是指在蓄电池的使用过程中，蓄电池放出的容量占其额定容量的比例（%）。放电深度的高低和蓄电池的充电寿命有很大关系，蓄电池的放电深度越深，其充电寿命就越短，因此在使用时应尽量避免深度放电。容量为 10A·h 的蓄电池放电后容量变为 2A·h，可以称为 80%DOD；容量为 10A·h 的蓄电池，充电后容量为 8A·h，称为 80%DOC。形容满充满放，通常称为 100%DOD。

三、技能训练

1. 准备工作

用途类别	工具设备名称	单位	数量	备注
安全防护	车辆防护、个人绝缘防护用品、干粉灭火器	套	4	

用途类别	工具设备名称	单位	数量	备注
设备与工具	查询维修手册、用计算机记录维修工单	套	1	
	维修工具车、零件车	台	1	含绝缘拆装工具
	手电筒	把	1	
车辆与配件	实训车辆	辆	1	

2. 安全及注意事项

① 熟知并了解充电口安全注意事项。

② 在教师指导下操作举升机，严禁私自操作。

③ 务必确认举升机功能正常、车辆举升位置正确且举升机落锁后，才可进入车底作业；举升过程中时刻观察车身是否倾斜，若倾斜需马上停止工作。

④ 合理规范地使用工具，未经允许禁止违规操作。

⑤ 正确穿戴绝缘防护用品。

3. 实操作业

本操作任务主要完成比亚迪 e5 充电口的拆卸与安装，请按下表进行拆装作业。

步骤	操作方法	操作记录
1. 准备工作	(1)做好个人绝缘防护和工作着装 (2)车辆防护：安装方向盘三件套与前翼子板布和前格栅布 (3)准备维修资料 (4)准备工具 (5)准备干粉灭火器	□ 确认着装规范 □ 确认车辆或台架已做好防护 □ 确认资料与车型一致 □ 确认工量具齐全
2. 断开高压电	(1)将车辆退电至 OFF 挡，等待 5min 	□ 确认退电至 OFF 挡，等待 5min
	(2)打开前机舱盖，拆卸 12V 蓄电池负极线并放置好 	□ 确认拆卸 12V 蓄电池负极线 □ 确认放置好 12V 蓄电池负极线

续表

步骤	操作方法	操作记录
2. 断开高压电	(3)拆卸高压电维修开关 	☐ 确认断开维修开关
3. 拆卸交流充电口	(1)举升车辆至合适的位置并锁止	☐ 确认举升车辆至合适的位置并锁止
	(2)拆卸前保险杠,并降下车辆至合适的高度	☐ 确认拆卸前保险杠
	(3)断开交流充电口高低压接插件	☐ 确认断开交流充电口高低压接插件
	(4)拆卸高压线束扎带	☐ 确认拆卸高压线束扎带
	(5)拆卸 2 个搭铁螺栓	☐ 确认拆卸 2 个搭铁螺栓
	(6)拆卸 4 个法兰面固定螺栓	☐ 确认拆卸 4 个法兰面固定螺栓
	(7)向外取出交流充电口 	☐ 确认取出交流充电口
4. 拆卸直流充电口	(1)拆卸充电口上安装板和充电口上的 4 个法兰面安装螺栓	☐ 确认拆卸 4 个法兰面固定螺栓
	(2)拆卸 2 个搭铁螺栓	☐ 确认拆卸 2 个搭铁螺栓
	(3)断开高低压接插件并拆掉扎带	☐ 断开高低压接插件并拆掉扎带
	(4)向上取出直流充电口 	☐ 确认取出直流充电口
5. 安装直流充电口	(1)先将直流充电口高低压线束穿过车身安装钣金	☐ 直流充电口高低压线束穿过车身安装钣金
	(2)将直流充电口小压板装上,安装 2 个法兰面螺栓	☐ 安装 2 个法兰面螺栓
	(3)紧固 4 个法兰面安装螺栓	☐ 确认紧固 4 个法兰面安装螺栓

续表

步骤	操作方法	操作记录
5. 安装直流充电口	(4)固定好高压线束扎带并连接所有高低压接插件	□ 固定好高压线束扎带并接上所有高低压接插件
	(5)紧固 2 个搭铁螺栓	□ 紧固 2 个搭铁螺栓
6. 安装交流充电口	(1)将交流充电口线缆由外向里安装	□ 将交流充电口线缆由外向里安装
	(2)紧固 4 个充电口法兰面安装螺栓	□ 紧固 4 个充电口法兰面安装螺栓
	(3)连接高低压接插件	□ 连接高低压接插件
	(4)分别扣上小支架和水箱上横梁上面的扎带孔位	□ 扣上小支架和水箱上横梁上面的扎带孔位
	(5)紧固 2 个搭铁螺栓	□ 紧固 2 个搭铁螺栓
7. 复原车辆	(1)安装前险杠	□ 安装前险杠
	(2)佩戴绝缘手套及个人绝缘防护用品,安装维修开关 	□ 确认安装维修开关
	(3)安装 12V 蓄电池负极线。使用扭力扳手紧固:10N·m 	□ 确认安装 12V 蓄电池负极线 □ 确认使用扭力扳手紧固
8. 完工整理	(1)工具设备整理、复位 (2)车辆整理、复位 (3)场地整理	□ 完工整理

四、拓展提升

1. 充电注意事项

当纯电动汽车 SOC 显示 20% 左右时,就应该充电。纯电动汽车进行充电时要注意以下事项。

① 选择充电方式。充电方式有快充和慢充,要阅读使用说明书,选择最佳充电方式。

a.快速充电。快速充电的电流电压较高，短时间内对蓄电池的冲击较大，容易令蓄电池的活性物质脱落和蓄电池发热，因此对蓄电池保护散热方面有更高的要求，并不是每款车型都可进行快速充电。

b.常规充电。常规充电采用随车配备的便携式充电设备进行，可使用家用电源或专用的充电桩电源。充电电流较小，一般为16～32A，充电时间为5～8h。

c.低谷充电。可充分利用电力低谷时段进行充电，降低充电成本。

② 正确掌握充电时间。在使用过程中，应根据实际情况准确把握充电时间，参考平时使用频率及行驶里程情况，把握充电频次。正常行驶时，如果电量表指示红灯和黄灯亮，就应充电；如只剩下红灯亮，应停止运行，尽快充电，否则蓄电池过度放电会严重缩短其寿命。充满电后运行时间较短就充电，充电时间不宜过长，否则会形成过度充电，使蓄电池发热。过度充电、过度放电和充电不足都会缩短蓄电池寿命。

③ 避免大电流放电。纯电动汽车在起步、加速、上坡时，尽量避免猛踩加速踏板，形成瞬间大电流放电，大电流放电容易损害蓄电池极板的物理性能。

④ 车辆长期不用时，蓄电池一般采用半电存储方式，可以为30%～60%。

为了防止纯电动汽车在充电过程中过充，应注意以下事项。

① 设置好时间。用充电桩进行充电时，一定要设置好时间，不要过分充电。应该根据纯电动汽车所剩余电量的实际情况，选择到底充电多久。如果充电时间过长，对蓄电池是一种伤害。

② 定时检查。在给纯电动汽车充电时，应该定时检查一下，看一看电量是否充满，如果充满就应该及时拔掉电源。

③ 利用好时段。一般情况下纯电动汽车充满电量需要5～8h，所以说，充电应该利用好时间段。提前计算好充电时间，比如利用晚上时间，从晚上10点开始充，到第二天早晨6点断电，正好8h。

④ 勤充少充。如果选择在上班期间用公司电源充电，最好的方法是充电次数多一些，每次充电时间短一些。比如，上午8点半到达公司就开始充电，中午12点拔掉电源，下班后开车回家。

⑤ 尽量不要用快充。在充电的时候，尽量不要用快充的方式给纯电动汽车充电，除非到万不得已的时候。因为快充的原理，就是利用高压使电离子快速进入蓄电池。虽然充电过程快，但对蓄电池是一种伤害。

⑥ 蓄电池不要闲置太久。对于纯电动汽车，用户应该多驾驶。不要闲置一两个月才驾驶一次，那样对蓄电池的损伤很大。经常使用，能激发蓄电池的能量，使其变得更加耐用。

2. 比亚迪 e5 充电方式及充电时间

① 交流充电桩或壁挂式充电盒三相（单相）交流充电说明。

常温下（23℃）进行单相交流充电时，动力电池充电电量（SOC）从

10%～100%所需时间约为6h。性能参数：输入电压220V，AC，50Hz；充电时间6h。

常温下（23℃）进行三相交流充电时，动力电池充电电量（SOC）从10%～100%所需时间约为1h。性能参数：输入电压380V，AC，50Hz；充电时间1h。

② 直流充电柜充电说明。

常温下（23℃）进行直流充电柜直流充电时，动力电池充电电量（SOC）从10%～100%所需时间约为1h。性能参数：充电功率40kW；充电时间1h。

③ 家庭单相交流充电说明。

常温下（23℃）用家用充电设备（三芯转七芯）进行交流充电时，动力电池充电电量（SOC）从10%～100%所需时间约为13h。性能参数：输入电压220V，AC，50Hz；充电时间13h。

④ 车辆之间相互充电说明。

常温下（23℃）进行车辆之间互相充电时，动力电池充电电量（SOC）从10%～100%所需时间约为1h。性能参数：输入电压380V，AC，50Hz；充电时间1h。

注意：输入电压为外部供电设备供给车辆的充电电压的平均值；输入电流为外部供电设备供给车辆的充电电流的平均值；充电时间为常温下（23℃）车辆SOC从10%～100%充电一般所需时间。

3. 充电操作方法

① 通过交流充电连接器在公共充电桩或壁挂式充电盒上进行交流充电。

说明：通过公共充电桩或壁挂式充电盒自带的充电连接器与车辆（充电口）连接，进行充电。若充电连接器是单独产品时，操作如下：充电连接器短枪头（车辆插头）应与车辆插座相连；充电连接器长枪头（供电插头）应与充电桩或壁挂式充电盒供电插座相连。

即时充电方法和步骤如下。

a. 电源挡位退至"OFF"挡。

b. 解锁充电口舱门开关，打开充电口舱门（图2-7-15）。

c. 打开交流充电口盖（图2-7-16）。

图2-7-15 解锁充电口舱门开关　　图2-7-16 打开交流充电口盖

d. 连接车辆与公共充电桩或壁挂式充电盒（图 2-7-17）。

e. 仪表上充电连接指示灯点亮（图 2-7-18）。

图 2-7-17　连接车辆与公共
充电桩或壁挂式充电盒

图 2-7-18　仪表上充电连接指示灯点亮

f. 交流充电桩或壁挂式充电盒设置（如刷卡）启动充电。

g. 停止充电：交流充电桩或壁挂式充电盒会自动结束充电或自行结束充电，断开充电盒。

h. 结束充电：断开车辆端充电连接器，按下开关，拔出车辆插头。

i. 整理好充电设备，并妥善放置。

j. 关闭充电口盖和充电口舱门（图 2-7-19）。

k. 充电结束。

② 通过直流充电连接器（装有时）在公共充电柜上进行直流充电。

说明：到公共直流充电站充电，连接直流充电连接器，刷卡启动开始直流充电。充电过程中需要停止充电，刷卡或直接按下直流充电连接器上的机械开关，断开充电连接器连接即可。车辆充满电，断开充电连接器即可。

即时充电方法和步骤如下。

a. 电源挡位退至"OFF"挡。

b. 解锁门锁开关，打开充电口舱门。

c. 打开直流充电口盖。

d. 如图 2-7-20 所示，连接车辆端充电连接器，仪表上的充电连接指示灯点亮。

图 2-7-19　关闭充电口盖和充电口舱门

图 2-7-20　连接直流充电口

e. 充电柜设置（如刷卡）启动充电。

f. 停止充电：充电柜会自动结束充电或自行结束充电，断开充电柜。

g. 结束充电：断开车辆端充电连接器，按下开关，拔出车辆插头。

h. 整理好充电设备，并妥善放置。

i. 关闭充电口盖和充电口舱门。

j. 充电结束。

③ 通过交流充电连接装置实现家用交流充电。

说明：通过三芯转七芯交流充电连接装置将车辆与家用单相两极带接地插座相连，一端与家用220V、50Hz、10A标准单相两极带接地插座相连，另外一端车辆插头与车辆交流充电口相连。

即时充电方法和步骤：

a. 电源挡位退至"OFF"挡；

b. 打开充电口舱门；

c. 打开交流充电口盖；

d. 先连接供电端三芯插头，控制盒点亮"Ready"指示灯，同时"Charger"指示灯闪烁；

e. 再连接车辆端充电连接器，仪表上充电连接指示灯点亮；

f. 断开车辆端充电连接器，按下开关，拔出车辆插头；

g. 断开供电插头；

h. 整理好充电设备，并妥善放置；

i. 关闭充电口盖和充电口舱门；

j. 充电结束。

④ 通过车辆对车辆放电连接装置实现车辆之间相互充电。

说明：通过车辆对车辆放电连接装置将两辆同样配置的比亚迪e5车辆连接在一起，通过放电车辆的设置，即可以实现车辆之间相互充电。

即时充电方法和步骤：

a. 将两辆比亚迪e5停靠在安全区域，打开双闪警示；

b. 放电车辆电源处于"OFF"挡；

c. 充电车辆电源处于"OFF"挡；

d. 放电车辆设置放电模式，按下放电模式开关，选择"VTOV"放电模式；

e. 打开两辆车的充电口舱门；

f. 打开两辆车的交流充电口盖；

g. 10min内通过车辆对车辆放电连接装置将两辆车连接在一起（图2-7-21），则放电车辆充当充电设备开始对需要充电车辆进

图2-7-21　两辆车连接在一起

行充电；

h. 通过放电车辆设置结束充电，结束"VTOV"放电模式，断开放电车辆插头，断开需要充电车辆插头，收起车辆对车辆放电连接装置；

i. 放电车辆自动进入正常驱动模式，关闭交流充电口盖和充电口舱门；

j. 关闭需要充电车辆的交流充电口盖和充电口舱门；

k. 充电结束。

五、巩固练习

1. 选择题

① （单选题）不属于充电未连接的检修的方法是（　　　）。

A. 检查快充口 CC1 端与 PE 端是否有 1000Ω 电阻

B. 检查快充口导电层是否脱落

C. 检查充电枪 CC2 端与 PE 端是否导通

D. 检查充电桩与动力电池 BMS 软件版本是否匹配

② （单选题）关于充电系统说法正确的是（　　　）。

A. 电动汽车充电时，需要自备车载充电器

B. 电动汽车充电时，一般选择快充接口，可以节省充电时间

C. 电动汽车充电时，直接与充电桩相连，即可以进行充电

D. 电动汽车充电时，采用的是直流高压充电

③ （单选题）直流快充的充电线路正确的是（　　　）。

A. 快充桩→充电线→充电口→配电箱→动力电池

B. 快充桩→充电口→充电线→配电箱→动力电池

C. 快充桩→配电箱→充电口→充电线→动力电池

D. 快充桩→充电线→配电箱→充电口→动力电池

④ （多选题）电动汽车动力电池常见的充电方法有（　　　）。

A. 恒流充电　　　B. 恒压充电　　　C. 恒流限压充电　　D. 脉冲充电

⑤ （单选题）比亚迪 e5 电动汽车交流充电口 7 芯端口的 CC 端与 PE 端之间的阻值为（　　　）Ω。

A. 220　　　　　B. 210　　　　　C. 230　　　　　D. 200

⑥ （单选题）以下关于充电口的设计说法正确的是（　　　）。

A. 交流 9 针，直流 7 针　　　　　B. 交流直流都是 7 针

C. 交流 7 针，直流 9 针　　　　　D. 交流直流都是 9 针

⑦ （单选题）交流充电时，电流大于（　　　）时，供电接口和车辆接口应具有锁止功能。

A. 8A　　　　　B. 16A　　　　　C. 32A　　　　　D. 64A

⑧ （单选题）交流充电时，确认充电枪与车辆充电口连接的端子是（　　　）。

A. CC   B. CP   C. L   D. PE

⑨（单选题）直流充电时，确认充电枪与车辆充电口连接的端子是（   ）。

A. CC1   B. CC2   C. PE   D. S

⑩（单选题）慢充和快充都无法充电，以下最有可能的故障是（   ）。

A. 车载充电器   B. 充电枪   C. 充电口   D. 动力电池

2. 简答题

① 一辆比亚迪 e5 纯电动汽车没电了，需要充电，在维修车间内怎么进行充电？

② 使用交流充电枪能否插入直流充电口？

③ 请写出交流慢充的充电线路。

④ 请写出直流快充的充电线路。

六、学习评价

评价要素	考核内容	配分	A	B	备注
工作准备 （10%）	能够正确理解工作任务内容、范围及工作指令	3			
	准备工作场地及器材，能够识别工作场所的安全隐患	3			
	能正确使用维修手册查询资料	4			
知识目标 （75%）	能口述交流慢充的充电线路	5			
	能口述直流快充的充电线路	5			
	能口述交流慢充的特点	5			
	能口述直流快充的特点	5			
	能口述比亚迪 e5 交流充电系统的主要组成部分	5			
	能口述比亚迪 e5 的直流充电系统的主要组成部分	5			
	能口述交流充电口的端子及定义	5			
	能口述直流充电口的端子及定义	5			
	能口述交流充电过程车辆插头和车辆插座在连接过程中触头耦合的顺序	7			
	能口述直流充电过程车辆插头和车辆插座在连接过程中触头耦合的顺序	7			
	能口述纯电动汽车动力电池的充电方法	7			
	能正确拆卸交流充电口	7			
	能正确拆卸直流充电口	7			

续表

评价要素	考核内容	配分	A	B	备注
职业素养 （15%）	能进行设备和工具的安全检查	2			
	能进行车辆的安全防护操作	2			
	能进行工具的清洁、校准、存放操作	2			
	能进行"三不落地"操作	2			
	能进行工位7S操作	2			
	能正确、清晰地填写表单	5			
考核成绩			考评员签字：＿＿＿＿＿＿＿ 日　　期：＿＿＿年＿＿月＿＿日		

模块八　纯电动汽车动力电池故障案例分析

一、学习目标

① 能完成纯电动汽车动力电池故障诊断的方法。

② 能口述纯电动汽车动力电池常见故障。

③ 养成认真学习的习惯。

④ 养成5S工作习惯。

二、基础知识

纯电动汽车动力电池系统是最容易出现故障的部件之一，而且动力电池系统是高压系统，其故障诊断的要求是非常高的。

1. 动力电池系统的故障分级

动力电池系统故障分为一级故障、二级故障和三级故障。

（1）一级故障

一级故障是最严重的故障。出现一级故障表明动力电池在此状态下功能已经丧失，请求其他控制器立即（1s内）停止充电或放电。如果其他控制器在指定时间内未做出响应，蓄电池管理系统将在2s后主动停止充电或放电（即断开高压继电器）。

动力电池上报一级故障一段时间后会造成整车出现安全事故，如起火、爆炸、触电等，动力电池在正常工作情况下不会上报该故障，BMS一旦上报该故障则表明动力电池处于严重滥用状态。

（2）二级故障

出现二级故障表明动力电池在此状态下功能已经丧失，请求其他控制器停止充电或者放电；其他控制器应在一定的延时时间内响应动力电池停止充电或放电请求。其他控制器响应动力电池二级故障的延时时间建议少于60s，否则会引发动力电池上报一级故障。

动力电池上报二级故障会造成整车进入跛行、暂时停止能量回馈、停止充电，动力电池正常工作情况下不会上报该故障，BMS一旦上报该故障，表明动力电池某些硬件出现故障或动力电池处于非正常工作条件下。

（3）三级故障

出现三级故障表明动力电池性能下降，蓄电池管理系统降低最大允许充/放电电流。

动力电池上报三级故障对整车无影响或不同程度地造成整车进入限功率行驶状态，动力电池正常工作状态可能上报该故障，BMS一旦上报该故障，表明动力电池处于极限环境温度下或单体蓄电池一致性出现一定劣化等，应该查找原因进行排除。

动力电池系统的故障一般在仪表上只显示动力电池故障、动力电池绝缘故障及动力电池系统断开三种故障信息，只能很粗略地判断故障位置，并不能精确定位。

2. 动力电池系统的常见故障

（1）单体蓄电池故障

单体蓄电池会出现以下故障现象。

① 单体蓄电池SOC偏低或偏高。如果出现单体蓄电池SOC偏低或偏高，会造成动力电池系统性能下降，影响纯电动汽车的续驶里程；但动力电池系统能够正常使用，无须更换。处理办法是对出现SOC偏低的单体蓄电池单独充电，对出现SOC偏高的单体蓄电池单独放电，从而保证所有单体蓄电池的一致性。

② 单体蓄电池容量不足。单体蓄电池容量不足，会造成动力电池充电不足，能量下降，因而造成纯电动汽车的续驶里程缩短。处理办法是对出现容量不足的单体蓄电池进行更换。

③ 单体蓄电池内阻偏大。单体蓄电池内阻偏大，会造成动力电池充电不足，性能下降，因而造成纯电动汽车的动力性不足，续驶里程缩短。处理办法是对出现内阻偏大的单体蓄电池进行更换。

④ 单体蓄电池过充电或过放电。如果出现单体蓄电池过充电或过放电现象，则会造成动力电池内部短路、池热失控，严重时会起火、爆炸。处理办法是检查蓄电池管理系统。

⑤ 单体蓄电池内部短路。如果出现单体蓄电池内部短路现象，会造成动力电池热失控，影响行车安全。处理办法是更换内部短路的单体蓄电池。

⑥ 单体蓄电池外部短路。如果出现单体蓄电池外部短路现象，会造成动力电

池热失控，严重时会起火、影响行车安全。处理办法是排除短路故障、更换造成外部短路的单体蓄电池。

⑦ 单体蓄电池极性装反。如果出现单体蓄电池极性装反现象，会造成动力电池热失控，严重时会起火、爆炸，影响行车安全。处理办法是更换极性装反的单体蓄电池。

（2）蓄电池管理系统故障

蓄电池管理系统会出现以下故障现象。

① CAN 通信故障。当出现 CAN 通信故障时，无法监控纯电动汽车运行状态。处理办法是检查 CAN 网络。

② 总电压测量故障。当出现总电压测量故障时，无法监控动力电池系统的总电压。处理办法是检查动力电池总电压测量模块。

③ 单体蓄电池电压测量故障。当出现单体蓄电池电压测量故障时，无法监控单体蓄电池电压。处理办法是检查单体蓄电池电压测量模块。

④ 温度测量故障。当出现温度测量故障时，无法监控动力电池系统的温度。处理办法是检查动力电池温度测量模块。

⑤ 电流测量故障。当出现电流测量故障时，无法监控动力电池系统的电流。处理办法是检查动力电池电流测量模块。

⑥ 冷却系统故障。当出现冷却系统故障时，会造成动力电池系统的温度偏高。处理办法是检查动力电池的冷却系统。

（3）线路或连接件故障

动力电池系统的线路或连接件系统会出现以下故障现象。

① 蓄电池之间虚接。当蓄电池之间出现虚接现象时，会导致纯电动汽车动力不足，续驶里程缩短。处理办法是紧固虚接的蓄电池。

② 蓄电池之间断路。当蓄电池之间出现断路现象时，会导致纯电动汽车无法启动。处理办法是检查蓄电池之间的连接，把断路的蓄电池重新连接。

③ 快速熔断器断开。当出现快速熔断器断开现象时，会导致纯电动汽车无法启动。处理办法是检查快速熔断器，使断开的快速熔断器重新接合。

④ 动力电插接器断开。当出现动力电插接器断开现象时，会导致纯电动汽车无法启动。处理办法是检查动力电插接器，使断开的动力电插接器重新接合。

⑤ 动力电插接器虚接。当出现动力电插接器虚接现象时，会导致插接器易烧蚀，纯电动汽车动力不足。处理办法是检查动力电插接器，使虚接的动力电插接器重新接合。

⑥ 信号电插接器故障。当出现信号电插接器故障现象时，会导致无法监控纯电动汽车的运行状态。处理办法是检查信号电插接器，排除信号电插接器的故障。

⑦ 正极、负极接触器故障。当出现正极、负极接触器故障时，会导致纯电动汽车无法启动。处理办法是检查正极、负极的接触线。

⑧ 电源线短路。当出现电源线短路现象时，会导致蓄电池热失控，严重时会起火、爆炸。处理办法是检查电源线。

三、技能训练

1. 准备工作

用途类别	工具设备名称	单位	数量	备注
安全防护	车辆防护、个人防护用品	套	4	
设备与工具	查询维修手册、用计算机记录维修工单	套	1	
	维修工具车、零件车	台	1	含拆装工具、万用表、绝缘测试仪、新能源汽车诊断仪
	手电筒	把	1	
车辆与配件	实训车辆	辆	1	

2. 安全及注意事项

① 熟知并了解检测动力电池的安全注意事项。

② 合理规范地使用工具，未经允许禁止违规操作。

③ 在教师的指导下进行检查。

④ 正确使用检查设备及仪器。

3. 实操作业

按下表对动力电池进行诊断作业。

步骤	操作方法	操作记录
1. 准备工作	(1)做好个人绝缘防护和工作着装 (2)车辆防护：安装方向盘三件套与前翼子板布和前格栅布 (3)准备维修资料 (4)准备工具 (5)准备干粉灭火器	□ 确认着装规范 □ 确认车辆或台架已做好防护 □ 确认资料与车型一致 □ 确认工量具齐全
2. 确定动力电池故障现象	故障现象是排查故障的基础，当车辆发生故障的时候，一定要准确地记录故障现象，包括车内故障现象、车外故障现象、仪表提示等	□ 确定动力电池故障现象
3. 确定排故方向	电动汽车电子元器件众多，当发生故障时，往往牵一发而动全身，一个故障伴生多个故障现象，此时要抽丝剥茧，借助解码仪等工具，从众多的故障表象中，找到排除故障的思路	□ 确定排除故障方向

续表

步骤	操作方法	操作记录
4. 确定故障范围	有了排除故障的思路之后,需要结合故障现象、仪表提示、故障码、数据流等信息,综合推测故障发生的可能原因,为后面的检测作业提供明确的方向 　例如:造成通信故障的原因其实主要有四方面: 　(1)CAN线 　(2)电源线 　(3)搭铁线 　(4)模块自身	□ 确定故障范围
5. 标准作业维修	借助测量工具(如万用表、示波器、绝缘电阻测试仪等),验证推测的故障原因	□ 正确使用仪器和设备
6. 确认故障排除	根据实际的测量数据,判断故障点,并进行恢复。完成之后,上电验证故障是否排除,清除故障码	□ 确认故障排除
7. 完工整理	(1)工具设备整理、复位 　(2)车辆整理、复位 　(3)场地整理	□ 完工整理

四、拓展提升

1. 比亚迪 e5 纯电动汽车充电系统故障

(1) 故障现象

比亚迪 e5 纯电动汽车无法使用交流充电;仪表有充电指示灯点亮,仪表一直显示"充电连接中,请稍候"。

(2) 故障分析与排除

根据故障现象,查找维修手册,找到故障症状表,不能充电的故障原因可能是交流充电口、高压电控总成、电池管理器 BMS 故障和线束。

使用新能源汽车诊断仪读取比亚迪 e5 纯电动汽车高压系统故障码,读取"车载充电器"故障码,诊断界面显示"动力模块-车载充电器"未配置,这说明车载充电器无法读取故障码。

进入数据流,读取电池管理系统-水冷的数据流,读取"交流感应信号-交流",数据流显示"有"。可能是由于是交流充电枪本身出现了故障,对交流充电枪进行检测。

① 检查充电枪。使用万用表检查充电枪 CC 与 PE 的电阻,测量值为 780Ω,符合厂家技术要求。使用万用表检查充电枪 CC 与 PE 的电压,将充电枪接上 220V

交流电，使用万用表红表笔接充电枪 CP 端，黑表笔接充电枪 PE 端。使用电压挡测量电阻压，测得电压值为 12V，测量结果符合 12V 电压的标准值。因此，充电枪无故障。

② 检查线路。如图 2-8-1 所示，交流充电口的信号主要来源于充电口中 CC 端子和 CP 端子与高压电控总成之间的线束，可以通过测量线束的电阻值判断线束好坏。

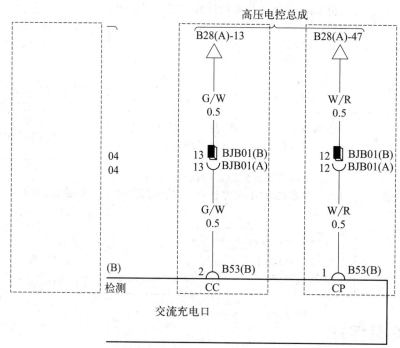

图 2-8-1　交流充电口电路

a. CC 线束的电阻值。拔下交流充电口 B53(B) 的插接器和高压电控总成插接器 B28(A)，测量 B53(B) 2 号针脚和 B28(A) 13 号针脚之间的电阻值，电阻值为 0.2Ω，正常。

b. CP 线束的电阻值。测量交流充电口 B53(B) 1 号针脚和高压电控总成 B28(A) 的 47 号针脚之间的电阻值，电阻值为无限大，异常。

可以通过测量交流充电口到线束插头 B53(B) 判断这段线束的好坏，再测量线束插头 B53(B) 到高压电控总成 B28(A) 线束的电阻值，判断这段线束的好坏。

检查交流充电口 CP 端到线束插头 B53(B) 的线束电阻值：找到交流充电口 CP 的端子，拔下交流充电口 B53(B) 插头，找到 1 号针脚。测量交流充电口 CP 端和 B53(B) 1 号针脚之间的电阻值，电阻值为无限大。

检查高压电控总成到线束插头 B53(B) 的线束电阻值：拔下高压电控总成线束插头 B28(A)，找到对应的 47 号针脚。拔下交流充电口 B53(B) 插头，找到 1 号针脚。测量 B28(A) 47 号针脚和 B53(B) 1 号针脚之间的电阻值，电阻值为无限大。

通过测量，基本确定是高压电控总成这段线束的问题，仔细查找线束插头端子，发现 B53（B）1 号针脚有线脱落，对其进行维修。

使用交流充电枪对车辆充电，车辆可以正常充电，故障排除。

（3）故障排除

维修交流充电口 B53（B）1 号针脚。

2. 大众 ID4 高压蓄电池模组故障导致车辆不能上电故障

（1）故障现象

车辆无法进入"READY"状态，且仪表提示："高电压蓄电池：火灾危险！确保交通安全的情况下立即停车并撤离。向专业救援人员求助！"，如图 2-8-2 所示。

图 2-8-2　仪表报故障

（2）故障分析与排除

使用电脑诊断仪读取高压蓄电池 8C 故障码（图 2-8-3）。

P0DCB00: 混合动力/高电压蓄电池的蓄电池单格电池控制器8 信号
不可信
主动/静态
41936
10101111

P0B6100: 混合动力/高电压蓄电池电压，传感器导线8 对正极短路
主动/静态
42013
10101111

P0DBC00: 混合动力/高电压蓄电池的蓄电池单格电池控制器5 电气
故障
主动/静态
42055
10101111

B203400: 温度过高预警
主动/静态
42584
00101111

图 2-8-3　故障码

读取数据流发现高压蓄电池的正/负极接触器都是已打开状态，说明高压蓄电池内部已经切断电压输出。读取各模组温度时发现温度传感器 15、16 数值为无效，该车为 84.8kW 蓄电池，蓄电池有 12 个模组，每个模组有两个温度传感器，因此是 8 号模组未获取到温度传感器数值，J840 无法获取 8 号模组的温度值，所以仪表上会出现"火灾危险"的提示，并不是真正存在火灾危险（图 2-8-4）。

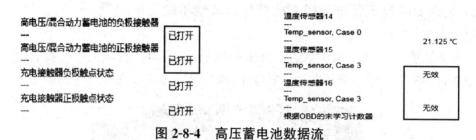

图 2-8-4 高压蓄电池数据流

接着读取高压蓄电池各模组电芯电压，如图 2-8-5 所示。

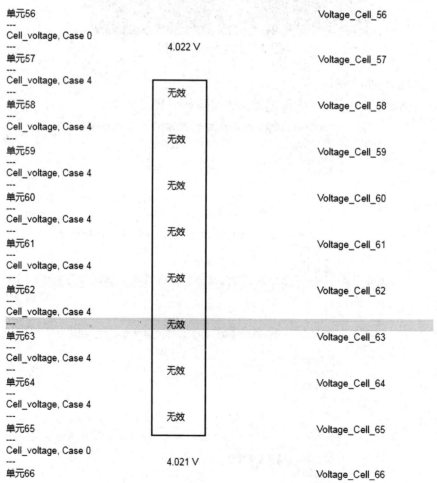

图 2-8-5 读取高压蓄电池各模组电芯电压

数据流反馈 57~64 电芯电压值无效，也是 8 号模组。通过故障码和数据流，基本锁定故障在高压蓄电池 8 号模组。可能的原因有：

① 8 号模组故障；

② 8 号模组的控制单元 CMC 故障；

③ 模组线束、插头故障；

④ 高压蓄电池控制单元 BMC 故障；

⑤ 高压蓄电池内部其他故障。

根据故障码功能引导，提示需拆解蓄电池进行开包检查。拆解蓄电池进行开包检查：图 2-8-6 中维修手册标注 8 号模组实际并不是数据流中的 8 号模组。

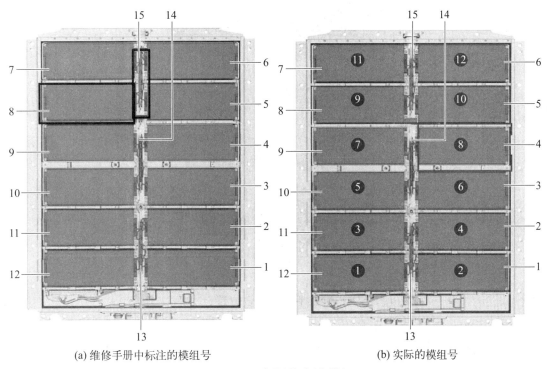

(a) 维修手册中标注的模组号　　　　　(b) 实际的模组号

图 2-8-6　高压蓄电池模组

拆卸高压蓄电池总成，拆卸后开包检查，按照如图 2-8-6 所示模组位置检查 8 号模组未见异常，检查模组与 CMC 连接插头无松动、脱出、安装不牢固情况，检查各插头针脚无异常，怀疑 CMC 有问题，倒换新的 CMC 后故障排除，把故障 CMC 倒换到其他模组，故障转移，所以确定为 CMC 故障（图 2-8-7）。

高压蓄电池模组控制单元 J1212（CMC）故障造成 8 号模组电芯电压及温度信息无法获取，导致车辆无法上电且仪表提示火灾危险。

（3）故障排除

更换高压蓄电池模组 CMC-J1212 后故障排除（图 2-8-8 和图 2-8-9）。

模组单元 1~12 为 J991~J1002CMC：

图 2-8-7 高压蓄电池模组控制单元 CMC

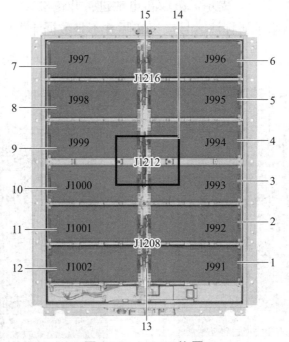

图 2-8-8 CMC 位置

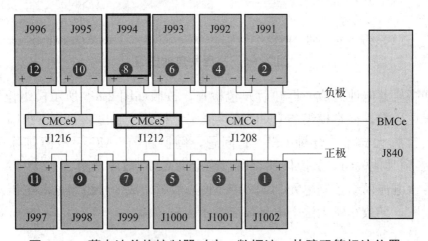

图 2-8-9 蓄电池单格控制器对应、数据流、故障码等标注位置

① J1208 为蓄电池模组控制单元 3（1、2、11、12 模组）；

② J1212 为蓄电池模组控制单元 5（3、4、9、10 模组）；

③ J1216 为蓄电池模组控制单元 9（5～8 模组）。

五、巩固练习

1. 单项选择题

① 动力电池上报该故障会造成整车进入跛行、暂时停止能量回馈、停止充电，动力电池正常工作下不会上报该故障，BMS 一旦上报该故障，表明动力电池某些硬件出现故障或动力电池处于非正常工作条件下。该故障属于（　　）故障。

A. 一级　　　　　B. 二级　　　　　C. 三级　　　　　D. 四级

② 以下模块故障会造成仪表无 SOC 的是（　　）。

A. 电机控制器　　B. 主控制器　　　C. 动力电池管理器 D. 充电控制器

③ 纯电动汽车的电源管理控制器发生故障时，会导致高压系统内接触器不能工作，使车辆失去动力而不能行驶，同时位于仪表的（　　）故障指示灯将点亮。

A. 动力系统　　　B. ABS　　　　　C. 电池　　　　　D. 安全气囊

④ 动力电池绝缘电阻的检查用到的测量工具是（　　）。

A. 诊断仪　　　　B. 伏特表　　　　C. 示波器　　　　D. 万用表

⑤ 关于电源控制管理器线路的检查用到的测量工具是（　　）。

A. 诊断仪　　　　B. 示波器　　　　C. 万用表　　　　D. 电流钳

⑥（　　）是控制高电压接通与关闭的执行部件，内部主要由多个接触器与继电器组成，这些接触器或继电器由电源管理控制器控制。

A. 动力电池　　　B. 高压配电箱　　C. 电机　　　　　D. DC/DC 转换器

⑦ 测量电机控制器高压 W 线的电流用到的工具是（　　）。

A. 万用表　　　　B. 诊断仪　　　　C. 电流钳　　　　D. 电流表

⑧ 比亚迪 e5 电池管理器采集到"制动踏板＋启动按钮"命令后，吸合（　　）继电器发送"启动开始"命令报文，通过网关到其他控制模块。

A. IG1　　　　　B. IG2　　　　　C. IG3　　　　　D. 双路电

2. 判断题

① 进行动力电池系统诊断时，应利用故障诊断仪读取电池组数据，并配合接线板进行实测，通过最终数据进行判断是动力电池故障，还是电源管理控制器、高压配电箱或其他组件故障。（　　）

② 动力电池的单节电池电压值异常，单节电压过高会导致无法充电，过低会导致断电保护。（　　）

③ 比亚迪 e5 动力电池包，主要由密封盖板、钢板压条、密封条、电池托盘、单列模组电池等组成。（　　）

④ 2016 年款比亚迪 e5 的动力电池包由 13 个模组串联组成。（　　）

⑤ 纯电动汽车电源管理控制器是整车辅助电池的主控模块。（　　）

⑥ 电源管理控制器是高压配电箱内继电器与接触器的诊断主控模块，可诊断接触器是否按照预定的要求打开与关闭。（　　）

⑦ 断开插接器时，不需要断电。（　　）

3. 简答题

① 一辆比亚迪 e5 纯电动汽车动力电池的单体电池 SOC 偏低，该如何处理？

② 一辆比亚迪 e5 纯电动汽车动力电池报故障，检查流程如何规划？

③ 请写出一级故障的含义。

④ 请写出单体蓄电池 SOC 偏低或偏高的影响和处理方法。

⑤ 请写出单体蓄电池容量不足的影响和处理方法。

⑥ 请写出 CAN 通信故障的影响和处理方法。

⑦ 请写出动力电池系统的线路或连接件系统会出现哪些常见的故障。

六、学习评价

评价要素	考核内容	配分	A	B	备注
工作准备（10%）	能够正确理解工作任务内容、范围及工作指令	3			
	准备工作场地及器材，能够识别工作场所的安全隐患	3			
	能正确使用维修手册查询资料	4			
知识目标（75%）	能口述一级故障的含义	5			
	能口述二级故障的含义	5			
	能口述三级故障的含义	5			
	能口述单体蓄电池 SOC 偏低或偏高的影响和处理方法	5			
	能口述单体蓄电池容量不足的影响和处理方法	5			
	能口述单体蓄电池过充电或过放电的影响和处理方法	5			
	能口述 CAN 通信故障的影响和处理方法	5			
	能口述总电压测量故障的影响和处理方法	5			
	能口述冷却系统故障的影响和处理方法	7			
	能口述动力电池系统的线路或连接件系统会出现哪些故障现象	7			
	能准确描述故障现象	7			
	能正确查找维修手册，找到故障症状表	7			
	能正确进行故障诊断和排除	7			

续表

评价要素	考核内容	配分	A	B	备注
职业素养 （15%）	能进行设备和工具的安全检查	2			
	能进行车辆的安全防护操作	2			
	能进行工具的清洁、校准、存放操作	2			
	能进行"三不落地"操作	2			
	能进行工位 7S 操作	2			
	能正确、清晰地填写表单	5			
考核成绩		考评员签字：_____ 日　　期：____年___月___日			

项目三

纯电动汽车驱动电机

驱动电机是新能源汽车三大主要部件之一。在新能源汽车中，电动机取代发动机，并在电机控制器的控制下，将电能转换为机械能来驱动汽车行驶，是纯电动汽车的唯一驱动装置。

目前，永磁同步电机是主流的电机类型，在我国新能源汽车中的使用占比超过90%。

相比传统工业电机，新能源汽车驱动电机有更高的技术要求。从综合性能来看，永磁同步电机最具优势，更能代表新能源汽车驱动电机的发展方向。

由于我国稀土储量极为丰富，而且电机工艺已经接近世界先进水平，因此永磁同步电机将在较长时间内占据我国新能源汽车的电机市场。

模块一　纯电动汽车常用电机概述

一、学习目标

① 能口述纯电动汽车常用电机的类型。
② 能口述纯电动汽车对电机的要求。
③ 能口述纯电动汽车典型电机的结构。
④ 养成认真学习的习惯。
⑤ 养成 5S 工作习惯。

扫一扫

看视频

二、基础知识

1. 驱动电机概述

新能源汽车驱动电机系统面临的工况相对复杂，需要能够频繁启停、加减速，低速/爬坡时要求高转矩，高速行驶时要求低转矩。混合动力汽车还应具备电机启动、电机发电、制动能量回馈等特殊功能。

此外，电机的能耗直接决定了固定电池容量情况下的续航里程。因此，电动汽车驱动系统在负载要求、技术性能和工作环境上有特殊要求：第一，驱动电机要实现轻量化、低成本，具有能量回馈能力，降低整车能耗；第二，驱动电机同时具备高速宽调速和低速大转矩，以提供高启动速度、爬坡性能和高速加速性能；第三，电控系统要有高控制精度、高动态响应速率，同时提供高安全性和可靠性。

2. 驱动电机的定义

电机是将电能转换成机械能或将机械能转换成电能的装置，它具有能做相对运动的部件，是一种依靠电磁感应而运行的电气装置。将电能转换成机械能的电机称为电动机；将机械能转换成电能的电机称为发电机；为纯电动汽车行驶提供驱动力的电机称为驱动电机，驱动电机既是电动机，也是发电机。

虽然电机的种类有很多，但是绝大多数混合动力汽车和纯电动汽车使用的是永磁电机，其效率高达98%。有些混合动力汽车和纯电动汽车也使用感应电机。基本所有的量产混合动力汽车和纯电动汽车使用的都是三相电机，这三个相位分别称为 U、V 和 W。这三个线圈的连接通常命名为 U1、U2、V1、V2 和 W1、W2。由于存在相位差，三相电机不需要交流电机所需的辅助相。围绕定子作用的旋转场使转子持续旋转，转速取决于极数和频率。

3. 驱动电机的结构

典型电机的固定部件被称为定子，由定子绕组和定子铁芯组成。定子绕组由绝缘铜线绕制而成，每组的铜线线圈组成定子绕组的一个相。定子绕组三个相的线圈都联结汇聚于同一点，称作中性点。因为这种类型的接法看上去与字母 Y 相似，此连接方式被称作星形联结或 Y 形联结。每一相位的活动端口被称为相端，三相绕组的每一相端通常都会固定在绝缘的接线板上，并且通过电机电缆与汽车的变频器相连，称为三相电缆。接线板负责支撑相端和电机电缆的连接。定子铁芯由薄钢板组装而成，用于支撑定子绕组。定子铁芯还能加强定子绕组和转子之间的磁场。线圈能穿过定子铁芯中的相应插槽，这部分用于定子绕组中线圈的插槽被称为定子齿。一台典型电机的另一个主要部分称为转子，是电机中转动的部分。它由轴承支撑着，在定子中转动，与定子之间只有很小的气隙。定子齿与电机转子的距离比定子中任何其他部分与转子的距离都近。磁场通过定子齿形成，并穿过定子和转子。

转子的构造因发电机的类型不同（如永磁电机或感应电机）而有所差异。典型电机的结构如图 3-1-1 所示。

4. 驱动电机的类型

电机在工业中的应用非常广泛，功率覆盖范围宽，种类也很多。但新能源汽车在功率、转矩、体积、质量、散热等方面对驱动电机有更高的要求，因此，相比工业电机，新能源汽车驱动电机必须具备更优良的性能，如体积小以适应车辆有限的内部空间；工作温度范围宽（−40～105℃），适应不稳定的工作环境；高可靠性以保证车辆和乘员的安全；高功率密度（1.0～1.5kW/kg）以提供良好的加速性等。驱动电机的种类相对较少，功率覆盖也相对较窄，产品相对集中。

所有电机都由固定的定子和在定子内部旋转的转子组成。转子的旋转运动由转子和定子上的磁场（它们结合产生转矩）之间的交互作用产生。线圈集成在定子或转子内，或同时集成在两者内，具体取决于电机类型。例如在图 3-1-2 中，转子周围的磁场由永久磁铁产生，这使得整个系统的设计简单许多。

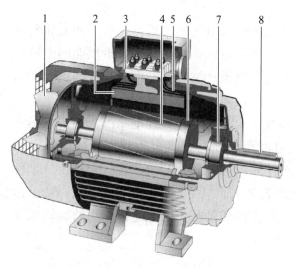

图 3-1-1　典型电机的结构

1—风扇；2—支架叠板；3—端子板（电源接口）；
4—带有转子棒的转子叠板；5—支架绕组；
6—短路环；7—滚柱轴承；8—轴

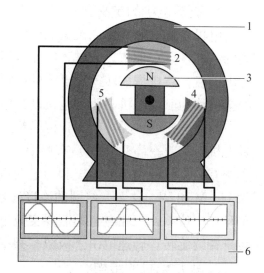

图 3-1-2　同步电机的结构

1—定子；2—绕组 U；3—转子；
4—绕组 V；5—绕组 W；
6—三相电流的相位

纯电动汽车驱动电机的类型主要有直流电机、异步电机、永磁同步电机和开关磁阻电机。

三、技能训练

1. 准备工作

用途类别	工具设备名称	单位	数量	备注
安全防护	车辆防护、个人绝缘防护用品、干粉灭火器	套	4	

用途类别	工具设备名称	单位	数量	备注
设备与工具	查询维修手册、用计算机记录维修工单	套	1	
	维修工具车、零件车	台	1	含绝缘拆装工具
	手电筒	把	1	
车辆与配件	实训车辆	辆	1	

2. 安全及注意事项

① 熟知并了解驱动电机的结构和组成。

② 合理规范地使用工具，未经允许禁止违规操作。

③ 在教师的指导下进行技能训练作业。

④ 正确穿戴绝缘防护用品。

3. 实操作业

本操作任务主要完成比亚迪 e5 纯电动汽车驱动电机的认识，请按下表进行拆装作业。

序号	图示	名称及作用	序号	图示	名称及作用
1			4		
2			5		
3					

四、拓展提升

1. 纯电汽车对驱动电机的要求

① 低速大转矩、高速宽调速。驱动电机的运行特性要满足纯电动汽车的要求，在恒转矩区，要求低速运行时具有大转矩，以满足纯电动汽车加速和爬坡的要求；在恒功率区，要求低转矩时具有高调速范围，以满足纯电动汽车在平坦的路面能够高速行驶的要求。

② 高功率密度。由于纯电动汽车安装空间和整车重量限制，要求驱动电机具有高功率密度。

③ 高效率。驱动电机应在整个运行范围内，具有很高的效率，以提高一次充电的续驶里程。

④ 能够实现能量回馈。驱动电机应能够在汽车减速或制动时将能量回收并反馈给动力电池，使得纯电动汽车具有最佳能量的利用率。

⑤ 控制精度高、动态响应快。纯电动汽车要求驱动电机系统可控性高，稳态精度高，动态性能好，能够适应路面变化及频繁启动和制动等复杂运行工况。

⑥ 高可靠性与安全性。驱动电机应可靠性好，能够在较恶劣的环境下长期工作；车载动力电池和驱动电机的工作电压可以达到300～800V，要求车辆电气系统和控制系统必须符合国家有关车辆电气控制的安全性能的标准和规定，并满足对高压电和转矩控制的功能安全要求。

⑦ 低成本。纯电动汽车驱动电机系统成本占整车制造成本的10%左右，降低驱动电机成本，能够整体减少纯电动汽车的价格，提高性价比。

⑧ 低噪声。驱动电机是纯电动汽车的主要噪声源，振动噪声性能是评价纯电动汽车品质的关键指标之一，纯电动汽车要求在全工况范围内具有良好的振动噪声性能。

目前，满足上述要求并广泛在纯电动汽车上应用的驱动电机主要是永磁同步电机和异步电机。

2. 驱动电机主要性能指标

驱动电机主要性能指标有额定功率、峰值功率、额定转速、最高工作转速、额定转矩、峰值转矩、堵转转矩、额定电压、额定电流、额定频率、电机效率、功率密度和转矩密度等。

① 额定功率。额定功率是指电机额定运行条件下轴端输出的机械功率。电机的功率等级为 1kW、2.2kW、3.7kW、5.5kW、7.5kW、11kW、15kW、18.5kW、22kW、30kW、37kW、45kW、55kW、75kW、90kW、110kW、132kW、150kW、160kW、185kW、200kW 及以上。

② 峰值功率。峰值功率是指在规定的时间内，电机运行的最大输出功率。

③ 额定转速。额定转速是指电机额定运行（额定电压、额定功率）条件下电

机的最低转速。

④ 最高工作转速。最高工作转速是指在额定电压时，电机带载运行所能达到的最高转速，它影响纯电动汽车的最高设计速度。

⑤ 额定转矩。额定转矩是指电机在额定功率和额定转速下的输出转矩。

⑥ 峰值转矩。峰值转矩是指电机在规定的持续时间内允许输出的最大转矩。

⑦ 堵转转矩。堵转转矩是指转子在所有角位堵住时所产生的最小转矩。

⑧ 额定电压。额定电压是指电机正常工作的电压。电机电源的电压等级为36V、48V、120V、144V、168V、192V、216V、240V、264V、288V、312V、336V、360V、384V、408V、540V、600V。

⑨ 额定电流。额定电流是指电机额定运行（额定电压、额定功率）条件下电枢绕组（或定子绕组）的线电流。

⑩ 额定频率。额定频率是指电机额定运行条件下电枢（或定子侧）的频率。当电机在额定运行条件下输出额定功率时，称为满载运行，这时电机的运行性能、经济性及可靠性等均处于优良状态。输出功率超过额定功率时称为过载运行，这时电机的负载电流大于额定电流，将会引起电机过热，从而减少电机使用寿命，严重时甚至烧毁电机。电机的输出功率小于额定功率时称为轻载运行，轻载时电机的效率和功率因数等运行性能均较差，因此应尽量避免电机轻载运行。

⑪ 电机效率。电机的输出功率与输入功率之比（％），称为电机效率。异步电机效率在90％左右，永磁同步电机效率在95％左右。

⑫ 功率密度。功率密度是指每单位质量所能获得的输出功率，也称为比功率。功率密度越大，电机有效材料的利用率越高，相同功率和转矩的电机，其质量越小。目前电机的功率密度一般为5kW/kg左右，最高已达到9kW/kg左右。

⑬ 转矩密度。转矩密度是指每单位质量或单位体积所能获得的输出转矩，提高转矩密度是提高功率密度的重要途径。

五、巩固练习

1. 选择题

① （单选题）电机的功能为（　　）。

A. 机械能转换为电能　　　　　　　B. 电能换为机械能

C. 电能转化为电能　　　　　　　　D. AB 都是

② （多选题）电动汽车驱动电机主要有以下几种（　　）。

A. 永磁同步电机　B. 开关磁阻电机　　C. 直流电机　　　　D. 三相感应电机

③ （单选题）电动汽车动力来源于（　　）。

A. 电动机　　　　B. 发电机　　　　C. 起动机

D. 发动机　　　　E. 以上都不正确

2. 判断题

① 驱动电机同时具备高速宽调速和低速大转矩功能，以提供高启动速度、爬坡性能和高速加速性能。（　　）

② 电机是将电能转换成机械能或将机械能转换成电能的装置，它具有能做相对运动的部件，是一种依靠电磁感应而运行的电气装置。（　　）

③ 将电能转换成机械能的电机称为电动机。（　　）

④ 将机械能转换成电能的电机称为发电机。（　　）

⑤ 基本所有的量产混合动力汽车和纯电动汽车使用的都是三相电机，这三个相位分别称为 U、V 和 W。（　　）

⑥ 所有电机都由固定的定子和在定子内部旋转的转子组成。（　　）

⑦ 定子由定子绕组和定子铁芯组成。（　　）

⑧ 转子是电机中转动的部分。（　　）

⑨ 转子的旋转运动由转子和定子上的磁场（它们结合产生转矩）之间的交互作用产生。（　　）

⑩ 围绕定子作用的旋转场使转子持续旋转，这意味着转速取决于极数和频率。（　　）

⑪ 定子铁芯还能加强定子绕组和转子之间的磁场。（　　）

⑫ 三相绕组的每一相端通常都会固定在绝缘的接线板上，并且通过电机电缆与汽车的变频器相连，这便是三相电缆。（　　）

3. 简答题

① 纯电动汽车常用电机有哪些类型？

② 驱动电机有哪些要求？

③ 驱动电机有哪些性能指标？

④ 一台纯电动汽车的驱动电机上，是否有 U/V/W 三根高压线束？与哪个高压零部件连接？

六、学习评价

评价要素	考核内容	配分	A	B	备注
工作准备（10%）	能够正确理解工作任务内容、范围及工作指令	3			
	准备工作场地及器材，能够识别工作场所的安全隐患	3			
	能正确使用维修手册查询资料	4			
知识目标（75%）	能说出新能源汽车驱动电机系统应具有哪些功能	5			
	能说出电机的定义	5			
	能说出电动机和发电机的区别	5			

续表

评价要素	考核内容	配分	A	B	备注
知识目标 （75%）	能口述三相电机的三个相位	5			
	能口述驱动电机的结构	5			
	能说出常见的驱动电机类型	5			
	能口述纯电动汽车对驱动电机的要求	5			
	能说出电机额定功率的含义	5			
	能说出电机额定转矩的含义	5			
	能说出电机功率密度的含义	5			
	能找到驱动电机的安装位置	5			
	能在找到定子	5			
	能找到转子	5			
	能找到三相电缆	5			
	能找到温度传感器和旋变传感器	5			
职业素养 （15%）	能进行设备和工具的安全检查	2			
	能进行车辆的安全防护操作	2			
	能进行工具的清洁、校准、存放操作	2			
	能进行"三不落地"操作	2			
	能进行工位 7S 操作	2			
	能正确、清晰地填写表单	5			
考核成绩			考评员签字：＿＿＿＿＿＿＿＿ 日　　期：＿＿＿年＿＿月＿＿日		

模块二　直流电机

一、学习目标

① 能口述直流电机的分类。
② 能口述直流电机的结构。
③ 能口述直流电机的工作原理。
④ 能口述直流电机的特点。
⑤ 能利用万用表电阻、电压、电流挡进行测量。
⑥ 养成认真学习的习惯。
⑦ 养成 5S 工作习惯。

扫一扫

看视频

二、基础知识

1. 直流电机概述

直流电机（Direct Current Machine）是指能将直流电能转换成机械能（直流电动机）或将机械能转换成直流电能（直流发电机）的旋转电机。它是能实现直流电能和机械能互相转换的电机。当它作电动机运行时是直流电动机，将电能转换为机械能；作发电机运行时是直流发电机，将机械能转换为电能。

2. 直流电机的分类

他励式直流电机：励磁绕组与电枢绕组无连接关系，而由其他直流电源对励磁绕组供电的直流电机称为他励直流电机，永磁直流电机也可看作他励或自激直流电机，一般称作永磁励磁。

并励直流电机：并励直流电机的励磁绕组与电枢绕组并联，励磁绕组与电枢共用同一电源，性能与他励直流电动机相同。

串励直流电机：串励直流电机的励磁绕组与电枢绕组串联。这种直流电机的励磁电流就是电枢电流。

复励直流电机：复励直流电机有并励和串励两个励磁绕组。若串励绕组产生的磁通势与并励绕组产生的磁通势方向相同，称为积复励。若两个磁通势方向相反，则称为差复励。

3. 直流电机的结构

（1）定子部分

① 主磁极。主磁极的作用是产生气隙磁场。主磁极由主磁极铁芯和励磁绕组两部分组成。铁芯一般用 0.5～1.5mm 厚的硅钢板冲片叠压铆紧而成，分为极身和极靴两部分，上面套励磁绕组的部分称为极身，下面扩宽的部分称为极靴，极靴宽于极身，既可以调整气隙中磁场的分布，又便于固定励磁绕组。励磁绕组用绝缘铜线绕制而成，套在主磁极铁芯上。整个主磁极用螺钉固定在机座上。

② 机座。电机定子的外壳称为机座。机座的作用有两个：一是用来固定主磁极、换向极和端盖，并起整个电机的支撑和固定作用；二是机座本身也是磁路的一部分，借以构成磁极之间磁的通路，磁通通过的部分称为磁轭。为保证机座具有足够的机械强度和良好的导磁性能，一般由铸钢件或由钢板焊接而成。

③ 换向极。换向极的作用是改善换向，减小电机运行时电刷与换向器之间可能产生的换向火花，一般装在两个相邻主磁极之间，由换向极铁芯和换向极绕组组成。换向极绕组用绝缘导线绕制而成，套在换向极铁芯上，换向极的数目与主磁极相等。

④ 电刷装置。电刷装置是用来引入或引出直流电压和直流电流的。电刷装置由电刷、刷握、刷杆和刷杆座等组成。电刷放在刷握内，用弹簧压紧，使电刷与换向器之间有良好的滑动接触，刷握固定在刷杆上，刷杆装在圆环形的刷杆座上，相

互之间必须绝缘。刷杆座装在端盖或轴承内盖上，圆周位置可以调整，调好以后加以固定。

（2）转子部分

① 电枢铁芯。电枢铁芯是主磁路的主要部分，同时用以嵌放电枢绕组。一般电枢铁芯采用由 0.5mm 厚的硅钢片冲制而成的冲片叠压而成，以降低电机运行时电枢铁芯中产生的涡流损耗和磁滞损耗。叠成的铁芯固定在转轴或转子支架上。铁芯的外圆开有电枢槽，槽内嵌放电枢绕组。

② 电枢绕组。电枢绕组的作用是产生电磁转矩和感应电动势，是直流电机进行能量变换的关键部件，所以叫电枢。它由许多线圈（以下称元件）按一定规律连接而成，线圈采用高强度漆包线或玻璃丝包扁铜线绕成，不同线圈的线圈边分上下两层嵌放在电枢槽中，线圈与铁芯之间以及上、下两层线圈边之间都必须妥善绝缘。为防止离心力将线圈边甩出槽外，槽口用槽楔固定。线圈伸出槽外的端接部分用热固性无纬玻璃带进行绑扎。

③ 换向器。在直流电动机中，换向器配以电刷，能将外加直流电源转换为电枢线圈中的交变电流，使电磁转矩的方向恒定不变；在直流发电机中，换向器配以电刷，能将电枢线圈中感应产生的交变电动势转换为正、负电刷上引出的直流电动势。换向器是由许多换向片组成的圆柱体，换向片之间用云母片绝缘。

④ 转轴。转轴起转子旋转的支撑作用，需有一定的机械强度和刚度，一般用圆钢加工而成。

直流电机的结构如图 3-2-1 所示。

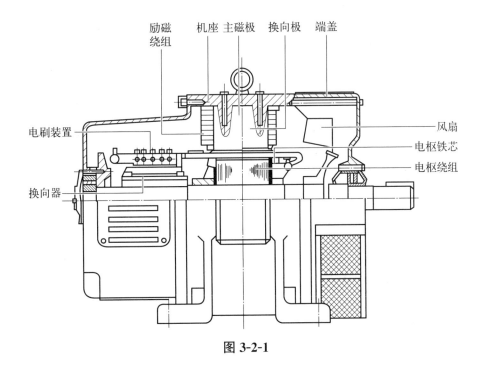

图 3-2-1

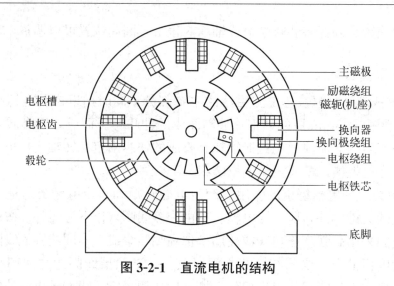

图 3-2-1　直流电机的结构

4. 直流电机的工作原理

通电的电枢绕组在定子励磁绕组产生的磁场中，产生电磁力、力矩，推动转子转动 [图 3-2-2(a)]。导体 ab 位于 N 极处，由左手定则可知电磁力方向向左，推动转子按逆时针方向旋转；导体 ab 位于 S 极处，如果导体中的电流方向不变，则电磁力方向依然向左，此时将由动力变化为阻力。如何解决这个问题？直流电机采用在电枢绕组末端加换向片配合电刷的方法，使导体 ab 位于 S 极处受力方向向左，推动转子持续按逆时针方向旋转 [图 3-2-2(b)]。

直流电机电枢绕组外加的电源是直流的，但由于电刷和换向片的作用，在线圈中流过电流是交流的，使其产生的旋转方向不变。

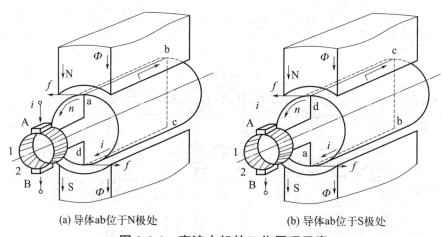

(a) 导体ab位于N极处　　　　　(b) 导体ab位于S极处

图 3-2-2　直流电机的工作原理示意

5. 直流电机的驱动特性

基本转速以下为恒转矩区，基本转速以上为恒功率区。在恒转矩区，励磁电流保持不变，改变电枢电压可以控制转矩。在高速恒功率区，电枢电压不变，改变励磁电流或弱磁可以控制转矩。这种特性很适合汽车对动力源低速高转矩、高速低转矩的使用需求（图 3-2-3）。

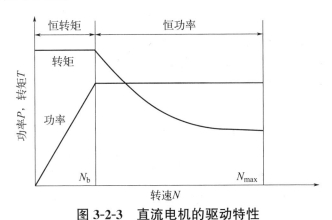

图 3-2-3　直流电机的驱动特性

直流电机结构简单，易于平滑调速，加之控制技术成熟，所以几乎所有早期的电动车都采用直流电机。

6. 直流电机的特点

① 结构简单。

② 具有优良的电磁转矩控制特性。

③ 可频繁快速启动、制动和反转。

④ 调速平滑、无级、精确、方便，范围广。

⑤ 抗过载能力强，能够承受频繁的冲击负载。

⑥ 控制方法简单，只需要用电压控制，不需要检测磁极位置。

7. 直流电机的不足

直流电机体积和质量大，还设有电刷和换向器，高速和大负荷运行时换向器表面易产生电火花，同时换向器维护困难，很难向大容量、高速度发展。此外电火花会产生电磁干扰，不宜在多尘、潮湿、易燃易爆的环境中使用。其中电火花产生的电磁干扰，对高度电子化的纯电动汽车来说将是致命的。随着电子力子技术和控制理论的发展，相对于其他驱动系统而言，直流电机在纯电动汽车中的应用已处于劣势，目前已逐渐被淘汰，只有在少数低速纯电动汽车、场地用电动车辆和专用电动车辆上有应用。

三、技能训练

1. 准备工作

用途类别	工具设备名称	单位	数量	备注
安全防护	车辆防护、个人绝缘防护用品、干粉灭火器	套	4	
设备与工具	查询维修手册，用计算机记录维修工单	套	1	
	维修工具车、零件车	台	1	含绝缘拆装工具
	手电筒	把	1	
车辆与配件	实训车辆	辆	1	

2. 安全及注意事项

① 熟知并了解万用表使用的安全注意事项。

② 合理规范地使用万用表，未经允许禁止违规操作。

③ 在教师的指导下进行技能训练作业。

④ 正确穿戴绝缘防护用品。

3. 实操作业

本操作任务主要完成万用表的使用，请按下表进行技能训练作业。

步骤	操作方法	操作记录
1. 万用表的认识		□ 找到电源开关 □ 找到显示屏 □ 找到保持按键 □ 找到晶体管插座 □ 找到转换开关
2. 直流电压测量	(1)将黑表笔插入 COM 插孔,红表笔插入 V/Ω 插孔 (2)将功能开关置于 DCV 量程范围,并将测试表笔连接到待测电源或负载上,红表笔所接端的极性将同时显示于显示屏上 注意事项: (1)如果不知被测电压范围,应将功能开关置于最大量程并逐渐下降 (2)如果显示屏只显示"1",表示过量程,功能开关应置于更高量程 (3)警示标志符号 A 表示输入电压不要超过 1000V,显示更高的电压值是可能的,但有损坏内部线路的危险 (4)当测量高电压时要格外注意避免触电	□ 将黑表笔插入COM 插孔,红表笔插入V/Ω 插孔 □ 选择直流电压 □ 测量出直流电压并记录电压
3. 直流电流的测量	(1)将黑表笔插入 COM 孔,当测量最大值为 200mA 的电流时,红表笔插入 mA 孔;当测量最大值为 20A(有的型号的数字式万用表为 10A)的电流时,红表笔插入 20A(或 10A)插孔 (2)将功能开关置于 DCA 量程,并将测试表笔串联接入待测负载,电流值显示的同时,将显示红表笔的极性 注意事项: (1)如果使用前不知道被测电流的范围,可将功能开关置于最大量程并逐渐下降	□ 将黑表笔插入COM 孔,当测量最大值为 200mA 的电流时,红表笔插入 mA 孔 □ 选择直流电流挡

续表

步骤	操作方法	操作记录
3. 直流电流的测量	（2）如果显示屏只显示"1"，则表示过量程，功能开关应置于更高量程 （3）警示符号"⚠"表示输入最大电流为 200mA 或 20A，取决于所使用的插孔，过量的电流将烧坏熔丝，应及时更换；20A 量程无熔丝保护，最长测试时间不能超过 10s	□ 测量出直流电流并记录电流
4. 电阻测量	（1）将黑表笔插入 COM 孔，红表笔插入 V/Ω 孔 （2）将转换开关打到相应的欧姆挡位上，打开电源，将表笔短接，观察显示屏的示数是否为零；如果不为零，在测量结果中需要将这个数值减去，并将表笔连接到待测电阻上 注意事项： （1）如果被测电阻超出所选择量程的最大值，将显示过量程"1"，应选择更高的量程；对于大于 1MΩ 或更高的电阻，要几秒后读数才能稳定。对于高阻值读数这是正常的 （2）当无输入时，如开路情况，或是被测电阻值大于所选用的量程时，屏幕显示为"1" （3）当检查内部线路阻抗时，要保证被测线路所有电源移开、所有电容完全放电 （4）绝对不允许带电测量电阻	□ 将黑表笔插入 COM 孔，红表笔插入 V/Ω 孔 □ 选择电阻挡 □ 测量出电阻并记录电阻
5. 二极管测试及带蜂鸣器的连续性测试	（1）将黑表笔插入 COM 孔，红表笔插入 V/Ω 插孔 （2）将功能开关置于二极管和蜂鸣器挡，并将红表笔连接到待测二极管的正极，黑表笔连接到二极管的负极，读数为二极管正向压降的近似值 （3）将表笔连接到待测线路的两点，如果两点之间电阻值低于 70Ω，则内置蜂鸣器发声 注意事项： （1）在此量程禁止输入电压 （2）在二极管极性的测量中，也可以用数字万用表的电阻挡来进行检测，红、黑表笔分别接二极管的两端，测得其读数值，然后两表笔对换，再次测量其电阻值，两次测量中，电阻值较小的那次测量中，红表笔所接触的端子为正极，黑表笔所接触的为负极 （3）如果在检测时，二极管正、反向电阻值均较小或接近于 0，则说明该二极管已被击穿短路或漏电损坏 （4）如果检测的二极管正、反向电阻值均趋于无穷大，则说明该二极管已开路损坏	□ 将黑表笔插入 COM 孔，红表笔插入 V/Ω 插孔 □ 选择二极管和蜂鸣器挡
6. 完工整理	（1）工具设备整理、复位 （2）车辆整理、复位 （3）场地整理	□完工整理

四、拓展提升

直流电机的应用如下。

① 小功率（<10kW）的电机多采用小型高效的永磁式直流电机，一般应用在小型、低速的专用车辆上，如电动自行车、高尔夫球车、电动叉车、警用巡逻车等。

② 中等功率（10～100kW）的电机采用他励、串励或复励式直流电机，可以用于结构简单、转矩较大的电动货车上。

③ 大功率（>100kW）的电机采用串励式，可用在要求低速、高转矩的大型专用电动车上，如电动矿石搬运车、电动玻璃搬运车等。

五、巩固练习

1. 单项选择题

① 电动机主要由转子与（　　　）组成。

A. 励磁部分　　　　B. 线圈　　　　　　C. 电枢　　　　　　D. 定子

② 定子部分主要有机座、换向极、电刷装置和（　　　）组成。

A. 转子铁芯　　　　B. 定子线圈　　　　C. 转轴和风扇　　　D. 曲轴

③ 直流电机在旋转过程中，电枢线圈中的电流方向（　　　）。

A. 改变　　　　　　B. 不改变　　　　　C. 无关

④ 直流电机中，提供磁场的主磁极安装在（　　　）。

A. 定子　　　　　　B. 转子　　　　　　C. 机壳

⑤ 某直流电机拆开后，发现主磁极上的励磁绕组有两种：一种为匝数多而绕组导线较细；另一种为匝数少但绕组导线较粗。可断定该电机的励磁方式为（　　　）。

A. 他励　　　　　　B. 并励　　　　　　C. 串励　　　　　　D. 复励

2. 判断题

① 直流电机由定子与转子两大部分组成。（　　　）

② 直流电机电枢元件中的电势和电流都是直流的。（　　　）

③ 直流电机的换向极主要作用是改善电机的换向。（　　　）

④ 直流电机的电枢绕组是电机进行机电能量转换的主要部件。（　　　）

⑤ 若直流电机运行在发电机状态，则感应电势大于其端电压。（　　　）

⑥ 一台直流电机可以运行在发电机状态，也可以运行在电动机状态。（　　　）

⑦ 直流电机的电磁转矩与电枢电流成正比，与每极合成磁通成反比。（　　　）

⑧ 启动时的电磁转矩可以小于负载转矩。（　　　）

⑨ 直流电机降压调速适用于恒转矩负载。（　　　）

⑩ 直流电机在负载运行时，可以将励磁回路断开。（　　　）

⑪ 直流电机调节励磁回路中的电阻值，电动机的转速将升高。（　　　）

⑫ 直流电机的电磁转矩是由电枢绕组中的电流和磁场共同作用产生的。（　　　）

3. 简答题

① 一辆使用交流驱动电机的纯电动汽车，能否更换为直流驱动电机？

② 写出直流电机的组成。

③ 写出直流电机的工作原理。

④ 写出直流电机的特点。

⑤ 写出直流电机的不足。

六、学习评价

评价要素	考核内容	配分	A	B	备注
工作准备 （10%）	能够正确理解工作任务内容、范围及工作指令	3			
	准备工作场地及器材，能够识别工作场所的安全隐患	3			
	能正确使用维修手册查询资料	4			
知识目标 （75%）	能说出直流电机的定义	4			
	能说出直流电机的类型	4			
	能说出直流电机的工作原理	4			
	能说出直流电机的结构组成	4			
	能说出直流电机定子的组成及作用	4			
	能说出换向极的安装位置及作用	4			
	能说出电刷装置的作用	4			
	能说出转子的组成及作用	4			
	能说出换向器的作用	4			
	能口述直流电机的驱动特性	7			
	能说出直流电机的优点	5			
	能说出直流电机的不足	5			
	能说出直流电机的应用	5			
	能正确使用万用表进行直流电压测量	5			
	能正确使用万用表进行直流电流测量	5			
	能正确使用万用表进行二极管极性测试	7			
职业素养 （15%）	能进行设备和工具的安全检查	2			
	能进行车辆的安全防护操作	2			
	能进行工具的清洁、校准、存放操作	2			
	能进行"三不落地"操作	2			
	能进行工位 7S 操作	2			
	能正确、清晰地填写表单	5			
考核成绩		考评员签字：＿＿＿＿＿＿＿＿ 日　　期：＿＿＿年＿＿月＿＿日			

模块三　三相异步交流电机

一、学习目标

① 能口述三相异步交流电机的工作原理。
② 能口述三相异步交流电机的结构。
③ 能口述三相异步交流电机铭牌的含义。
④ 能完成绝缘电阻测试。
⑤ 形成认真学习的习惯。
⑥ 养成 5S 工作习惯。

扫一扫

看视频

二、基础知识

1. 三相异步电机概述

三相异步电机（Triple-phase Asynchronous Motor）是感应电动机的一种，由三相对称交流电源供电，因为其转子与定子旋转磁场以相同的方向、不同的转速旋转，存在转差率，所以叫三相异步电机。三相异步电机转子的转速低于旋转磁场的转速，转子绕组因与磁场间存在相对运动而产生电动势和感应电流，与磁场相互作用产生电磁转矩，实现能量变换。

2. 三相异步电机的结构

三相异步电机由固定的定子和旋转的转子两个基本部分组成，转子装在定子内腔里，借助轴承被支撑在两个端盖上（图 3-3-1）。为了保证转子能在定子内自由转动，定子和转子之间必须有间隙，称为气隙。电机的气隙是一个非常重要的参数，其大小及对称性等对电机的性能有很大影响。

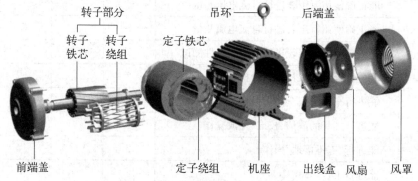

图 3-3-1　三相异步电机的结构

（1）定子
定子由定子三相绕组、定子铁芯和机座组成（图 3-3-2）。

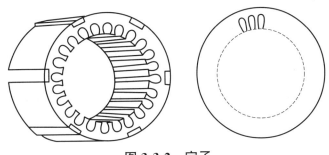

图 3-3-2　定子

　　定子三相绕组是异步电机的电路部分，在异步电机的运行中起重要作用，是把电能转换为机械能的关键部件。定子三相绕组结构对称，一般有六个出线端即 U1、U2、V1、V2、W1、W2，置于机座外侧的接线盒内，根据需要接成星形（Y）或三角形（△）（图 3-3-3）。

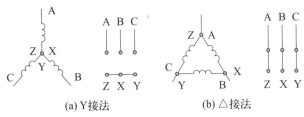

(a) Y接法　　　　　　　　　(b) △接法

图 3-3-3　三相绕组

　　定子铁芯是异步电机磁路的一部分，由于主磁场以同步转速相对定子旋转，为减小在铁芯中引起的损耗，铁芯采用 0.5mm 厚的高导磁硅钢片叠成，硅钢片两面涂有绝缘漆以减小铁芯的涡流损耗。

　　机座又称机壳，它的主要作用是支撑定子铁芯，同时也承受整个电机负载运行时产生的反作用力，运行时由于内部损耗所产生的热量也是通过机座向外散发。中、小型电机的机座一般采用铸铁制成。大型电机因机身较大，浇铸不便，常用钢板焊接成型。

　　（2）转子

　　异步电机的转子由转子铁芯、转子绕组及转轴组成。

　　转子铁芯也是电机磁路的一部分，也是用硅钢片叠成。与定子铁芯冲片不同的是，转子铁芯冲片是在冲片的外圆上开槽，叠装后的转子铁芯外圆柱面上均匀地形成许多形状相同的槽，用以放置转子绕组。

　　转子绕组是异步电机电路的另一部分，其作用为切割定子磁场，产生感应电势和电流，并在磁场作用下受力而使转子转动。其结构可分为笼型绕组和绕线式绕组两种类型。这两种转子各自的主要特点是：笼型转子结构简单，制造方便，经济耐用；绕线式转子结构复杂，价格贵，但转子回路可引入外加电阻来改善启动和调速性能。

笼型转子绕组由置于转子槽中的导条和两端的端环构成。为节约用钢和提高生产率，小功率异步电动机的导条和端环一般都是用熔化的铝液一次浇铸出来的；对于大功率的电机，由于铸铝质量不易保证，常将铜条插入转子铁芯槽中，再在两端焊上端环。笼型转子绕组自行闭合，不必由外界电源供电，其外形像一个笼子，故称笼型转子（图3-3-4）。

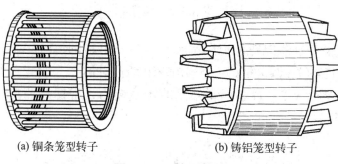

(a) 铜条笼型转子　　　　　　(b) 铸铝笼型转子

图 3-3-4　笼型转子

3. 三相异步电机的工作原理

① 当定子上缠绕的绕组通上交流电后，由于交流电的特性，定子绕组就会产生一个旋转的电磁场。

② 转子绕组是一个闭环导体，它处在定子的旋转磁场中就相当于在不停地切割定子的磁感应线。

③ 根据法拉第定律，闭合导体的一部分在磁场里做切割磁感应线的运动时，导体中就会产生电流，而这个电流又会形成一个电磁场。

④ 此时，就有了两个电磁场：一个是接通外部交流电后产生的定子电磁场；另一个是因切割定子的电磁感应线而产生电流后形成的转子电磁场。

⑤ 根据楞次定律，感应电流的磁场总要反抗引起感应电流的原因（转子绕组切割定子电磁场的磁感应线），也就是尽力使转子上的导体不再切割定子磁场的磁感应线。

⑥ 转子绕组会不停追赶着定子的旋转电磁场，使转子跟着定子的旋转电磁场旋转，实现电机转动。

在整个工作流程中，由于定子需通电后才能产生旋转的磁场，此磁场使转子发生电磁感应从而旋转，所以转子的转速与定子磁场的转速不同步（转速差为2%～5%），故称其为异步交流电机；反之，如果两者的转速相同，就称其为同步交流电机（图3-3-5）。

4. 三相异步电机的性能特点

① 小型轻量化。

② 易实现转速超过10000r/min的高速旋转。

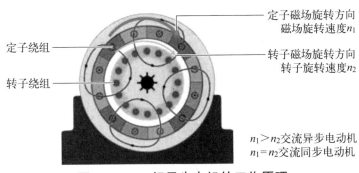

定子磁场旋转方向
磁场旋转速度n_1

定子绕组

转子磁场旋转方向
转子旋转速度n_2

转子绕组

$n_1 > n_2$交流异步电动机
$n_1 = n_2$交流同步电动机

图 3-3-5　三相异步电机的工作原理

③ 高速低转矩时运转效率高。

④ 低速时有高转矩，以及有宽泛的速度控制范围。

⑤ 高可靠性。

⑥ 制造成本低。

⑦ 控制装置的简单化。

三、技能训练

1. 准备工作

用途类别	工具设备名称	单位	数量	备注
安全防护	车辆防护、个人绝缘防护用品、干粉灭火器	套	4	
设备与工具	查询维修手册、用计算机记录维修工单	套	1	
	维修工具车、零件车	台	1	含绝缘拆装工具
	手电筒	把	1	
车辆与配件	实训车辆	辆	1	

2. 安全及注意事项

① 熟知并了解绝缘电阻测试的安全注意事项。

② 在教师的指导下进行绝缘电阻测试作业。

③ 合理规范地使用工具，未经允许禁止违规操作。

④ 正确穿戴绝缘防护用品。

3. 实操作业

本操作任务主要完成绝缘电阻测试，请按下表进行拆装作业。

步骤	操作方法	操作记录
1. 准备工作	（1）检查绝缘电阻测试仪是否良好并进行校零 （2）检查绝缘电阻测试仪表面是否良好，无损坏	□ 检查绝缘电阻测试仪是否良好并进行校零 □ 检查绝缘电阻测试仪表面是否良好，无损坏

步骤	操作方法	操作记录
2. 绝缘测试的操作	(1)确认黑表笔插入 COM 端子 (2)确认红表笔插入电压绝缘测试输入端子 	□ 黑表笔插入 COM 端子 □ 红表笔插入电压绝缘测试输入端子
	(3)选用 1000V 绝缘手套进行测试	□ 选用 1000V 绝缘手套进行测试
	(4)将挡位旋至 500V 电压挡	□ 挡位旋至 500V 电压挡
	(5)测试绝缘手套绝缘性 	□ 测试绝缘手套的绝缘性
	(6)按下测试按钮	□ 按下测试按钮
	(7)等待仪表读数稳定后,读取仪表有效的绝缘电阻值	□ 读取仪表有效的绝缘电阻值电阻
	注意事项:在进行绝缘测试时,请勿用手去触摸表笔的金属部分,避免发生触电危险。绝缘测试仪在使用完毕后,应将开关关闭,如果长期不使用,还应将测试仪内部的电池取出,以避免电池腐蚀测试仪内部其他部件	
3. 完工整理	(1)工具设备整理、复位 (2)车辆整理、复位 (3)场地整理	□ 完工整理

四、拓展提升

三相异步电机的铭牌（图 3-3-6）数据如下。

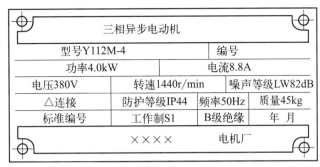

图 3-3-6　铭牌

① 型号（Y112M-4）。型号通常由字母和数字组成，其含义说明如下所示。

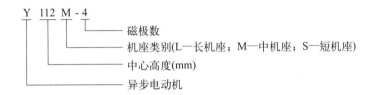

② 额定功率（功率 4.0kW）。该功率是在额定状态工作时电机所输出的机械功率。

③ 额定电流（电流 8.8A）。该电流是在额定状态工作时流入电机定子绕组的电流。

④ 额定电压（电压 380V）。该电压是在额定状态工作时加到定子绕组的线电压。

⑤ 额定转速（转速 1440r/min）。该转速是在额定工作状态时电机转轴的转速。

⑥ 噪声等级（LW82dB）。噪声等级通常用 LW 值表示，LW 值的单位是 dB（分贝），LW 值越小表示电机运转时噪声越小。

⑦ 连接方式（△连接）。该连接方式是指在额定电压下定子绕组采用的连接方式，连接方式有三角形（△）连接方式和星形（Y）连接方式两种。在电机工作前，要在接线盒中将定子绕组接成铭牌要求的接法。如果接法错误，轻则电机工作效率降低，重则损坏电机。例如：若将要求按星形连接的绕组接成三角形，那么绕组承受的电压会很高，流过的电流会增大而易使绕组烧坏；若将要求按三角形连接的绕组接成星形，那么绕组上的电压会降低，流过绕组的电流减小而使电机功率下降。一般功率小于或等于 3kW 的电机，其定子绕组应按星形连接；功率为 4kW 及以上的电机，定子绕组应采用三角形接法。

⑧ 防护等级（IP44）。表示电机外壳采用的防护方式。IP11 是开启式，IP22、IP33 是防护式，而 IP44 是封闭式。

⑨ 工作频率（50Hz）。表示电机所接交流电源的频率。

⑩ 工作制（S1）。它是指电机的运行方式，一般有 3 种：S1（连续运行）、S2（短时运行）和 S3（断续运行）。连续运行是指电机在额定条件下（即铭牌要求的条件下）可长时间连续运行；短时运行是指在额定条件下只能在规定的短时间内运行，运行时间通常有 10min、30min、60min 和 90min；断续运行是指在额定条件

下运行一段时间再停止一段时间，按一定的周期反复进行，一般一个周期为 10min，负载持续率有 15%、25%、40% 和 60%，如对于负载持续率为 60% 的电机，要求运行 6min、停止 4min。

⑪ 绝缘等级（B级）。它是指电机在正常情况下工作时，绕组绝缘允许的最高温度值，通常分为 7 个等级，具体如下所示。

绝缘等级	Y	A	E	B	F	H	C
极限工作温度/℃	90	105	120	130	155	180	180 以上

五、巩固练习

1. 选择题

① （单选题）异步电机中的异步指的是哪两者异步？（   ）

A. 圆形旋转磁场和转子 　　　　　　B. 定子和转子

C. 定子和转子圆形旋转磁场 　　　　D. 定子旋转磁场和转子旋转磁场

② （单选题）三相异步电机转子的转速一定 （   ） 旋转磁场的转速。

A. 等于 　　　　　　　　　　　　　B. 大于

C. 小于 　　　　　　　　　　　　　D. 随转子转速变化

③ （单选题）三相异步电机在额定工作状态下运行时，定子电路输入的是（   ）。

A. 额定电流 　　　B. 最大电流 　　　C. 相电压 　　　D. 线电压

④ （单选题）三相异步电机定子的主要作用是什么？（   ）

A. 产生旋转磁场 B. 采集信号 　　　C. 检测电池 　　　D. 以上都是

⑤ （单选题）关于型号 Y112M-4 的电机，以下说法错误的是 （   ）。

A. Y 代表同步电机 　　　　　　　　B. 112 为该电机中心高度

C. 4 为该电机磁极数

⑥ （多选题）想让三相异步电机转子反向旋转，如下说法正确的是 （   ）。

A. 需要改变三相交流电源的相序

B. 需要旋转磁场反向旋转

C. 需要把三相定子绕组电源连接顺序对调

D. 需要改变转子感应电流方向

⑦ （单选题）异步电机作为发电机工作时转差率 s 的范围为 （   ）。

A. $0 < s \leqslant 1$ 　　B. $s < 0$ 　　　C. $s > 1$ 　　　D. $s \leqslant -1$

2. 判断题

① 三相异步电机旋转磁场方向与转子旋转方向相同。（   ）

② 笼型转子绕组自行闭合，不必由外界电源供电。（   ）

③ 功率为 4kW 及以上的电机，定子绕组应采用星形接法。（   ）

3. 简答题

① 奔驰和特斯拉使用交流异步电机作为驱动电机，这款交流异步电机有何特点？

② 写出三相异步电机的组成。

③ 写出三相异步电机的工作原理。

④ 写出三相异步电机的特点。

六、学习评价

评价要素	考核内容	配分	A	B	备注
工作准备（10%）	能够正确理解工作任务内容、范围及工作指令	3			
	准备工作场地及器材，能够识别工作场所的安全隐患	3			
	能正确使用维修手册查询资料	4			
知识目标（75%）	能说出三相异步电机的名称由来	5			
	能说出三相异步电机的基本组成	5			
	能说出定子的基本组成	5			
	能说出转子的基本组成	5			
	能说出笼型转子绕组的特点	10			
	能口述三相异步电机的工作原理	10			
	能说出三相异步电机的性能特点	10			
	能正确进行绝缘测试仪使用前的检查和校零工作	5			
	能正确使用绝缘测试仪测试绝缘手套的绝缘性	10			
	能正确说出三相异步电机的铭牌上各数据的含义	10			
职业素养（15%）	能进行设备和工具的安全检查	2			
	能进行车辆的安全防护操作	2			
	能进行工具的清洁、校准、存放操作	2			
	能进行"三不落地"操作	2			
	能进行工位 7S 操作	2			
	能正确、清晰地填写表单	5			
考核成绩		考评员签字：_____ 日　　期：_____年___月___日			

模块四 开关磁阻电机

一、学习目标

① 能口述开关磁阻电机的工作原理。
② 能口述开关磁阻电机的结构。
③ 能完成线束电流的检测。
④ 形成认真学习的习惯。
⑤ 养成 5S 工作习惯。

扫一扫

看视频

二、基础知识

1. 开关磁阻电机概述

开关磁阻电机（Switched Reluctance Motor，SRM）是继直流电机、无刷直流电机（BLDC）之后发展起来的一种调速电机类型。英国、美国等国家对开关磁阻电机的研究起步较早，并已取得显著效果，产品功率等级从数瓦直到数百千瓦，广泛应用于家用电器、航空、航天、电子、机械及电动车辆等领域。

2. 开关磁阻电机的结构

主要由定子、转子、开关电容电路以及控制电路组成。控制器内包含功率变换器和控制电路，而转子位置检测器则安装在电机的一端。电机结构如图 3-4-1 所示。

输出轴　转子　轴承　定子　外壳

接线盒

定子绕组

图 3-4-1　电机结构

定子和转子均为凸极结构（图 3-4-2）。

定子和转子的齿数不等，转子齿数一般比定子齿数少两个。定子齿上套有集中线圈，两个空间位置相对的定子齿线圈相串联，形成一相绕组（图 3-4-3 和图 3-4-4）。

转子由铁芯叠片而成，其上无绕组。

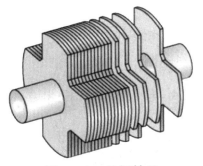

图 3-4-2　凸极转子

图 3-4-3　开关磁阻电机的结构

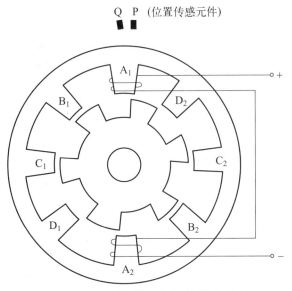

图 3-4-4　开关磁阻电机的基本结构

3. 开关磁阻电机的工作原理

当转子和定子磁极不对齐时，它们之间的磁路具有很高的磁阻。

当定子极对通电时，转子转动以与通电的定子极对齐，从而最大限度地减少磁路的磁阻。

转子移动到最小磁阻点的这种趋势产生了所谓的磁阻转矩，这就是磁阻电机的工作原理。

例如：当电压施加到定子绕组 AA' 上时，电流产生流过定子和转子的磁通量。根据最小磁阻原理，转子将会沿磁通的磁阻变小的方向转动，如图 3-4-5(b) 所示逆时针转动。当转子到达最低磁阻位置时，转矩会归零。为了获得连续的旋转运动，必须向下一个绕组 BB' 施加电压（图 3-4-5）。

由于电机磁场并非由正弦波交流电产生，线圈电流通断和磁通状态直接受开关控制，故称为开关磁阻电机。

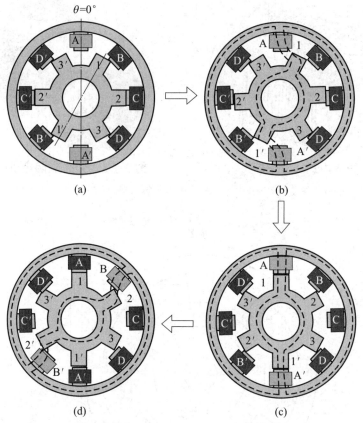

图 3-4-5　开关磁阻电机的工作原理

开关磁阻电机各相线圈开通与关断的时间，与转子和定子间的相对位置有关，需要装配转子位置检测装置，为准时开关各相线圈提供依据。

开关磁阻电机闭合磁通路示意如图 3-4-6 所示，图示在最小磁阻位置。与在大多数情况下在开环模式下运行的混合式步进电机不同，开关磁阻电机需要来自编码器或霍尔效应传感器的位置反馈，以根据精确的转子位置控制定子电流的换向。

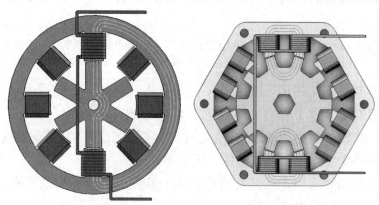

图 3-4-6　开关磁阻电机闭合磁通路示意

4. 开关磁阻电机传动系统主要优点

① 电机结构简单、成本低、可用于高速运转。SRM 的结构比笼型感应电机还要简单。其突出的优点是转子上没有任何形式的绕组，因此不会有笼型感应电机制造过程中铸造不良和使用过程中的断条等问题。其转子机械强度极高，可以用于超高速运转（如每分钟上万转）。在定子方面，它只有几个集中绕组，因此制造简便、绝缘结构简单。

② 功率电路简单可靠。因为电机转矩方向与绕组电流方向无关，即只需单方相绕组电流，故功率电路可以做到每相一个功率开关。对比异步电机绕组需流过双向电流，向其供电的 PWM 变频器功率电路每相需两个功率器件。因此，开关磁阻电机调速系统较 PWM 变频器功率电路中所需的功率元件少，电路结构简单。另外，PWM 变频器功率电路中每桥臂两个功率开关管直接跨在直流电源侧，易发生直通短路烧毁功率器件。而开关磁阻电机调速系统中每个功率开关器件均直接与电机绕组相串联，根本上避免了直通短路现象。因此开关磁阻调速电机调速系统中功率电路的保护电路可以简化，既降低了成本，又有较高的可靠性。

③ 系统可靠性高。从电机的电磁结构上看，各相绕组和磁路相互独立，各自在一定轴角范围内产生电磁转矩。而不像在一般电机中必须在各相绕组和磁路共同作用下产生一个旋转磁场，电机才能正常运转。从控制结构上看，各相电路各自给一相绕组供电，相互独立工作的。当电机一相绕组或控制器一相电路发生故障时，只需停止该相工作，电机除总输出功率能力有所减小外，并无其他妨碍。

④ 启动转矩大，启动电流低。控制器从电源侧吸收较少的电流，在电机侧得到较大的启动转矩是本系统的一大特点。典型产品的数据是：启动电流为额定电流的 15% 时，获得启动转矩为 100% 的额定转矩；启动电流为额定电流的 30% 时，启动转矩可达其额定转矩的 250%。而其他调速系统的启动特性与之相比，如直流电机为 100% 的电流，笼型感应电机为 300% 的电流，获得 100% 的转矩。启动电流小而转矩大的优点还可以延伸到低速运行段，因此本系统十分适合那些需要重载启动和较长时间低速重载运行的机械。

⑤ 适用于频繁启停及正反向转换运行。本系统具有的高启动转矩、低启动电流的特点，使之在启动过程中电流冲击小，电机发热较连续额定功率下运行时要小。可控参数多使其制动运行能与电动运行具有同样优良的转矩输出能力和工作特性，两者综合作用的结果必然使之适用于频繁启停及正反向转换运行，次数可达 1000 次/h。

⑥ 可控参数多，调速性能好。控制开关磁阻电机的主要运行参数和常用方法至少有四种：相导通角、相关断角、相电流幅值、相绕组电压，灵活方便。可以根据对电机的运行要求和电机的情况，采取不同控制方法和参数值，既可使之运行于最佳状态（如出力最大、效率最高等），又可使之实现各种不同功能的特

定曲线。如使电机具有完全相同的四象限运行能力，并具有最高启动转矩和串励电机的负载能力曲线。可以用于速度闭环控制，很方便地构成无静差调速系统。

⑦ 效率高，损耗小。开关磁阻电机系统是一种非常高效的调速系统，一方面电机绕组无铜损；另一方面电机可控参数多，灵活方便，易于在宽转速范围和不同负载下实现高效优化控制。以 3kW SRM 为例，其系统效率在很宽范围内都在 87% 以上，这是其他一些调速系统不容易达到的。将本系统与 PWM 变频器笼型异步电机的系统进行比较，本系统在不同转速和不同负载下的效率均比变频器系统高，一般要高 5%～10%。

⑧ 适用范围广。可通过机和电的统一协调设计满足各种特殊使用要求。

5. 开关磁阻电机驱动系统的缺点

① 有转矩脉动。从工作原理可知，开关磁阻电机转子上产生的转矩是由一系列脉冲转矩叠加而成的，由于双凸极结构和磁路饱及非线性的影响，合成转矩不是一个恒定转矩，而有一定的谐波分量，这影响了开关磁阻电机低速运行性能。

② 开关磁阻电机传动系统的噪声与振动比一般电动机大。

③ 开关磁阻电机的出线头较多，如三相 SR 电机至少有四根出线头，四相 SR 电机至少有五根出线头，而且还有位置检测器出线端。

三、技能训练

1. 准备工作

用途类别	工具设备名称	单位	数量	备注
安全防护	车辆防护、个人绝缘防护用品、干粉灭火器	套	4	
设备与工具	查询维修手册、用计算机记录维修工单	套	1	
	维修工具车、零件车	台	1	含绝缘拆装工具
	手电筒	把	1	
车辆与配件	实训车辆	辆	1	

2. 安全及注意事项

① 熟知并了解数字电流钳的安全注意事项。

② 在教师的指导下进行电流检测作业。

③ 合理规范地使用工具，未经允许禁止违规操作。

④ 正确穿戴绝缘防护用品。

3. 实操作业

本操作任务主要完成线束电流的检测，请按下表进行拆装作业。

步骤	操作方法	操作记录
1. 准备工作	(1)做好个人绝缘防护和工作着装 (2)车辆防护:安装方向盘三件套与前翼子板布和前格栅布 (3)准备维修资料 (4)准备工具 (5)准备干粉灭火器	□ 确认着装规范 □ 确认车辆或台架已做好防护 □ 确认资料与车型一致 □ 确认工量具齐全
2. 测量电流	(1)估算电流大小,选择正确挡位与电流类型。例如,需要测量三相电机的一相电流,选择交流电流挡 	□ 选择正确的挡位
	(2)打开电流钳,将被测量线路放入电流钳口之中。注意:测量时电流钳应该保持钳口闭合,否则将测量出不正确的电流 	□ 将被测量线路放入电流钳口之中
	(3)启动被测量装置,读取电流值 注意事项:如需测量一个变化的电流,应在上步的基础上按下"MAX"键后再启动电流钳	□ 读取电流值 电流值:
	使用注意事项: (1)测量前,应先检查钳形铁芯的橡胶绝缘是否完好,钳口应清洁、无锈,闭合后无明显的缝隙。应在无雷雨和干燥的天气下使用钳形表进行测量,测量时应注意佩戴个人防护用品,注意人体与带电部分保持足够的安全距离 (2)测量时,应先估计被测电流大小,选择适当量程。转换量程挡位时,必须在不带电情况下或者在钳口张开情况下进行	

续表

步骤	操作方法	操作记录
2. 测量电流	(3)测量时,被测导线应尽量放在钳口中部,不可同时钳住两根导线。测量大电流后需立即测量小电流时,应开合铁芯数次,以消除铁芯中的剩磁,减小误差 (4)每次测量前后,要把调节电流量程的切换开关放在最高挡位,以免下次使用时,因未经选择量程就进行测量而损坏仪表 (5)钳形电流可在不断开电路的情况下测量负荷电流,但只限于在被测线路电压不超过 500V 的情况下使用	
3. 完工整理	(1)工具设备整理、复位 (2)车辆整理、复位 (3)场地整理	□ 完工整理

四、拓展提升

1. 磁阻电机的类型

磁阻电机分为同步磁阻电机和开关磁阻电机（图 3-4-7）。

(a) 同步磁阻电机结构　　(b) 开关磁阻电机结构

图 3-4-7　磁阻电机的类型

2. 同步磁阻电机的结构

同步磁阻电机（Synchronous Reluctance Motor，SRM）定子的结构与感应电机的定子结构几乎相同。转子也由感应电机改进而成，由圆形叠片铁芯组成，叠片上通常会开一些缺口或者弧槽气隙，作为磁通量屏障。当电机启动时，它通过"感应"接近同步速度，然后通过转子磁通屏障产生的磁阻转矩锁定同步。

同步磁阻电机的转子不适合高速，因为对于高速，必须将额外的圆棒插入磁通屏障以保证速度刚度。然而，这些圆棒的插入对电机的效率有负面影响。

五、巩固练习

1. 选择题

①（多选题）开关磁阻电机由哪几部分组成（　　）?

A. 定子　　　　　B. 转子　　　　　　　C. 机壳　　　　　　　　D. 端盖

②（多选题）有关开关磁阻电机的陈述，正确的是（　　）。

A. 定子与转子都有凸起的齿极

B. 只有转子有凸起的齿极

C. 开关磁阻电机遵循磁阻最小原则

③（多选题）以下属于开关磁阻电机特点的是（　　）。

A. 结构简单、紧凑牢固

B. 可控参数多，调速性能好

C. 启动转矩大，调速范围宽

D. 效率高、功耗小

2. 简答题

① 开关磁阻电机主要应用在什么领域？

② 写出开关磁阻电机的工作原理。

③ 写出开关磁阻电机的优点。

④ 写出开关磁阻电机的缺点。

六、学习评价

评价要素	考核内容	配分	A	B	备注
工作准备 （10%）	能够正确理解工作任务内容、范围及工作指令	3			
	准备工作场地及器材，能够识别工作场所的安全隐患	3			
	能正确使用维修手册查询资料	4			
知识目标 （75%）	能说出开关磁阻电机的组成	15			
	能说出开关磁阻电机的工作原理	15			
	能口述开关磁阻电机的优点	10			
	能口述开关磁阻电机的缺点	10			
	能口述开关磁阻电机的应用	10			
	能正确使用电流钳完成线束电流的检测	15			
职业素养 （15%）	能进行设备和工具的安全检查	2			
	能进行车辆的安全防护操作	2			
	能进行工具的清洁、校准、存放操作	2			
	能进行"三不落地"操作	2			
	能进行工位 7S 操作	2			
	能正确、清晰地填写表单	5			
考核成绩		考评员签字：＿＿＿＿＿＿＿＿ 日　　期：＿＿＿年＿＿月＿＿日			

模块五　永磁同步电机

一、学习目标

① 能口述永磁同步电机的工作原理。
② 能口述永磁同步电机的结构。
③ 能口述永磁同步电机类型。
④ 能完成比亚迪 e5 驱动电机旋变传感器的检测。
⑤ 形成认真学习的习惯。
⑥ 养成 5S 工作习惯。

扫一扫

看视频

二、基础知识

1. 永磁同步电机的概述

永磁同步电机（Permanent Magnet Synchronous Motor，PMSM）因具有效率高、转速范围宽、体积小、重量轻、功率密度大、成本低等优点，成为纯电动乘用车市场的主要驱动电机。

2. 永磁同步电机的类型

按照永磁体在转子上位置的不同，永磁同步电机可分为表面式永磁转子结构和内置式永磁转子结构两大类。

（1）表面式永磁转子结构

表面式永磁转子结构如图 3-5-1 所示。

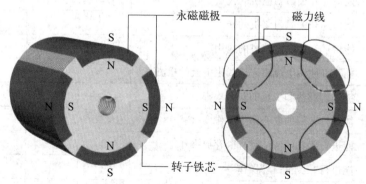

图 3-5-1　表面式永磁转子结构

该结构电机具有以下特点。

① 交直轴磁路基本对称，凸极率（交轴电感与直轴电感之比）为 1，它是一种典型的隐极电机，无凸极效应和磁阻转矩。

② 交直轴磁路的等效气隙都很大，电枢反应比较小。

③ 该类电机用作牵引电机时，动态响应快，转矩脉动小，但弱磁能力较差，其恒功率弱磁运行范围通常都比较小。

（2）内置式永磁转子结构

内置式永磁转子结构的永磁体位于转子铁芯内部，其表面与气隙之间有铁磁物质的极靴保护，永磁体受到极靴的保护。典型的内置式永磁转子结构如图 3-5-2 所示，它具有径向式、切向式和 U 型混合式三种形式。

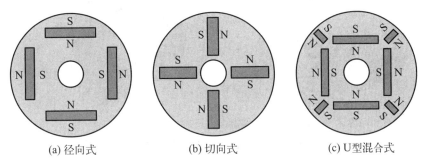

| (a) 径向式 | (b) 切向式 | (c) U型混合式 |

图 3-5-2　典型的内置式永磁转子结构

内置式永磁电机具有以下特点。

① 转子交直轴磁路不对称，电机凸极率大于 1，电磁转矩由永磁转矩和磁阻转矩共同产生，因此，内置式永磁转子电机也称为永磁磁阻电机。

② 磁阻转矩提高了电机的过载能力，而且易于弱磁扩散，扩大了电机的恒功率运行范围。

内置式永磁转子的形式如下。

① 径向式永磁转子结构。径向式永磁转子结构如图 3-5-3 所示。把永磁体插入转子铁芯的安装槽内，如图 3-5-3 的左图所示；磁极的极性与磁通走向如图 3-5-3 的右图所示，可看出隔磁空槽减小漏磁的作用。这是一个 4 极转子。

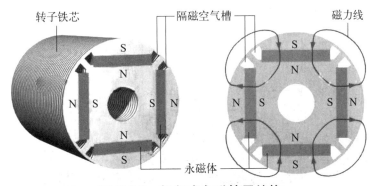

转子铁芯　　隔磁空气槽　　磁力线

永磁体

图 3-5-3　径向式永磁转子结构

② 切向式永磁转子结构。切向式永磁转子结构如图 3-5-4 所示。如图 3-5-4 的左图所示是切向安装永磁体的笼型绕组转子，这也是一个 4 极转子，为了防止永磁体的磁通通过转轴短路，在转轴与转子铁芯间加装有隔磁材料，转子的磁通走向如

图 3-5-4 的右图所示。切向式结构的永磁同步电机的漏磁系数较小，不需要采取隔离措施，极弧系数易于控制，转子强度高，永磁体不易变形；切向式结构的永磁同步电机漏磁系数大，需要采取隔离措施，每极磁通大，极数多，磁阻转矩大。

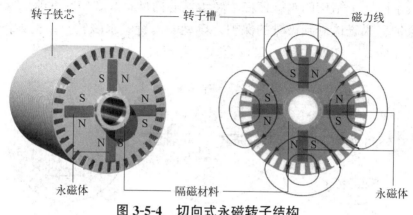

图 3-5-4　切向式永磁转子结构

③ 混合式永磁转子结构。混合式结构的永磁同步电机结合了径向式和切向式的优点，但结构和工艺复杂，成本高。

3. 永磁同步电机的结构

永磁同步电机属于交流电机的一种，其转子由带有永久磁场的钢制成，电机工作时给定子通电，产生旋转磁场推动转子转动，而"同步"的意思是在稳态运行时，转子的旋转速度与磁场的旋转速度同步。

永磁同步电机主要由定子、转子及冷却系统（水道）等组成，其内部结构如图 3-5-5 所示。动力线将电机控制器产生的三相交流电输送到电机的定子上，定子在三相交流电的作用下产生按照一定规律变化的旋转磁场，转子在定子产生的旋转磁场的作用下旋转，电机轴将转子产生的动能输出，旋转变压器可以检测电机转子

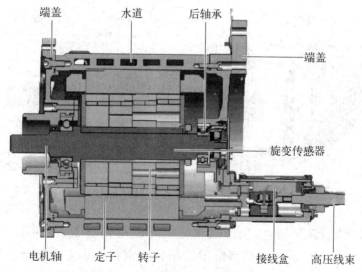

图 3-5-5　永磁同步电机内部结构示意

转动时的角度和角速度并输出到电机控制器作为控制电机的依据，其中的水道用于给电机散热。

（1）定子

永磁同步电机的定子由定子铁芯和定子绕组构成（图 3-5-6）。

定子铁芯采用硅钢片经裁剪、冲制、叠压而成。纯电动汽车永磁同步电机的硅钢片具有以下要求。

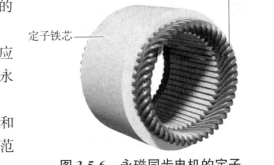

图 3-5-6　永磁同步电机的定子

① 硅钢片材料应具有较大的磁感应强度、磁导率和较低的铁损，以保证永磁同步电机低速大转矩、高速恒功率。

② 硅钢片材料要具有较高的抗拉和屈服强度，以保证永磁同步电机转速范围宽、频繁启停。

③ 硅钢片材料应具有良好的力学性能，以保证永磁同步电机低振动噪声。

④ 硅钢片材料应有较大的热导率和较高的热稳定性，以适应永磁同步电机工作环境恶劣，温度变化大。

目前纯电动汽车用永磁同步电机主要采用 0.25mm、0.27mm、0.3mm 及 0.35mm 厚的硅钢片，部分电机采用 0.2mm 冲片，以进一步降低铁损。

绕组是永磁同步电机的关键部件，其制造质量对电机的性能、寿命及可靠性等有很大影响，而绕组的设计、制作、嵌装以及绝缘工艺等都是影响绕组质量的关键因素。合理地进行绕组设计可以有效地减少铜耗，提升电机的效率，降低电机的温升，减小电机的体积，降低电机的重量，提高电机的功率密度等。

绕组分为分数槽集中式绕组和分布式绕组（图 3-5-7）。

集中式绕组是将线圈缠绕在定子齿上，其具有转矩特性优异、定位转矩小、转矩波动小的优点。下面通过一个 12 槽 8 极的分数槽集中式绕组永磁同步电机模型，介绍其基本结构。其最大特点是集中绕组，如图 3-5-8 的右图所示是定子铁芯结构，铁芯内圆周开了 12 个槽，形成 12 个齿，每个齿端部都有极靴；把线圈直接绕在定子齿极上，所有线圈节距都为 1，称为集中绕组，共 12 个线圈。为显示清晰，在进行原理介绍时采用单层线圈表示，如图 3-5-8 的左图所示是绕有线圈的定子。显然，集中绕组的线圈端部长度短，铜损小，效率就高；绕组

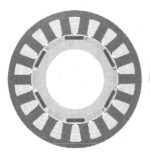

(a) 分数槽集中式绕组

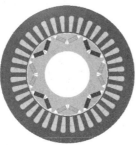

(b) 分布式绕组

图 3-5-7　绕组

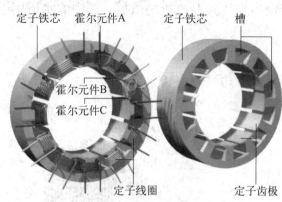

图 3-5-8 定子铁芯与集中式绕组

无重叠，相间绝缘好；线圈易机械下线，降低生产成本。

（2）转子

12 个槽的分数槽集中式绕组永磁同步电机的转子，可以是 8 个极、10 个极、14 个极和 16 个极。本模型的永磁体转子有 8 个极（4 对极），8 个永磁体采用表面贴片式，磁极的磁场方向为径向，（蓝色）永磁体磁场方向向外，为 N 极；（红色）永磁体磁场方向向内，为 S 极。

如图 3-5-9 所示，左图是转子结构示意，右图是定子与转子布置。

在图 3-5-9 中，4 个（蓝色）线圈串联组成 A 相绕组；4 个（绿色）线圈串联组成 B 相绕组；4 个（黄色）线圈串联组成 C 相绕组。12 槽 8 极分数槽集中式绕组展开如图 3-5-10 所示，12 个线圈组成三相绕组，三相的末端连接起来构成星形接法。

对于集中式绕组，常用的电机极槽配合有 12 槽 8 极、30 槽 20 极、54 槽 48 极等。集中式绕组适

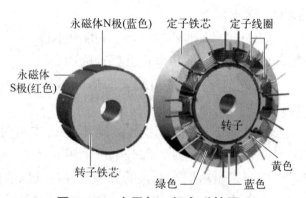

图 3-5-9 定子与 8 极永磁转子

用于轴向尺寸要求苛刻的场合，如布置于发动机与变速器之间，较为典型的应用有本田的运动型混动电机和大众桑塔纳 P2 插电式混合动力系统。分数槽集中式绕组永磁同步电机适宜做成大转矩、低转速电机，如直驱式轮毂电机。

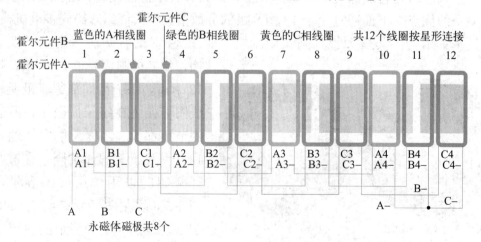

图 3-5-10 12 槽 8 极分数槽集中式绕组展开

分布式绕组的电机定子没有凸形极掌，每个磁极由一个或几个线圈按照一定的规律嵌装布线组成线圈组，通电后形成不同极性的磁极，故也称隐极式。分布式绕阻其系数高，齿槽转矩小，转矩脉动小，适用于高速驱动电机，已经成为纯电动汽车驱动电机的主流设计方式。

纯电动汽车驱动电机多采用48槽8极的结构（图3-5-11）。

圆铜线绕组的加工工艺比较简单，绕组的匝数便于调节，但端部尺寸一般较大，用铜量较多，发热严重，如果设计不合理，会使槽满率降低，严重时会影响电机的温升。扁铜线绕组与圆铜线绕组相比，由于扁铜线绕阻下线

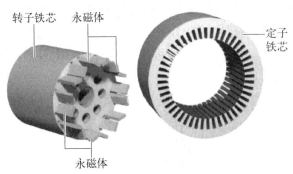

图3-5-11　48槽8极结构

前形状已经成型，而且不会轻易变形，所以扁铜线绕组的端部可以做到规则且短，既节省了端部的用铜量，又减小了电阻，同时规则的排列有利于端部绕组的散热。由于是成型绕组，所以在槽内接触紧密，和铁芯接触良好，能够充分进行散热。由于接触面积大，可以使得槽满率做得很高，效率相对就高。转子主要由隔磁材料、转子铁芯和转轴等构成（图3-5-12）。

（3）冷却系统

永磁同步电机的冷却方式主要有水冷和油冷两种形式。目前永磁同步电机的冷却方式多为机壳水冷方式（图3-5-13）。该冷却方式可满足大部分的使用要求，但也有其自身不足，主要表现在电机的内部热量需经过层层材料传递到外部，才能被机壳中的冷却液带走。比如电机内部的绕组，其产生的热量要先传递到定子铁芯，再传递到机壳，最后才传递到冷却液。由于热阻的存在，冷却液和绕组之间必然存在一定的温度梯度，从而导致绕组温度聚积，形成局部热点。

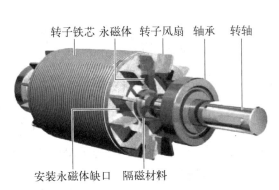

图3-5-12　永磁同步电机的转子

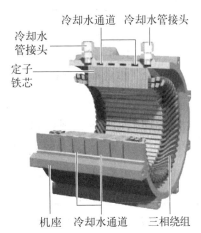

图3-5-13　永磁同步电机的水冷却

电机内油冷属于直接冷却方式，按冷却结构形式分为转子油冷却和定子油冷却两大类。转子油冷却的工作原理为：冷却油从空心轴进油口流入，经空心轴内油道，流向各处出油口，冷却油部分喷洒在轴承处，部分通过空心轴喷洒在转子支撑处和绕组端部，达到良好的散热效果。定子油冷却的工作原理为：冷却油从电机下端流入机壳，通过电机内的周向油道，流入电机上端，电机机壳上端分布多个均匀喷油孔，在压力的作用下，冷却油从电机上端孔处直接喷洒在绕组端部，同时冷却油可流经电机内其他发热零部件，以达到电机内降温散热的效果，如图 3-5-14 所示。

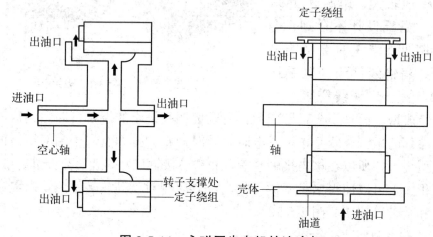

图 3-5-14　永磁同步电机的油冷却

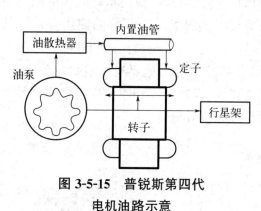

图 3-5-15　普锐斯第四代
电机油路示意

转子油冷却和定子油冷却虽然有一定的散热效果，但也有各自的局限性，在实际生产中多采用两种冷却方式的组合方式，如丰田普锐斯第四代电机采用的就是转子油冷却和定子油冷却的组合方式，电机的冷却油路分为定子和转子两条路线，由一个齿轮泵进行供油，如图 3-5-15 所示。

永磁同步电机还应装有绝对位置传感器，用于检测转子位置并以此对电枢电流进行控制，从而控制永磁同步电机。永磁同步电机的位置传感器一般采用旋转变压器（也称为旋变传感器），如图 3-5-16 所示。旋转变压器具有环境适应性强、响应速度快、可靠性高等特点。旋转变压器包括一路励磁、绕组、两路输出绕组，通过励磁绕组的是高频正弦交流励磁电压，随着转子的旋转，两相正交输出绕组分别感应到相差 90°电角度的高频交流电压。输出绕组的电压随转子位置变化发生有规律的变化，可以通过解码该电压获取转子位置、转速信息，如采用专用的解码芯片 AU6802、AD2S80 等进行解码，也可以采用 MCU 进行解码。

图 3-5-16　旋转变压器

4. 永磁同步电机的工作原理

永磁同步电机工作原理逻辑如图 3-5-17 所示，由于转子自带磁性，当定子绕组通电后，转子立即受力，这就使得定子磁场与转子两者的转速达到了同步。

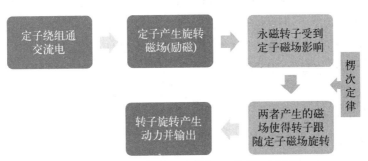

图 3-5-17　永磁同步电机工作原理逻辑

永磁同步电机的工作原理如图 3-5-18 所示，电机的转子是个永磁体，N、S 极沿圆周方向交替排列，定子是旋转的磁场。电机运行时，定子存在旋转磁动势，转子像磁针在旋转磁场中旋转一样，随着定子的旋转磁场同步旋转。

永磁同步电机的定子是三相对称绕组，三相正弦波电压在定子三相绕组中产生对称三相正弦波电流，并在气隙中产生旋转磁场。旋转磁场与已充磁的磁极作用，带动转子与旋转磁场同步旋转并力图使定、转子磁场轴线对齐。当外加负载转矩以后，转子磁场轴线将落后

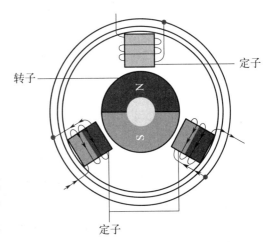

图 3-5-18　永磁同步电机的工作原理

定子磁场轴线一个功率角，负载越大，功率角也越大，直到一个极限角度，电机停止。由此可见，同步电机在运行中，必须按与频率严格成比例的转速旋转，否则会失步停转。所以，它的转速与旋转磁场同步，其静态误差为零。在负载扰动下，只是功率角变化，而不引起转速变化，它的响应时间是实时的。

三、技能训练

1. 准备工作

用途类别	工具设备名称	单位	数量	备注
安全防护	车辆防护、个人绝缘防护用品、干粉灭火器	套	4	
设备与工具	查询维修手册、用计算机记录维修工单	套	1	
	维修工具车、零件车	台	1	含绝缘拆装工具
	手电筒	把	1	
车辆与配件	实训车辆	辆	1	

2. 安全及注意事项

① 熟知并完成比亚迪 e5 驱动电机旋变传感器的检测。

② 在教师的指导下进行检查作业。

③ 合理规范地使用工具，未经允许禁止违规操作。

④ 正确穿戴绝缘防护用品。

3. 实操作业

本操作任务主要完成比亚迪 e5 驱动电机旋变传感器拆装（以检测旋变传感器零件为例），请按下表进行拆装作业。

步骤	操作方法	操作记录
1. 准备工作	(1)准备旋变传感器零件 (2)准备维修资料 (3)准备工具 (4)找到旋变传感器端子定义 ⊕ 励磁　正弦　余弦 　　1　　2　　3 ○　○　○ ○　○　○ ⊖　4　　5　　6 　励磁　正弦　余弦 旋变传感器端子定义	□ 准备旋变传感器零件 □ 确认资料与车型一致 □ 确认工量具齐全 □ 找到旋变传感器端子定义

续表

步骤	操作方法	操作记录
2. 检查励磁线圈	使用万用表电阻挡 200Ω 的量程,检查旋变传感器 1～4 号端子,测量励磁线圈电阻,正常范围:(8±2)Ω 	□ 选择万用表电阻挡 200Ω 的量程 □ 找到励磁线圈的端子 □ 测量励磁线圈电阻并记录电阻
3. 检查正弦线圈	使用万用表电阻挡 200Ω 的量程,检查旋变传感器 2～5 号端子,测量正弦线圈电阻,正常范围:(16±4)Ω 	□ 选择万用表电阻挡 200Ω 的量程 □ 找到正弦线圈的端子 □ 测量正弦线圈电阻并记录电阻
4. 检查余弦线圈	使用万用表电阻挡 200Ω 的量程,检查旋变传感器 3～6 号端子,测量余弦线圈电阻,正常范围:(16±4)Ω 	□ 选择万用表电阻挡 200Ω 的量程 □ 找到余弦线圈的端子 □ 测量余弦线圈电阻并记录电阻
5. 完工整理	(1)工具设备整理、复位 (2)车辆整理、复位 (3)场地整理	□ 完工整理

四、拓展提升

典型的分布式绕组为丰田普锐斯 THS 系统的驱动电机，从第一代至第四代均采用分布式绕组，通过电机的高速化，实现了功率密度的不断提升。普锐斯的驱动电机从第一代到第四代均采用 48 槽 8 极电机，其中第一代到第三代为圆铜线绕组，第四代为扁铜线绕组（图 3-5-19）。

宝马 i3 驱动电机经典的冲片形式及水道设计，已经成为行业经典案例。宝马 i3 驱动电机的峰值功率为 125kW，峰值转矩为 250N·m，总质量为 42kg，采用螺旋水道冷却方式，72 槽 12 极结构（图 3-5-20）。

图 3-5-19　普锐斯电机的圆铜线绕组和扁铜线绕组

图 3-5-20　宝马 i3 驱动电机螺旋水道

永磁同步电机不同的结构如图 3-5-21 和图 3-5-22 所示。

图 3-5-21　奥迪纯电动汽车的永磁同步电机构造

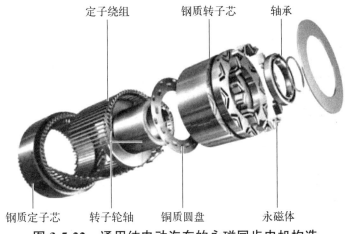

定子绕组　　　钢质转子芯　　　轴承

钢质定子芯　转子轮轴　铜质圆盘　　永磁体

图 3-5-22　通用纯电动汽车的永磁同步电机构造

五、巩固练习

1. 选择题

① （多选题）永磁同步电机具有（　　　）等优点。

A. 效率高　　　　　　B. 转速范围宽　　　C. 体积小、重量轻

D. 功率密度大　　　　E. 成本低

② （单选题）从市场上的应用情况来看，大多数纯电动汽车和油电混合动力汽车使用的电机是（　　　）。

A. 直流电机　　　　　　　　　　　B. 异步电机

C. 永磁同步电机　　　　　　　　　D. 磁阻电机

③ （多选题）永磁同步电机控制系统由（　　　）三部分组成。

A. 电机控制器　　　　　　　　　　B. 永磁电机

C. 转子位置传感器　　　　　　　　D. 活塞

④ （单选题）永磁同步电机控制器内的 6 个三极管起到（　　　）作用。

A. 电阻　　　　　B. 开关作用　　　C. 定位作用　　　D. 以上都是

⑤ （单选题）永磁同步电机定子磁芯及转子上的扇形部分均由什么构成（　　　）?

A. 磁铁　　　　　　　B. 铁屑　　　　　C. 高频导磁材料　　D. 以上都是

⑥ （单选题）永磁同步电机的冷却方式主要有（　　　）两种形式。

A. 水冷和油冷　　　　　　　　　　B. 油冷和风冷

C. 水冷和风冷　　　　　　　　　　D. 以上都不对

⑦ （单选题）关于比亚迪 e5 电机旋变传感器的电阻值为（　　　）。

A. 正弦阻值：（16±4）Ω　　　　　B. 余弦阻值：（16±4）Ω

C. 励磁阻值：（8±2）Ω　　　　　　D. 以上都对

2. 简答题

① 写出永磁式同步电机的组成。

② 永磁交流电机为什么又叫无刷电机?

③ 写出永磁式同步电机的工作原理。

④ 永磁同步电机有哪几种冷却方式?

⑤ 写出永磁式同步电机的特点。

⑥ 写出永磁同步电机旋变传感器的作用。

六、学习评价

评价要素	考核内容	配分	A	B	备注
工作准备 （10%）	能够正确理解工作任务内容、范围及工作指令	3			
	准备工作场地及器材,能够识别工作场所的安全隐患	3			
	能正确使用维修手册查询资料	4			
知识目标 （75%）	能说出表面式永磁转子结构的电机的特点	5			
	能说出内置式永磁转子结构的电机的特点	5			
	能说出永磁同步电机的结构组成	5			
	能说出永磁同步电机定子的组成	5			
	能说出永磁同步电机转子的组成	5			
	能口述永磁同步电机的工作原理	10			
	能说出集中式绕组永磁同步电机的特点	5			
	能说出分布式绕组永磁同步电机的特点	5			
	能说出旋转变压器的作用	4			
	能说出永磁同步电机的冷却方式	4			
	能说出永磁同步电机液冷的路径	4			
	能说出永磁同步电机转子油冷的路径	4			
	能说出永磁同步电机定子油冷的路径	4			
	能说出应用永磁同步电机的两款车型	2			
	能找到比亚迪 e5 驱动电机旋变传感器	2			
	能正确使用万用表检查正弦线圈阻值	2			
	能正确使用万用表检查正弦线圈阻值	2			
	能正确使用万用表检查正弦线圈阻值	2			
职业素养 （15%）	能进行设备和工具的安全检查	2			
	能进行车辆的安全防护操作	2			
	能进行工具的清洁、校准、存放操作	2			

续表

评价要素	考核内容	配分	A	B	备注
职业素养 （15%）	能进行"三不落地"操作	2			
	能进行工位 7S 操作	2			
	能正确、清晰地填写表单	5			
考核成绩			考评员签字：_____ 日　　期：___年___月___日		

模块六　三相交流发电机

一、学习目标

① 能口述三相交流发电机的作用。
② 能口述三相交流发电机的结构。
③ 能口述三相交流发电机的工作原理。
④ 能完成三相发电机的检查。
⑤ 养成认真学习的习惯。
⑥ 养成 5S 工作习惯。

扫一扫

看视频

二、基础知识

1. 三相交流发电机的作用

三相交流发电机的作用是产生交流电，通过硅整流器将交流电转变成直流电，给汽车用电设备进行充电和用电（图 3-6-1）。

2. 三相交流发电机的结构

三相交流发电机由风扇、V 形带轮、转子总成、定子总成、端盖、电刷与刷架等部件组成（图 3-6-2）。

（1）风扇与 V 形带轮

风扇的作用是在发电机工作时强制进行抽风冷却。常见的风扇，一般用钢板冲制卷角而成，用半圆键安装在前端盖外侧的转轴上。它将机内的空气通过前端盖上的通风孔吸出来，使空气高速流经发电机内部对发电机的转子线圈和定子线

图 3-6-1　三相交流发电机

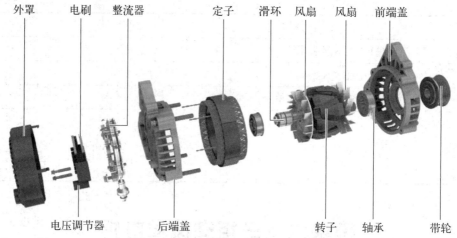

外罩　电刷　整流器　　　定子　滑环　风扇　风扇　前端盖

电压调节器　　后端盖　　　　　　　转子　轴承　带轮

图 3-6-2　三相交流发电机的结构

圈进行强制冷却。

（2）转子总成

转子总成是交流发电机的磁极部分，用来产生磁场。它由转子轴、两块爪形磁极、励磁绕组等组成（图 3-6-3）。

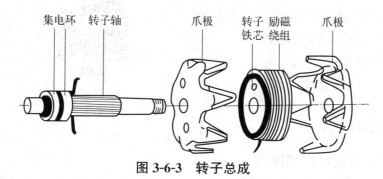

集电环　转子轴　　　爪极　转子　励磁　爪极
　　　　　　　　　　　　　铁芯　绕组

图 3-6-3　转子总成

当励磁绕组通电产生磁场后，爪极被磁化，一侧为 N 极，另一侧为 S 极，形成了相互交错的磁极（图 3-6-4）。

（3）定子总成

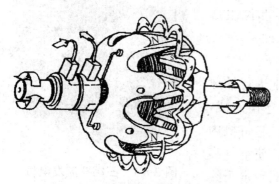

图 3-6-4　转子产生交错的磁极

定子总成是三相交流发电机的电枢，用于产生三相交流电。它由定子铁芯和三相绕组组成。定子铁芯用硅钢片冲制叠压而成，以减少磁损失，硅钢片两侧涂有绝缘漆或进行氧化处理。铁芯内圆冲有线槽，以便安放三相绕组（图 3-6-5）。

定子三相绕组的接法主要有两种：三角形连接和星形连接（图 3-6-6）。

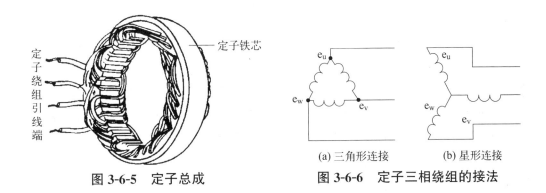

图 3-6-5　定子总成

图 3-6-6　定子三相绕组的接法

(a) 三角形连接　　(b) 星形连接

（4）端盖

端盖的作用是支承转子，封闭内部结构，它用铝合金压铸或用翻砂铸造而成。采用铝合金最主要的目的是防止漏磁，同时又可减轻发电机重量，保证散热性能。端盖有前后之分，前端盖铸有安装臂，安装与调整 V 形带松紧度，在后端盖内还装有电刷和电刷架（图 3-6-7）。

（5）电刷与刷架

电刷的作用是与滑环接触，将直流电引入励磁绕组。电刷由石墨制成，两个电刷装在刷架的孔内，借弹簧的压力与滑环保持接触。刷架多用酚醛玻璃纤维塑料制成（图 3-6-8）。

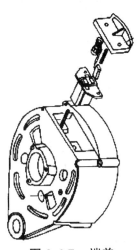

图 3-6-7　端盖

（6）硅整流器

硅整流器的作用是将定子绕组产生的三相交流电变为直流电。硅整流器一般由六个硅二极管接成的三相桥式整流电路所组成。三个正极管安装在散热板上，三个负极管安装在后端盖（或负散热板）（图 3-6-9）。

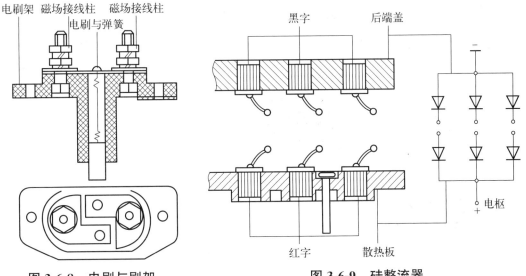

图 3-6-8　电刷与刷架

图 3-6-9　硅整流器

六个硅二极管分为两种类型。

① 正极管。外壳为负极，其中心引线为二极管的正极，在管壳底上一般标有红字标记。在负极搭铁的硅整流发电机中，三个正极管的外壳压装在散热板上，这三个正极管的外壳和散热板一起成为发电机的正极，由固定散热板的螺栓（此螺栓与后端盖绝缘）通至机壳外，作为发电机的火线接线柱 B+或"电枢"接线柱。

② 负极管。外壳为正极，其中心引线为二极管的负极，管壳底上一般有黑字（或蓝字）标记。三个负极管的外壳压装在后端盖上，它们的外壳和发电机的外壳一起成为发电机的负极。

在正整流板上有一个输出接线柱 B+（发电机的输出端）。负整流板直接搭铁，负整流板一定和壳体相连接。整流板的形状各异，有马蹄形、长方形、半圆形等，见图 3-6-10。

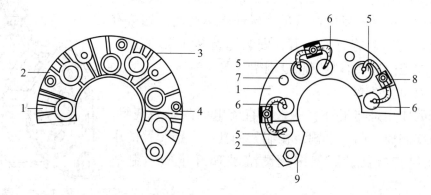

图 3-6-10　整流器总成

1—副整流板；2—正整流板；3—散热片；4—连接螺栓；5—正极管；
6—负极管；7—安装孔；8—绝缘垫；9—电枢接柱安装孔

3. 交流发电机工作原理

交流发电机产生交流电的基本原理是电磁感应原理，即利用产生磁场的转子旋转，使穿过定子绕组的磁通量发生变化，在定子绕组内产生感应电动势（图 3-6-11）。

根据电磁感应原理，当转子绕组中通入直流电时，会产生磁场。

随着转子转动，穿过定子绕组的磁通量发生变化，在定子绕组回路闭路的情况下，会产生不断变化的感应电流（图 3-6-12）。

交流发电机在转子外部采用

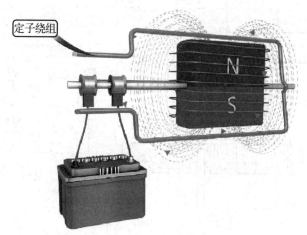

图 3-6-11　交流发电机工作原理（一）

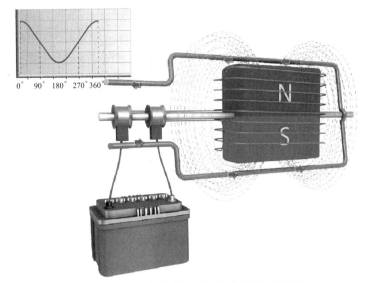

图 3-6-12　交流发电机工作原理（二）

三相对称绕组，当转子旋转时，旋转的磁场和三相绕组之间产生相对运动，在三相绕组中分别产生交流电流（图 3-6-13）。

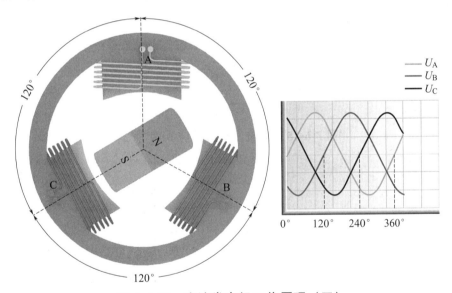

图 3-6-13　交流发电机工作原理（三）

4. 交流发电机整流原理

交流发电机定子的三相绕组中，感应产生的是交流电，靠六个二极管组成的三相桥式整流电路转变为直流电。其中三个二极管负极端相连，故正极端电位最高者导通（图 3-6-14）。

另外三个二极管正极端相连，故负极端电位最低者导通（图 3-6-15）。

如此不断循环，在汽车用电设备两端就得到较平稳的脉冲直流电压（图 3-6-16）。

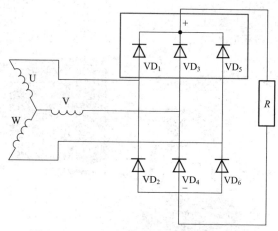

图 3-6-14 交流发电机整流原理（一）

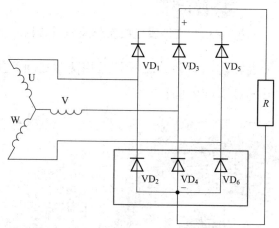

图 3-6-15 交流发电机整流原理（二）

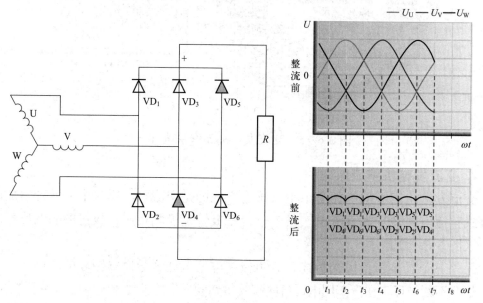

图 3-6-16 交流发电机整流原理（三）

5. 交流发电机的型号

根据中华人民共和国汽车行业标准《汽车电气设备产品型号编制方法》（QC/T 73—1993）的规定，汽车交流发电机的型号、分类、分组代号如图3-6-17所示。

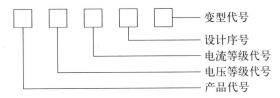

图3-6-17　交流发电机的型号

① 产品代号。交流发电机的产品代号有 JF、JFZ、JFB 和 JFW 四种：JF 表示普通交流发电机；JFZ 表示整体式交流发电机；JFB 表示带泵式交流发电机；JFW表示无电刷交流发电机。

② 电压等级代号，用1位阿拉伯数字表示，见表3-6-1。

表 3-6-1　电压等级代号

代号	1	2	3	4	5	6
电压等级/V	12	24				6

③ 电流等级代号，用1位阿拉伯数字表示，见表3-6-2。

表 3-6-2　电流等级代号

分组代号 电流等级/A 产品	1	2	3	4	5	6	7	8	9
交流发电机 整体式交流发电机 带泵式交流发电机 无电刷交流发电机	～19	≥20～29	≥30～39	≥40～49	≥50～59	≥60～69	≥70～79	≥80～89	≥90

④ 设计序号。按产品设计先后顺序，以1～2位阿拉伯数字组成。

⑤ 变型代号。交流发电机以调整臂位置作为变型代号。从驱动端看：调整臂位置在中间不加标记；在右边时用 Y 表示；在左边时用 Z 表示。

例如：JF152 表示普通交流发电机，其电压等级为 12V，电流等级为 50～59A，第二次设计，调整臂位置在中间。

三、技能训练

1. 准备工作

用途类别	工具设备名称	单位	数量	备注
安全防护	车辆防护、个人防护用品	套	4	

续表

用途类别	工具设备名称	单位	数量	备注
设备与工具	查询维修手册、用计算机记录维修工单	套	1	
	维修工具车、零件车	台	1	含拆装工具
	手电筒	把	1	
车辆与配件	实训车辆	辆	1	

2. 安全及注意事项

① 熟知并完成检查发电机。

② 断开蓄电池上的蓄电池负极导线。

③ 合理规范地使用工具，未经允许禁止违规操作。

④ 正确使用测量仪器。

⑤ 在教师的指导下进行检查作业。

3. 实操作业

按下表对车辆发电机进行检查作业。

步骤	操作方法	操作记录
1. 准备工作	(1)做好个人防护和工作着装 (2)车辆防护：安装方向盘三件套与前翼子板布和前格栅布 (3)准备维修资料 (4)准备工具	□ 确认着装规范 □ 确认车辆或台架已做好防护 □ 确认资料与车型一致 □ 确认工量具齐全
2. 发电机就车检查	注意：检查前先拆卸蓄电池负极线 (1)传动带松紧度检查 ①目视检查传动带有无裂纹或超出磨损极限，如不符合要求，应及时更换 ②检查传动带的挠度。当用100N的力作用于两带轮之间的传动带中央部位时，新传动带的挠度应为5～10mm，旧传动带（即装到车上随发动机转动超过五个月以上时间）的挠度一般为7～14mm，具体指标应以车型手册规定为准。若传动带的挠度不符合要求，应及时调整 ③检查传动带的张力。传动带挠度和张力都能反映发电机的驱动情况，因此，有的汽车只规定检查其中的一项。检查传动带的张力时需用专用工具，条件允许可做此项检查	□ 确认已拆卸蓄电池负极线 □ 检查传动带有无裂纹或超出磨损极限 □ 正常　　□ 异常 □ 检查传动带的挠度 □ 正常　　□ 异常 □ 检查传动带的张力 □ 正常　　□ 异常
	(2)检查导线连接 ①检查各导线端头的连接部位是否正确、可靠 ②发电机输出端子B必须加弹簧垫圈紧固接线 ③采用插接器连接的发电机，其插座与线束插头的连接必须锁紧，不得有松动现象	□ 确认已拆卸蓄电池负极线 □ 检查各导线端头的连接部位是否正确、可靠 □ 正常　　□ 异常 □ 发电机输出端子B必须加弹簧垫圈紧固接线 □ 正常　　□ 异常 □ 插座与线束插头的连接必须锁紧，不得有松动现象 □ 正常　　□ 异常

续表

步骤	操作方法	操作记录
2. 发电机就车检查	注意:连接蓄电池负极线 (3)检查有无噪声 　若发电机出现故障(特别是机械故障),如轴承破损、轴弯曲等,在发电机运转时,都会发出异常噪声。检查时,逐渐加大发动机节气门开度,使发动机转速逐渐升高,同时监听发电机有无异常噪声,如有异常噪声则应拆下发电机,并分解检修	□ 确认已连接蓄电池负极线 □ 检查有无噪声 □ 正常　　□ 异常
	(4)发电机电压测试 ①在发动机停转且不使用车上电气设备的情况下,测量蓄电池电压,这个电压称为参电压或基准电压 ②启动发动机,使发动机转速保持在 2000r/min,在不使用车上电气设备的情况下,测量蓄电池电压,这个电压称为空载充电电压。空载充电电压应比参考电压高些,但不超过 2V。若电压低于参考电压,说明发电机不发电,应对发电机、调节器和充电系统线路进行全面检查 ③在发动机转速仍为 2000r/min 时,接通电器附件,如暖风机、空调和前照灯远光灯等,当电压稳定时测量蓄电池电压,这个电压称为负载电压。负载电压至少应高出参考电压 0.5V ④若有问题,可在充电电流为 20A 时检查充电线路压降,将电压表正极接发电机"电枢"(B+)接线柱,电压表负极接蓄电池正极桩头,电压表读数不得超过 0.7V;将电压表正极接调节器壳体,另一端接发电机机壳,电压表读数不得超过 0.05V;当电压表一端接发电机机壳,另一端接蓄电池负极时,电压表示数不得超过 0.05V。若示值不符,应清洁、紧固相应的连接线头及安装架	□ 在发动机停转且不使用车上电气设备的情况下,测量蓄电池电压 □ 正常　　□ 异常 □ 启动发动机,使发动机转速保持在 2000r/min,在不使用车上电气设备的情况下,测量蓄电池电压 □ 正常　　□ 异常 □ 在发动机转速仍为 2000r/min 时,接通电器附件,如暖风机、空调和前照灯远光灯等,当电压稳定时测量蓄电池电压 □ 正常　　□ 异常 □ 测量电压降 □ 正常　　□ 异常
	(5)B 接线柱电流测试 ① 将发动机熄火,拆掉蓄电池搭铁电缆端子,从硅整流发电机"电枢"(B+)接线柱上拆下原有引线,将 0~40A 电流表串接在拆下的引线接头与"电枢"接线柱之间,并将电压表正极接"电枢"接线柱,负极与发动机机体相接 ②切断汽车所有电器开关 ③装复蓄电池搭铁电缆接头,启动发动机,使发电机在略高于额定负荷转速下工作,这时电流表读数应小于 10A,电压表示值应在调节器规定的调压值范围内	□ 拆卸蓄电池负极 □ 安装电流表与电压表 □ 切断汽车所有电器开关 □ 安装蓄电池负极 □ 启动发动机,使发电机在略高于额定负荷转速下工作 □ 正常　　□ 异常

步骤	操作方法	操作记录
2. 发电机就车检查	④接通汽车主要用电设备(如远光灯、暖风机、空调、雨刮器等),使电流表示数大于30A,此时电压表示数应大于蓄电池电压 ⑤熄火,先拆去蓄电池搭铁电缆端子,拆除电压表、电流表,重新装复发电机"电枢"线和蓄电池搭铁端子 若电压值超过规定电压上限,一般为调压器故障;若电压值远低于电压下限,电流过小,应检查发电机个别二极管或个别电枢绕组是否有故障	□ 接通汽车主要用电设备读取测量电压值 □ 正常　　□ 异常 □ 拆卸蓄电池负极 □ 拆卸电流表与电压表 □ 安装蓄电池负极
3. 发电机的不解体检测	为了判定发电机有无故障和故障发生的确切部位,在发电机分解之前,可先对发电机进行不解体检查 (1)用万用表电阻挡检测发电机各接线柱之间的阻值并进行分析判断	□ 用万用表电阻挡检测发电机各接线柱之间的阻值 □ 正常　　□ 异常
	(2)手持带轮检查轴承轴向及径向间隙	□ 检查轴承轴向及径向间隙 □ 正常　　□ 异常
	(3)转动转子,检查轴承阻力、噪声以及转子与定子之间有无摩擦及异响。当发现阻力较大时,可拆除电刷再试,以确定阻力是来自电刷还是来自轴承	□ 转动转子,检查轴承阻力、噪声以及转子与定子之间有无摩擦及异响 □ 正常　　□ 异常
	(4)转动转子轴,检查带轮的摆差(摇头)大小,以判断转子轴是否弯曲	□ 转动转子轴,检查皮带轮的摆差 □ 正常　　□ 异常
	(5)检查外壳、挂脚等处有无裂纹及损坏	□ 检查外壳、挂脚等处有无裂纹及损坏 □ 正常　　□ 异常
4. 完工整理	(1)工具设备整理、复位 (2)车辆整理、复位 (3)场地整理	□ 整理完成

四、拓展提升

1. 电源系统使用时的注意事项

① 交流发电机与蓄电池的搭铁极性必须一致,否则会出现蓄电池向二极管放电,将烧坏整流二极管和其他电子元件。

② 发电机与蓄电池之间的导线要连接可靠。因蓄电池具有电容作用，如突然断开，将会产生瞬时过电压，容易损坏二极管。

③ 发电机不发电或充电电流很小时，应及时找出故障加以排除，不应再长期继续运转。因为如果有一个二极管短路，发电机就不能发电，继续运转就会引起其他二极管或定子绕组被烧坏。

④ 发动机熄火后，应及时断开点火开关，否则蓄电池对发电机励磁绕组、调节器磁化线圈长时间放电，既消耗蓄电池电量，也容易将线圈烧坏。

2. 电源系统维护时的注意事项

① 发电机运转时，不要用试火花的方法检查发电机是否发电，否则容易损坏二极管。

② 在未断开整流器、晶体管调节器时，不得用兆欧表或220V试灯检测发电机的绝缘性能，以免损坏整流二极管和其他电子元件。

③ 发电机正常运行时，切不可任意拆动各电器的连接线，以免发生短路，或突然开路引起瞬时过电压。

④ 在配用晶体管调节器时，接线必须正确。更换晶体管时，焊接用的电烙铁功率不得高于45W，焊接要迅速，以免损坏晶体管。

⑤ 不得随意变动调节器的安装位置。应保证防震垫良好、通风可靠。晶体管与集成电路调节器的最高温度，不应超过45℃。

⑥ 传动带的松紧适当，用拇指以39N力按传动带（单根）中部，其挠度为10～15mm。

⑦ 若发电机的极柱松动，必须马上紧固，如果是绝缘不良，应拆下进行修整。

五、巩固练习

1. 判断题

① 三相同步交流发电机的作用是产生交流电，通过硅整流器将交流电转变成直流电，给汽车用电设备充电和用电。（　　）

② 三相同步交流发电机由风扇、V形带轮、转子总成、定子总成、端盖、电刷与刷架等部件组成。（　　）

③ 转子总成是交流发电机的磁极部分，用来产生磁场。（　　）

④ 定子总成是三相交流发电机的电枢，用来产生三相交流电。（　　）

⑤ 定子三相绕组的接法主要有两种：三角形连接和星形连接。（　　）

⑥ 电刷的作用是与滑环接触，将直流电引入励磁绕组。（　　）

⑦ 硅整流器的作用是将定子绕组产生的三相交流电变为直流电。（　　）

2. 简答题

① 车辆在启动后，仪表板亮蓄电池灯，检查蓄电池电压11V，请问正常吗？

如果不正常，那正常的电压是多少？

② 更换发电机时，是否需要拆卸蓄电池负极？为什么？

③ 写出三相交流发电机的工作原理。

④ 写出三相交流发电机的整流原理。

六、学习评价

评价要素	考核内容	配分	A	B	备注
工作准备 （10%）	能够正确理解工作任务内容、范围及工作指令	3			
	准备工作场地及器材，能够识别工作场所的安全隐患	3			
	能正确使用维修手册查询资料	4			
知识目标 （75%）	能说出三相交流发电机的作用	5			
	能说出三相交流发电机的结构	5			
	能说出风扇的作用	5			
	能说出转子的作用	5			
	能说出定子的作用	5			
	能说出电刷的作用	5			
	能说出硅整流器的作用	5			
	能说出定子的连接方式	5			
	能口述交流发电机的工作原理	7			
	能口述交流发电机的整流原理	7			
	能说出电机型号"JF152"所代表的含义	7			
	能正确进行发电机就车检查	7			
	能正确进行发电机不解体检查	7			
职业素养 （15%）	能进行设备和工具的安全检查	2			
	能进行车辆的安全防护操作	2			
	能进行工具的清洁、校准、存放操作	2			
	能进行"三不落地"操作	2			
	能进行工位 7S 操作	2			
	能正确、清晰地填写表单	5			
考核成绩		考评员签字：_____ 日　　期：___年___月___日			

模块七　三相异步电机的控制

一、学习目标

① 能口述三相异步电机控制的方式。
② 能口述三相异步电机控制的工作原理。
③ 能完成驱动电机三相线圈的检测。
④ 养成认真学习的习惯。
⑤ 养成 5S 工作习惯。

扫一扫

看视频

二、基础知识

1. 直接启动

直接启动即启动时把电机直接接入电网，加上额定电压。一般来说，电机的容量不大于直接供电变压器容量的 20%～30%时，都可以直接启动。

（1）点动控制直接启动

合上开关 QF，三相电源被引入控制电路，但电机还不能启动。按下按钮 SB_1，接触器 KM 线圈通电，衔铁吸合，常开主触点接通，电机定子接入三相电源启动运转。松开按钮 SB_1，接触器 KM 线圈断电，衔铁松开，常开主触点断开，电机因断电而停转（图 3-7-1）。

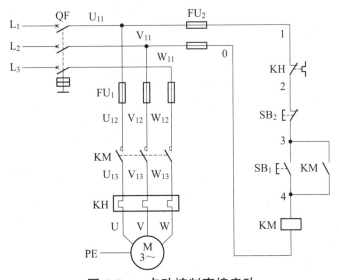

图 3-7-1　点动控制直接启动

（2）连续运转直接启动

① 启动过程。按下启动按钮 SB_1，接触器 KM 线圈通电，与 SB_1 并联的 KM

的辅助常开触点闭合，以保证松开按钮 SB₁ 后 KM 线圈持续通电，串联在电机回路中的 KM 的主触点持续闭合，电机连续运转，从而实现连续运转控制。与 SB₁ 并联的 KM 的辅助常开触点的这种作用称为自锁。

② 停止过程。按下停止按钮 SB₂，接触器 KM 线圈断电，与 SB₁ 并联的 KM 的辅助常开触点断开，串联在电机回路中的 KM 的主触点持续断开，电机停转。

如图 3-7-2 所示的控制电路还可实现短路保护、过载保护和零压保护。

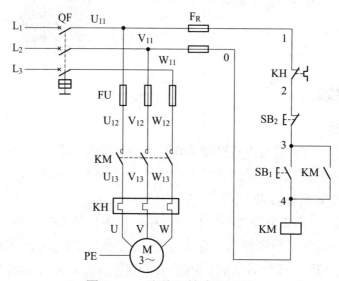

图 3-7-2　连续运转直接启动

起短路保护作用的是串接在主电路中的熔断器 FU。一旦电路发生短路故障，熔体立即熔断，电机立即停转。

起过载保护作用的是热继电器 FR。电路过载时，热继电器的发热元件发热，将其常闭触点断开，使接触器 KM 线圈断电，串联在电机回路中的 KM 的主触点断开，电机停转。同时 KM 辅助触点也断开，解除自锁。故障排除后若要重新启动，需按下 FR 的复位按钮，使 FR 的常闭触点复位（闭合）即可。

起零压（或欠压）保护作用的是接触器 KM 本身。当电源暂时断电或电压严重下降时，接触器 KM 线圈的电磁吸力不足，衔铁自行释放，使主、辅触点自行复位，切断电源，电机停转，同时解除自锁。

2. 正反转控制

（1）简单的正反转控制电路（图 3-7-3）

① 正向控制过程。按下启动按钮 SB₁，接触器 KM₁ 线圈通电，与 SB₁ 并联的 KM₁ 的辅助常开触点闭合，以保证 KM₁ 线圈持续通电，KM₁ 的主触点持续闭合，串联在电机回路中的电机连续正向运转。

② 停止过程。按下停止按钮 SB_3，接触器 KM_1 线圈断电，与 SB_1 并联的 KM_1 的辅助触点断开，KM_1 线圈失电，串联在电机回路中的 KM_1 的主触点持续断开，切断电机定子电源，电机停转。

③ 反向控制过程。按下启动按钮 SB_2，接触器 KM_2 线圈通电，与 SB_2 并联的 KM_2 的辅助常开触点闭合，以保证线圈持续通电，串联在电机回路中的 KM_2 的主触点持续闭合，电机连续反向运转。

缺点：KM_1 和 KM_2 线圈不能同时通电，因此不能同时按下 SB_1 和 SB_2，也不能在电机正转时按下反转启动按钮，或在电机反转时按下正转启动按钮。如果操作错误，将引起主回路电源短路。

（2）带电气互锁的正反转控制电路

将接触器 KM_1 的辅助常闭触点串入 KM_2 的线圈回路中，保证在 KM_1 线圈通电时 KM_2 线圈回路总是断开的；另将接触器 KM_2 的辅助常闭触点串入 KM_1 的线圈回路中，保证在 KM_2 线圈通电时 KM_1 线圈回路总是断开的。这样接触器的辅助常闭触点 KM_1 和 KM_2 保证了两个接触器线圈不能同时通电，这种控制方式称为互锁或者联锁，这两个辅助常开触点称为互锁或者联锁触点（参见图 3-7-3）。

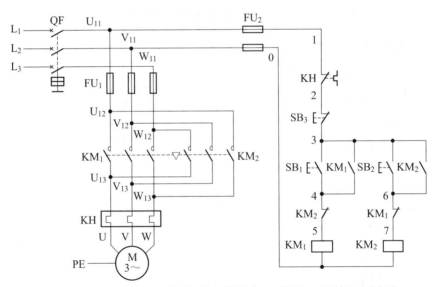

图 3-7-3　简单的正反转控制和带电气互锁的正反转控制电路

缺点：在具体操作时，若电机处于正转状态，要反转时必须先按停止按钮 SB_3，使互锁触点 KM_1 闭合后，按下反转启动按钮 SB_2 才能使电机反转；若电机处于反转状态，要正转时必须先按停止按钮 SB_3，使互锁触点 KM_2 闭合后，按下正转启动按钮 SB_1 才能使电机正转。

（3）同时具有电气互锁和机械互锁的正反转控制电路

采用复式按钮，将 SB_1 按钮的常闭触点串接在 KM_2 的线圈电路中；将 SB_2 的常闭触点串接在 KM_1 的线圈电路中；这样，无论何时，只要按下反转启动按钮，

在 KM_2 线圈通电之前就首先使 KM_1 断电，从而保证 KM_1 和 KM_2 不同时通电；从反转到正转的情况也是一样。这种由机械按钮实现的互锁也叫机械或按钮互锁（图 3-7-4）。

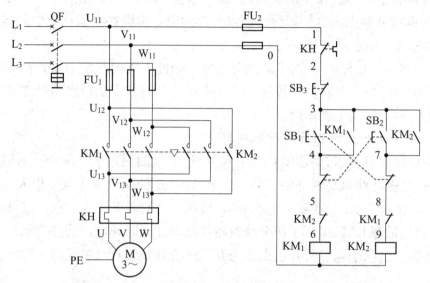

图 3-7-4　具有电气互锁和机械互锁的正反转控制电路

3. Y-△降压启动控制

按下启动按钮 SB_1，时间继电器 KT 和接触器 KM_Y 同时通电吸合，KM_Y 的常开主触点闭合，把定子绕组连接成星形，其常开辅助触点闭合，接通接触器 KM。KM 的常开主触点闭合，将定子接入电源，电机在星形连接下启动。KM 的一对常开辅助触点闭合，进行自锁。经一定延时，KT 的常闭触点断开，KM_Y 断电复位，接触器 $KM_△$ 通电吸合。$KM_△$ 的常开主触点将定子绕组接成三角形，使电机在额定电压下正常运行。

与按钮 SB_1 串联的 $KM_△$ 的常闭辅助触点的作用是：当电机正常运行时，该常闭触点断开，切断了 KT、KM_Y 的通路，即使误按 SB_1、KT 和 KM_Y 也不会通电，以免影响电路正常运行。若要停车，则按下停止按钮 SB_2，接触器 KM、KM_Y 同时断电释放，电机脱离电源，停止转动（图 3-7-5）。

4. 位置控制

（1）限位控制

当设备的运动部件到达预定的位置时压下行程开关的触杆，将常闭触点断开，接触器线圈断电，使电机断电而停止运行（图 3-7-6）。将行程开关 SQ_1 换成传感元件，就能实现其他传感控制。

（2）行程往返控制

按下正向启动按钮 SB_1，电机正向启动运行，带动工作台向前运动。当运行到 SQ_2 位置时，挡块压下 SQ_2，接触器 KM_1 断电释放，KM_2 通电吸合，电机反向启

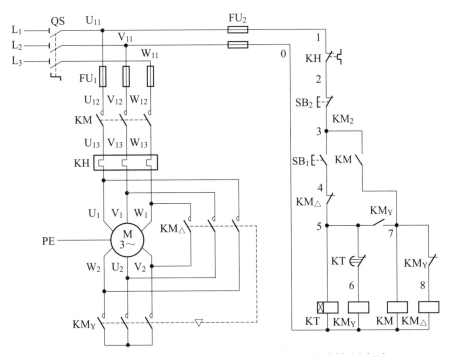

图 3-7-5　时间继电器自动控制 Y-△降压启动控制电路

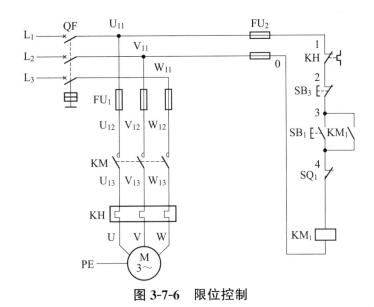

图 3-7-6　限位控制

动运行，使工作台后退。工作台退到 SQ_1 位置时，挡块压下 SQ_1，KM_2 断电释放，KM_1 通电吸合，电机又正向启动运行，工作台又向前进，如此一直循环下去，直到需要停止时按下 SB_3，KM_1 和 KM_2 线圈同时断电释放，电机脱离电源停止转动（图 3-7-7）。

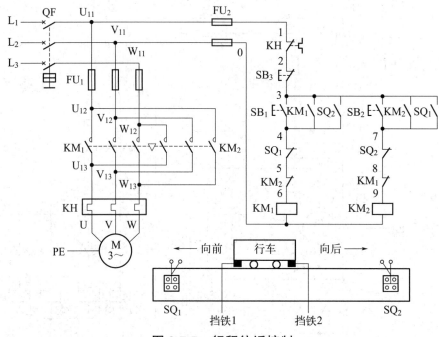

图 3-7-7　行程往返控制

三、技能训练

1. 准备工作

用途类别	工具设备名称	单位	数量	备注
安全防护	车辆防护、个人绝缘防护用品、干粉灭火器	套	4	
设备与工具	查询维修手册、用计算机记录维修工单	套	1	
	维修工具车、零件车	台	1	含绝缘拆装工具
	手电筒	把	1	
车辆与配件	实训车辆	辆	1	

2. 安全及注意事项

① 熟知并了解驱动电机三相线圈检测的安全注意事项。

② 在教师的指导下进行检测作业。

③ 合理规范地使用工具，未经允许禁止违规操作。

④ 正确穿戴绝缘防护用品。

3. 实操作业

① 本操作任务主要完成比亚迪 e5 驱动电机三相线圈检测，请按下表进行拆装作业。

步骤	操作方法	操作记录
1. 准备工作	(1)做好个人防护和工作着装 (2)准备驱动电机三相线圈 (3)准备维修资料 (4)准备工具 注意： 　ABC是用来区分电力相序的,在电力中一般用颜色来区分相序,一般黄色的线(或用黄色标志)代表A相,绿色代表B相,红色代表C相 　负载上的相序分别用U、V和W表示,比如三相电机三个绕组的六个接线头就用U_1、U_2,V_1、V_2、W_1、W_2分别表示第一个绕组、第二个绕组、第三个绕组的头与尾。也就是说,电源和负载的表示方法是有区别的	□ 确认着装规范 □ 确认台架已做好防护 □ 确认资料与车型一致 □ 确认工量具齐全 □ 已阅读注意事项
2. 检测 A-B 相线圈	使用万用表电阻挡200Ω的量程测量,红表笔连接A相、黑表笔连接B相,测量值为0.2Ω,正常在1Ω以内 	□ 选择万用表电阻挡200Ω的量程 □ 正确测量 A-B 相线圈的电阻 □ 读取并记录测量值 电阻:
3. 检测 A-C 相线圈	使用万用表电阻挡200Ω的量程测量,红表笔连接A相、黑表笔连接C相,测量值为0.2Ω,正常在1Ω以内 	□ 选择万用表电阻挡200Ω的量程 □ 正确测量 A-C 相线圈的电阻 □ 读取并记录测量值 电阻:
4. 检测 B-C 相线圈	使用万用表电阻挡200Ω的量程测量,红表笔连接B相、黑表笔连接C相,测量值为0.2Ω,正常在1Ω以内 	□ 选择万用表电阻挡200Ω的量程 □ 正确测量 B-C 相线圈的电阻 □ 读取并记录测量值 电阻:

步骤	操作方法	操作记录
5. 测量 A 相与外壳的绝缘性	使用万用表电阻挡 20kΩ 的量程测量,测量 A 相与外壳的绝缘性,正常应为 10kΩ 或更大 	☐ 选择万用表电阻挡 20kΩ 的量程 ☐ 正确测量 A 相与外壳的电阻 ☐ 读取并记录测量值 电阻:
6. 测量 B 相与外壳的绝缘性	使用万用表电阻挡 20kΩ 的量程测量,测量 B 相与外壳的绝缘性,正常应为 10kΩ 或更大 	☐ 选择万用表电阻挡 20kΩ 的量程 ☐ 正确测量 B 相与外壳的电阻 ☐ 读取并记录测量值 电阻:
7. 测量 C 相与外壳的绝缘性	使用万用表电阻挡 20kΩ 的量程测量,测量 C 相与外壳的绝缘性,正常应为 10kΩ 或更大 注意:如果有一组出现问题,则需要更换整个线圈	☐ 选择万用表电阻挡 20kΩ 的量程 ☐ 正确测量 C 相与外壳的电阻 ☐ 读取并记录测量值 电阻:
8. 完工整理	(1)工具设备整理、复位 (2)车辆整理、复位 (3)场地整理	☐ 完工整理

②一台比亚迪 e5 纯电动汽车，车辆上电挂挡后无法行驶，最后需要确定驱动电机线圈是否存在故障，使用所学的知识，写出驱动电机线圈的检测方法。

四、拓展提升

三相异步电机的调速方式如下。

1. 变极对数调速方法

这种调速方法是用改变定子绕组的接线方式来改变笼型电机定子极对数达到调速目的，特点如下：

① 具有较硬的机械特性，稳定性良好；

② 无转差损耗，效率高；

③ 接线简单、控制方便、价格低；

④ 有级调速，级差较大，不能获得平滑调速；

⑤ 可以与调压调速、电磁转差离合器配合使用，获得较高效率的平滑调速特性。

2. 变频调速方法

变频调速是改变电机定子电源的频率，从而改变其同步转速的调速方法。变频调速系统的主要设备是提供变频电源的变频器，变频器可分成交流-直流-交流变频器和交流-交流变频器两大类，目前国内大都使用交流-直流-交流变频器。其特点如下：

① 效率高，调速过程中没有附加损耗；

② 应用范围广，可用于笼型异步电机；

③ 调速范围大，特性硬，精度高；

④ 技术复杂，造价高，维护检修困难。

3. 串级调速方法

串级调速是指绕线式电机转子回路中串入可调节的附加电势来改变电机的转差，达到调速的目的。大部分转差功率被串入的附加电势所吸收，再利用产生附加的装置，把吸收的转差功率返回电网或转换能量加以利用。根据转差功率吸收利用方式，串级调速可分为电机串级调速、机械串级调速及晶闸管串级调速形式，多采用晶闸管串级调速，其特点为：

① 可将调速过程中的转差损耗回馈到电网或生产机械上，效率较高；

② 装置容量与调速范围成正比，投资省，适用于调速范围在额定转速 $70\% \sim 90\%$ 的生产机械上；

③ 调速装置故障时可以切换至全速运行，避免停产；

④ 晶闸管串级调速功率因数偏低，谐波影响较大。

4. 绕线式电机转子串电阻调速方法

绕线式电机转子串入附加电阻，使电机的转差率加大，电机在较低的转速下运行。串入的电阻越大，电机的转速越低。此方法设备简单，控制方便，但转差功率以发热的形式消耗在电阻上。此方法属有级调速，机械特性较软。

5. 定子调压调速方法

当改变电机的定子电压时，可以得到一组不同的机械特性曲线，从而获得不同转速。由于电机的转矩与电压平方成正比，因此最大转矩下降很多，其调速范围较小，使一般笼型电机难以应用。为了扩大调速范围，调压调速应采用转子电阻值大的笼型电机，如专供调压调速用的力矩电机，或者在绕线式电机上串联频敏电阻。为了扩大稳定运行范围，当调速在 2∶1 以上的场合应采用反馈控制以达到自动调节转速的目的。

调压调速的主要装置是一个能提供电压变化的电源，目前常用的调压方式有串联饱和电抗器、自耦变压器以及晶闸管调压等几种，晶闸管调压方式为最佳。调压调速的特点如下：

① 调压调速线路简单，易实现自动控制；

② 调压过程中转差功率以发热形式消耗在转子电阻中，效率较低；

③ 调压调速一般适用于 100kW 以下的生产机械。

6. 电磁调速电机调速方法

电磁调速电机由笼型电机、电磁转差离合器和直流励磁电源（控制器）三部分组成。直流励磁电源功率较小，通常由单相半波或全波晶闸管整流器组成，改变晶闸管的导通角，可以改变励磁电流的大小。

电磁转差离合器由电枢、磁极和励磁绕组三部分组成。电枢和后者没有机械联系，都能自由转动。电枢与电机转子同轴连接，称主动部分，由电机带动；磁极用联轴节与负载轴对接，称从动部分。当电枢与磁极均为静止时，如励磁绕组通以直流电，则沿气隙圆周表面将形成若干对 N、S 极性交替的磁极，其磁通经过电枢。当电枢随拖动电机旋转时，由于电枢与磁极间相对运动，因而使电枢感应产生涡流，此涡流与磁通相互作用产生转矩，带动有磁极的转子按同一方向旋转，但其转速恒低于电枢的转速，这是一种转差调速方式，改变转差离合器的直流励磁电流，便可改变离合器的输出转矩和转速。

电磁调速电机的调速特点：

① 装置结构及控制线路简单、运行可靠、维修方便；

② 调速平滑、无级调速；

③ 对电网无谐影响；

④ 速度失大、效率低。

7. 液力耦合器调速方法

液力耦合器是一种液力传动装置，一般由泵轮和涡轮组成，它们统称工作轮，放在密封壳体中。密封壳体中充入一定量的工作液体，当泵轮在原动机带动下旋转时，处于其中的液体受叶片推动而旋转，在离心力作用下沿着泵轮外环进入涡轮时，就在同一转向上给涡轮叶片以推力，使其带动生产机械运转。液力耦合器的动力传输能力与壳内相对充液量的大小是一致的。在工作过程中，改变充液率就可以改变耦合器的涡轮转速，做到无级调速，其特点为：

① 功率适应范围大，可满足从几十千瓦至数千千瓦不同功率的需要；

② 结构简单，工作可靠，使用及维修方便，且造价低；

③ 尺寸小，能量大；

④ 控制调节方便，容易实现自动控制。

五、巩固练习

选择题

① （单选题）三相异步电机采用 Y-△ 启动时，下列描绘中（　　）是错误的。

A. 正常运行时采用△接法　　　　　　　B. 启动时采用 Y 接法

C. 可以减小启动电流　　　　　　　　　D. 适合重载启动场合

② （多选题）想让三相异步电机转子反向旋转，如下说法正确的是（　　）。

A. 需要改变三相交流电源的相序

B. 需要旋转磁场反向旋转

C. 需要把三相定子绕组电源连接顺序对调

D. 需要改变转子感应电流方向正确

③ （多选题）关于笼型三相异步电机的变极调速，下列说法正确的有（　　）。

A. 变极的方法分单绕组变极和双绕组变极

B. 要实现变极，必须采用两套交流绕组

C. 采用变极调速可以实现转速的连续调节

D. 为保证转向不变，在变极的同时应改变电源相序

④ （多选题）三相异步电机调压调速时，下列说法正确的是（　　）。

A. 电压降幅过大会导致电机停转

B. 不影响电机的抗负载能力

C. 对于恒转矩负载，调速范围较小

D. 相较于恒转矩负载，于通风机负载的调速范围较大

⑤ （多选题）异步电机常用的制动方式为（　　）。

A. 能耗制动　　　　　　　　　　　　　B. 反接制动

C. 延边三角形降压　　　　　　　　　　D. 星形三角形降压

六、学习评价

评价要素	考核内容	配分	A	B	备注
工作准备（10%）	能够正确理解工作任务内容、范围及工作指令	3			
	准备工作场地及器材，能够识别工作场所的安全隐患	3			
	能正确使用维修手册查询资料	4			
知识目标（75%）	能口述三相异步电机控制的方式	4			

续表

评价要素	考核内容	配分	A	B	备注
知识目标 （75%）	能口述三相异步电机点动控制原理	4			
	能口述三相异步电机启动过程	4			
	能口述三相异步电机停止过程	4			
	能口述三相异步电机控制的工作原理	6			
	能口述三相异步电机简单的正反转控制原理	6			
	能口述 Y-△降压启动控制原理	6			
	能口述三相异步电机限位控制原理	6			
	能口述三相异步电机行程往返控制原理	6			
	能口述三相异步电机的调速方式	5			
	能正确使用万用表检测 A-B 相线圈	4			
	能正确使用万用表检测 A-C 相线圈	4			
	能正确使用万用表检测 B-C 相线圈	4			
	能正确使用万用表测量 A 相与外壳的绝缘性	4			
	能正确使用万用表测量 B 相与外壳的绝缘性	4			
	能正确使用万用表测量 C 相与外壳的绝缘性	4			
职业素养 （15%）	能进行设备和工具的安全检查	2			
	能进行车辆的安全防护操作	2			
	能进行工具的清洁、校准、存放操作	2			
	能进行"三不落地"操作	2			
	能进行工位 7S 操作	2			
	能正确、清晰地填写表单	5			
考核成绩		考评员签字：_____ 日　期：___年___月___日			

模块八　比亚迪 e5 驱动电机的认识与维修

一、学习目标

① 能口述比亚迪 e5 驱动电机的参数。
② 能口述比亚迪 e5 驱动电机的结构。
③ 能完成比亚迪 e5 驱动电机的拆装。
④ 养成认真学习的习惯。
⑤ 养成 5S 工作习惯。

扫一扫

看视频

二、基础知识

1. 比亚迪 e5 驱动电机的技术参数（表 3-8-1 和表 3-8-2）

表 3-8-1　动力总成技术参数

驱动电机最大输出转矩	310N·m/(0～4929r/min)/30s
驱动电机额定转矩	160N·m/(0～4775r/min)/持续
驱动电机最大输入功率	160kW/(4929～12000r/min)/30s
驱动电机额定功率	80kW/(4775～12000r/min)/持续
驱动电机最大输出转速（包括驱动最高输入转速和随动最高输入转速）	12000r/min
动力总成质量	103kg

表 3-8-2　速度传感器技术参数

工作环境温度	−40～150℃
储存温度	−40～80℃
工作电压	4.8～5V
目标轮转速	0～1285r/min

2. 比亚迪 e5 驱动电机的维修说明

（1）电动总成

① 单挡变速箱采用浸油润滑方式，润滑油采用齿轮油 SAE80W-90；当环境温度低于−15℃时，推荐使用齿轮油 SAE75W-90。

② 动力总成在分解修理后，再重新装到车上，变速箱需要加入 1.8L 润滑油（或观察油位至注油口位置处即停止加油）。

③ 电机和变速箱组装时，必须确保变速器前箱体导向端口和电机端口对正。注意保护变速器前箱体 O 形圈和变速器主轴密封圈。

（2）螺栓、螺母

电机端盖和总成合箱壳体上的螺栓或螺母，按对角线松开和拧紧，如果螺栓有裂纹或者损坏，请及时更换。

（3）轴承

① 安装时要用变速器润滑油润滑所有的轴承。也可以在内外圈与轴、箱体座孔结合的柱面上涂抹润滑脂。

② 安装过程中，采用规定的工装进行工作。

③ 同样尺寸的轴承外圈与内圈不可以更换（但变速器主轴前轴承内外圈无须考虑调整垫片因素，且产品本身具有良好的加工一致性，故条件紧张时，该轴承例外）。

④ 同一轴上的圆锥滚子轴承应同时更换，轴承型号应相同（包括副轴和差速器的轴承，而所用的四个轴承型号相同）。

3. 比亚迪 e5 驱动电机的结构

比亚迪 e5 采用的是交流无刷永磁同步电机，由比亚迪自主研发，结构简单、体积小、重量轻、损耗小、效率高；同时，比亚迪 e5 驱动电机的额定功率为 80kW，最大功率为 160kW，最大输出转矩为 310N·m，从静止加速到 100km/h 时间小于 14s，最高车速可达 130km/h，可提供高转速和大转矩（图 3-8-1）。

驱动电机由转子、定子、旋变传感器、水温传感器等组成，电机采用水冷方式。电机驱动汽车前进后退，也可以在滑行、制动过程中将动能转化为电能。

(a) 驱动电机　　　　　(b) 驱动电机结构　　　　　(c) 旋变传感器

图 3-8-1　比亚迪 e5 驱动电机

三、技能训练

1. 准备工作

用途类别	工具设备名称	单位	数量	备注
安全防护	车辆防护、个人绝缘防护用品、干粉灭火器	套	4	
设备与工具	查询维修手册、用计算机记录维修工单	套	1	
	维修工具车、零件车	台	1	含绝缘拆装工具
	手电筒	把	1	
车辆与配件	实训台架	辆	1	

2. 安全及注意事项

① 熟知并了解拆装驱动电机的安全注意事项。

② 在教师指导下操作翻转台架，严禁私自操作。

③ 务必确认翻转台架功能正常、翻转台架位置正确且翻转台架落锁后，才可作业；翻转台架过程中时刻观察车身是否倾斜，若倾斜需马上停止工作。

④ 合理规范地使用工具，未经允许禁止违规操作。

⑤ 正确穿戴绝缘防护用品。

3. 实操作业

① 本操作任务主要完成比亚迪 e5 驱动电机的拆卸与安装，请按下表进行拆装作业。

步骤	操作方法	操作记录
1. 准备工作	(1)做好个人绝缘防护和工作着装 (2)台架防护:放置好废液回收盘 (3)准备维修资料 (4)准备工具 (5)准备干粉灭火器	☐ 确认着装规范 ☐ 确认台架已做好防护 ☐ 确认资料与车型一致 ☐ 确认工量具齐全
2. 拆卸前的检查和试验	(1)电机拆卸前,要熟悉电机结构特点和检修技术要领;另外,要清理现场工具,电机外表吹风清扫干净	☐ 熟悉电机的结构 ☐ 清理现场工具,电机外表吹风清扫干净
	(2)向用户了解电机运行情况,必要时,也可做一次检查实验。将电机空转,测出空载电流和空载损耗,同时检查电机各部温度、声响、振动等情况,并测出电压、电流、转速等数据,这些情况和数据对检修后的电机质量检查有帮助	☐ 了解电机运行情况
	(3)在切断电源的情况下测出电机的绝缘电阻和直流电阻值,对于高压电机还可测出泄漏电流值,以备与检修后进行比较	☐ 检测并记录电机的绝缘电阻和直流电阻值
3. 拆卸旋变传感器	(1)拆卸旋变传感器固定螺栓 1 (2)取出旋变传感器 2 	☐ 拆卸旋变传感器固定螺栓 ☐ 取出旋变传感器

步骤	操作方法	操作记录
4. 拆卸温度传感器	(1)拆卸温度传感器固定螺栓1 (2)取出温度传感器2 1 — 2 —	□ 拆卸温度传感器固定螺栓 □ 取出温度传感器
5. 拆卸三相高压线束	(1)拆卸三相高压线束接线盒盖	□ 拆卸三相高压线束接线盒盖
	(2)拆卸三相高压线束固定螺栓1 2 — 1 — (3)取出三相高压线束2	□ 拆卸三相高压线束固定螺栓 □ 取出三相高压线束

续表

步骤	操作方法	操作记录
6. 拆卸电机端盖	(1)拆卸法兰面的固定螺栓 两个螺栓	□ 拆卸法兰面的固定螺栓
	(2)将端盖从电机壳体上拆下	□ 将端盖从电机壳体上拆下
	(3)由于之前装端盖时在接合面处涂抹了密封胶,因此在端盖拆下后要对电机内部进行清洁,不得让异物掉入电机内部	□ 清除密封胶
7. 拆卸转子	利用提转子工具取出电机转子1,再维修电机转子。维修完后装配转子,再安装端盖。注意:直接用手抽出转子,较重的转子要考虑起重工具和起重设备。为了一次抽出转子,在检修现场往往是在短轴端塞入一个"假轴",将轴接长,便可一次抽出转子 1	□ 取出转子

步骤	操作方法	操作记录
8. 拆卸定子	(1)拆卸固定接线座铜排和定子引出线的螺栓2 (2)拆卸固定定子六角头螺栓1 (3)将定子3从电机内取出维修 	☐ 拆卸固定接线座铜排和定子引出线的螺栓 ☐ 拆卸固定定子六角头螺栓 ☐ 取出定子
9. 拆卸电机旋变定子	(1)拆卸旋变定子固定螺栓1 (2)将定子引出线从旋变接插件中拔出后取出旋变定子2 	☐ 拆卸旋变定子固定螺栓 ☐ 取出旋变定子
10. 安装电机旋变定子	(1)将旋变定子安装至电机前端盖上	☐ 安装旋变定子
	(2)安装并紧固旋变定子固定螺栓	☐ 安装并紧固旋变定子固定螺栓

续表

步骤	操作方法	操作记录
11. 安装定子	(1)将电机定子安装到电机内	□ 将电机定子安装到电机内
	(2)安装并紧固接线座铜排和定子引出线的螺栓。标准力矩:12N·m	□ 安装并紧固接线座铜排和定子引出线的螺栓
	(3)安装并紧固定子六角头螺栓。标准力矩:25N·m	□ 安装并紧固定子六角头螺栓
12. 安装转子	将转子安装到电机内	□ 将转子安装到电机内
13. 安装电机端盖	(1)安装端盖时:先在箱体接合面处涂抹上密封胶,利用定位销对端盖与箱体进行定位	□ 在箱体接合面处涂抹密封胶
	(2)安装并紧固电机端盖螺栓。标准力矩:25N·m	□ 安装并紧固电机端盖螺栓
14. 安装三相高压线束	(1)将三相动力线束涂抹润滑油装入箱体	□ 将三相动力线束涂抹润滑油装入箱体
	(2)将六角头螺栓涂螺纹胶,固定三相动力线束法兰	□ 固定三相动力线束法兰
	(3)安装三相线端子接线座铜排上的螺栓	□ 安装三相线端子接线座铜排上的螺栓
	(4)安装接线盒盖,安装盒盖时,先在箱体接合面处涂抹密封胶	□ 在箱体接合面处涂抹密封胶
	(5)安装并紧固接线盒盖螺栓	□ 安装并紧固接线盒盖螺栓
15. 安装温度传感器	(1)将温度传感器安装到电机端盖上	□ 安装温度传感器
	(2)安装并紧固温度传感螺栓。标准力矩:12N·m	□ 安装并紧固温度传感螺栓
16. 安装旋变传感器	(1)将旋变传感器安装到电机端盖上	□ 安装旋变传感器
	(2)安装并紧固旋变传感螺栓。标准力矩:12N·m	□ 安装并紧固旋变传感螺栓
17. 完工整理	(1)工具设备整理、复位 (2)台架整理、复位 (3)场地整理	□ 完工整理

② 一辆比亚迪 e5 纯电动汽车,报驱动电机温度过高故障,需要更换驱动电机温度传感器,请写出更换电机温度传感器的步骤。

四、拓展提升

驱动电机常见的电气故障有线路连接异常、电机绕组绝缘、短路、断路、断相运行等,可以借助万用表、兆欧表和数字电桥等检测工具进行检测。

① 检查与电机驱动系统相关的电气连接是否正常。

② 驱动电机绕组三相母线绝缘性检测。

③ 驱动电机定子绕组断路检测。

④ 驱动电机三相绕组均衡性检测。

⑤ 电机旋转变压器检测。

驱动电机常见的机械故障主要有扫膛、振动、轴承过热、损坏等故障。

轴承精度不合格及端盖内孔磨损或端盖止口与机壳止口磨损变形，使电机壳、端盖、转子三者不同轴引起扫膛；转子动平衡不好、转子轴弯曲，端盖、机壳与转子不同轴心，紧固件松动等会引起振动；轴承的配合太紧或太松会引起轴承过热而使轴承损坏。

五、巩固练习

1. 判断题

① 比亚迪 e5 采用的是交流无刷永磁同步电机。（　　）

② 驱动电机由转子、定子、旋变传感器、水温传感器等组成。（　　）

③ 比亚迪 e5 驱动电机采用风冷方式。（　　）

④ 电机驱动汽车前进后退，也可以在滑行、制动过程中将动能转化为电能。（　　）

⑤ 动力总成在分解修理后，再重新装到车上，变速箱需要加入润滑油（观察油位至注油口位置处停止加油）。（　　）

⑥ 驱动电机常见的机械故障主要有扫膛、振动、轴承过热、损坏等故障。（　　）

2. 单项选择题

① 不属于常见驱动电机的电量参数的是（　　）。

A. 电压　　　　　　B. 电流　　　　　　C. 转矩　　　　　　D. 功率

② 比亚迪 e5 驱动电机的额定功率和最大功率为（　　）kW。

A. 80，100　　　B. 80，120　　　C. 80，140　　　D. 80，160

六、学习评价

评价要素	考核内容	配分	A	B	备注
工作准备 （10%）	能够正确理解工作任务内容、范围及工作指令	3			
	准备工作场地及器材，能够识别工作场所的安全隐患	3			
	能正确使用维修手册查询资料	4			
知识目标 （75%）	能口述比亚迪 e5 驱动电机的结构组成	10			
	能说出比亚迪 e5 驱动电机的参数（额定功率、最大功率、最大输出转矩、0～100km/h 加速时间、最高车速）	10			

评价要素	考核内容	配分	A	B	备注
知识目标 （75%）	能口述比亚迪 e5 驱动电机的维修说明	10			
	能正确找到比亚迪 e5 的驱动电机	5			
	能正确拆装比亚迪 e5 驱动电机部件	20			
	能说出驱动电机常见的电气故障有哪些	10			
	能说出驱动电机常见的机械故障有哪些	10			
职业素养 （15%）	能进行设备和工具的安全检查	2			
	能进行车辆的安全防护操作	2			
	能进行工具的清洁、校准、存放操作	2			
	能进行"三不落地"操作	2			
	能进行工位 7S 操作	2			
	能正确、清晰地填写表单	5			
考核成绩			考评员签字：_____ 日　期：___年___月___日		

模块九　比亚迪 e5 固定式减速器的结构与检修

一、学习目标

① 能口述比亚迪 e5 减速器的参数。
② 能口述比亚迪 e5 减速器的结构。
③ 能完成比亚迪 e5 减速器的拆装。
④ 养成认真学习的习惯。
⑤ 养成 5S 工作习惯。

扫一扫

看视频

二、基础知识

1. 比亚迪 e5 减速器的技术参数（表 3-9-1～表 3-9-3）

表 3-9-1　比亚迪 e5 减速器的技术参数

总减速比	9.342
一级传动比	3.158
主减速传动比	2.958
电机轴中心与差速器中心的距离	239mm

续表

变速箱润滑油量	1.8L
变速箱润滑油类型（冬季环境温度低于—15℃地区推荐换用齿轮油 SAE75W-90）	齿轮油 SAE80W-90

表 3-9-2　比亚迪 e5 减速器的速度传感器的技术参数

工作环境温度	—40～150℃
储存温度	—40～80℃
工作电压	4.8～5V
目标轮转速	0～1285r/min

表 3-9-3　比亚迪 e5 减速器的速度传感器的 P 挡电机技术参数

工作环境温度	—40～125℃
储存温度	—40～125℃
工作电压	12～16V
工作电流	10A

2. 比亚迪 e5 减速器的结构

比亚迪 e5 的机械减速装置采用的是一个具有固定传动比的二级减速装置，有两组齿轮副实现降速增矩，其总传动比为 9.342，也称为减速器总成。其结构与其他纯电动汽车的机械减速装置相同，主要由输入轴组件、中间轴组件和差速器总成组成，其采用浸油润滑方式（图 3-9-1）。

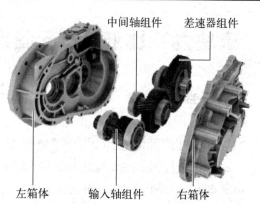

图 3-9-1　比亚迪 e5 减速器的结构

三、技能训练

1. 准备工作

用途类别	工具设备名称	单位	数量	备注
安全防护	车辆防护、个人防护用品	套	4	
设备与工具	查询维修手册、用计算机记录维修工单	套	1	
	维修工具车、零件车	台	1	含拆装工具
	手电筒	把	1	
车辆与配件	实训车辆	辆	1	

2. 安全及注意事项

① 熟知并了解减速器拆装的安全注意事项。

② 在教师的指导下进行操作。

③ 合理规范地使用工具，未经允许禁止违规操作。

3. 实操作业

按下表对减速器进行拆装作业。

步骤	操作方法	操作记录
1. 准备工作	(1)做好个人防护和工作着装 (2)台架防护：放置好废液回收盘 (3)准备维修资料 (4)准备工具	□ 确认着装规范 □ 确认车辆或台架已做好防护 □ 确认资料与车型一致 □ 确认工量具齐全
2. 排放减速器冷却油	分别打开放、注油塞,将箱体内的润滑油排放干净,同时请检查放油螺塞组件和O形圈是否完好,如果已损坏,应更换完好的零件 注油处 放油处	□ 排放减速器冷却油
3. 放置减速器	将减速器放置稳固,推荐置于格栅状的木架上,以保证在接下来拆箱过程中主轴、差速器半轴或者箱体的高点不至于和地面等有接触磨损 插入格板的间隙中	□ 正确放置减速器
4. 拆卸P挡电机	(1)拆卸固定P挡电机6的3个螺栓5 (2)将P挡电机和变速箱外接件线束支架4从变速器箱体上取下	

步骤	操作方法	操作记录
4. 拆卸 P 挡电机	（3）拆卸 P 挡盖 3 的 4 个螺栓 9；通气管 8 和通气管帽 7 可以不必拆开 （4）拆卸 P 挡座组件 1 上的 P 挡座板螺栓 2 （5）用一字螺丝刀垫一块布在后箱体 P 挡密封面上，轻翘 P 挡座板，即可连带 P 挡座板销 10 一起取下 P 挡座组件 5　4　　3　2 1 6 7 8 9 10	☐ 拆卸固定 P 挡电机的 3 个螺栓 ☐ 取下线束支架 ☐ 拆卸 P 挡盖的 4 个螺栓 ☐ 拆卸 P 挡座组件上的 P 挡座板螺栓 ☐ 取下 P 挡座组件
5. 分离差速器半轴	差速器半轴组件拆卸，只需拧松差速器半轴螺栓即可，在差速器半轴端面处可以看到半轴螺栓	☐ 分离差速器半轴
6. 分离前后箱体	（1）交错松开并拆卸连接固定变速器前后箱体的螺栓 5 和 1 （2）将后箱体 2 与前箱体 4 分离拆分箱体时，前箱体上的磁铁会从磁铁槽中掉出，注意保管，副轴轴承外圈 3 可能从差速器轴承孔和副轴轴承孔脱出，属于正常现象 1 4 3 2 5	☐ 拆卸连接固定变速器前后箱体的螺栓
	（3）检查螺栓螺纹部分是否有损坏，如果有损坏，应更换完好的螺栓。注意：在拆分过程中，保护好前箱体与后箱体接触的面，防止此面损伤，如期间用了一字螺丝刀，也依然按照垫块布的方法加以保护	☐ 检查螺栓螺纹部分是否有损坏 ☐ 正常　　☐ 异常

步骤	操作方法	操作记录
	齿轮组件还未取下之前,先转动主轴或者主减速从动齿轮,看整个齿轮轮系是否有卡滞。查看 3 所示的 4 个副轴轴承、1 和 2 所示的主轴前轴承内外圈是否有磨损、变形,如果有磨损变形,应更换相同型号的轴承(包括 4 主轴后轴承也同理) 副轴齿轮和下部轴承拆卸示意图	☐ 检查齿轮组件 ☐ 正常　　☐ 异常
7. 拆分齿轮组	注意:主轴前轴承内圈 1 用工装无法拆出,只能在车床上夹住主轴,车削掉轴承内圈,低挡缓进给切削,期间随时补充切削液冷却刀头。不推荐用砂轮磨掉内圈,那样容易影响主轴起安装定距作用的一些关键尺寸 　以下是拆卸副轴轴承和齿轮的工装。先将副轴组件 2 放入副轴齿轮上,拆卸下工装底座 3,设计上要尽量保证底座的稳固,在副轴齿轮上施加力拆卸工装顶面,将副轴齿轮和下面的轴承一并拆出 副轴齿轮和下部轴承拆卸示意图	☐ 认真阅读注意事项
	检查差速器有无异常,和副轴一样需要关注的是副轴调整垫片是否需要更换,若齿轮、差速器壳体、轴承无任何异常,则装回去时不必更换。差速器壳体和主减速从动齿轮靠 12 个铆钉固联。若齿轮有失效情况,建议整个差速器组件做更换处理	☐ 检查差速器是否有异常 ☐ 正常　　☐ 异常

步骤	操作方法	操作记录
8. 差速器组件的清洗和组装	将圆锥滚子轴承、差速器壳体表面的粉尘、铁屑等杂质用煤油油液清洗干净,完成副轴轴承内圈和差速器组件的组装;将清洗干净的主减速器从动轮用差速器螺栓固定于差速器壳体上	☐ 清洗差速器组件 ☐ 安装差速器
9. 副轴组件的清洗和组装	将粉尘、铁屑等杂质清洗干净,转动行星齿轮或半轴齿轮,一是看看是否有卡滞,二是便于深度清洁。注意保管好差速器半轴固定环(在半轴齿轮的小端靠行星齿轮轴的位置)	☐ 清洗副轴组件 ☐ 安装副轴组件
10. 主轴组件的清洗和组装	将球轴承、圆柱滚子轴承、主轴、主轴定距环和P挡棘轮表面的粉尘、铁屑等杂质用煤油油液清洗干净,并组装	☐ 清洗主轴组件 ☐ 安装主轴组件
11. 变速器前箱体的清洗和副轴轴承外圈的安装	将变速器前箱体表面的粉尘、铁屑等杂质清洗干净。注意将合箱面的胶渍处理干净 可使用适量的有机溶剂。结合美工刀的背面对合箱面进行剐蹭处理,如发现有高点,注意刮平 差速器和副轴的圆锥滚子轴承外圈　施加力的方向 副轴轴承外圈工装	☐ 清洗变速器前箱体表面 ☐ 安装副轴轴承外圈
12. 安装差速油封和主轴油封	从2和3工装的柄梢部轻敲,直至油封到位。注意:到位不是指贴到圆环面上 3 2 4　1　5 1—主轴油封;2—主轴油封工装;3—差速器油封工装;4—差速器右油封;5—前箱体	☐ 安装差速油封 ☐ 安装主轴油封

步骤	操作方法	操作记录
13. 减速器前箱体其他零件的组装准备	将定位销、主轴油封、磁铁、六角法兰面螺栓等零件表面的粉尘、铁屑清洗干净，并将前三种物料装入变速器前箱体，其中定位销是空心的，轻轻敲入箱体中即可	□ 减速器前箱体其他零件的组装准备
14. 减速器后箱体的清洗	将变速器后箱体表面的粉尘、铁屑等杂质清洗干净	□ 减速器后箱体的清洗
15. 差速器油封的组装	将差速器油封表面的粉尘、铁屑等杂质清洗干净，将差速器油封装入变速器后箱体	□ 差速器油封的组装
16. 选择合适的副轴和差速器调整垫片	过程分为测高度和深度两个步骤 (1)测高度 　先将前箱体放置在工作台上，保持前后箱合箱面向上且尽量水平。用高度尺测量如图中 B 和 C 两个面(副轴轴承的外圈端面)距 A 面(前后箱合箱面)的距离。测量时，首先确认合箱面足够平整，如仍有胶渍请注意清除。选择一个合适的位置固定住高度尺的底座，最好两人配合测量，一人把持住尺，并压住待测的副轴组件或者是差速器组件，对于每个组件都需要测量至少三次，期间转动组件并适当调整外圈角度。保证另一人在测量时对于同一组件的结果(H_1 和 H_2 的值)偏差在 0.05mm 以内。 测高度示意图如下 H_1合箱面到副轴装在后箱体的轴承外圈端面高度　H_2合箱面到差速器装在后箱体的轴承外圈端面高度	□ 测高度
	(2)测深度 　将后箱体放置在工作台上，保持前后箱合箱面向上且尽量水平。用深度尺测量如图中 B 和 C 两个面(轴承安放的两个轴承孔座的环面)距 A 面(前后箱合箱面)的距离。测量时，首先确认合箱面足够平整，如仍有胶渍请注意清除。选择一个合适的位置固定测量基准板。最好两人配合测量，一人把持住基准板并适当调整位置，使得测量者可以在底孔环状沿上测量多次。对于同一组件的结果(D_1 和 D_2 的值)偏差在 0.05mm 以内可结束测量。测深度示意图如下	□ 测深度

步骤	操作方法	操作记录
	D_1合箱面到后箱体的轴承座孔外圈安装端面的深度 D_2合箱面到后箱体的轴承孔座外圈安装端面的深度	□ 测深度
16. 选择合适的副轴和差速器调整垫片	确定副轴和差速器调整垫片的厚度尺寸： $i_1=D_1-H_1+(0.05\sim0.1)$，$i_1$ 为在副轴垫片选择时，深度和高度之间的差值，即间隙 $i_2=D_2-H_2+(0.05\sim0.1)$，$i_2$ 为在差速器垫片选择时，深度和高度之间的差值，即间隙 副轴调整垫片的组别如下所示，基本上选择的范围不会超过下表，但不排除零件中有影响到组件装配的尺寸超差。届时还应联系技术人员确认尺寸链各相关尺寸值	□ 确定副轴和差速器调整垫片

序号	厚度/mm	标记	厚度/mm	标记	厚度/mm
1	0.60	7	0.90	13	1.20
2	0.65	8	0.95	14	1.25
3	0.70	9	1.00	15	1.30
4	0.75	10	1.05	16	1.35
5	0.80	11	1.10	17	1.40
6	0.85	12	1.15	18	1.45

步骤	操作方法	操作记录
	将选择好合适厚度的调整垫片放入后箱体，依次装入轴承外圈、副轴组件及差速器壳体组件 如图所示，均匀施加力至副轴轴承外圈工装柄梢部，实际上目前外圈和箱体之间的配合接近过度，很容易安装到位，差速器上的轴承外圈也同理。切记，在装外圈之前先放垫片，且区分选好的用在两处轴承座孔的副轴调整垫片	□ 安装调整调片

步骤	操作方法	操作记录
16. 选择合适的副轴和差速器调整垫片	施加力的方向 副轴轴承外圈工装 主轴后轴承是深沟球轴承,连同主轴放入轴承孔即可 差速器和副轴的圆锥滚子轴承外圈	□ 安装调整调片
17. 减速器前后箱合箱	(1)合箱前检查有无零件漏装,尤其是两个空心合箱定位销和磁铁,关注其是否安装到位	□ 确认无漏装零件
	(2)将主轴组件、副轴组件及差速器组件放入后箱体。期间微调各组件(转动),以便安装过程顺畅	□ 主轴组件、副轴组件及差速器组件放入后箱体
	(3)在后箱合箱面上涂合箱密封胶,密封胶条出枪口的直径为(2.5±0.5)mm,沿合箱螺栓的内沿打胶,如有断续,要一一补全 推荐密封胶:汉高 5900h。若采取前箱体在上压实密封胶的合箱方法,最好在前箱外壁放一块磁铁,吸出前箱体的磁铁,防止其未从磁铁槽脱出 合箱时用橡胶锤轻轻敲打箱体外壁。注意保护主轴油封	□ 涂密封胶
	(4)对角紧固合箱螺栓,做好漆标。标准力矩:20~25N·m	□ 对角紧固合箱螺栓 □ 使用扭力扳手紧固 □ 做漆标
18. 安装 P 挡机构	(1)确认 P 挡机构在装前处于棘爪回位状态	□ 确认 P 挡机构在装前处于棘爪回位状态
	(2)将与 P 挡机构相关的 P 挡座组件、P 挡盖、P 挡电机在后箱体上装好,注意通气管和通气管帽的安装。P 挡座组件装配时,P 挡座板销先固定在后箱体上,P 挡座组件带上 3 个 P 挡座板螺栓,拧至一半时,敲 P 挡座板至与后箱体安装面贴合,再拧紧 P 挡座板螺栓、做好漆标。此时转动主轴仍保持灵活无卡滞状态	□ 安装 P 挡机构
19. 安装放油螺栓	待密封胶完全凝固之后,两个放油螺塞组件拧在后箱的注放油位置。扭紧至 O 形圈压缩一半为宜,再多容易造成 O 形圈老化,少了可能起不到密封效果	□ 安装放油螺栓

续表

步骤	操作方法	操作记录
20. 检查减速器密封性	将变速器箱体静置，从注油处加入 1.8～2.0L 齿轮润滑油。观察是否有渗漏现象，如果有渗漏，将相应部位拆开，重新进行密封处理	□ 密封性良好
21. 减速器整体检查	待确认箱体无漏油后，再次检查变速器主轴转动是否灵活，无异响；P 挡机构活动正常，动作准确	□ 检查变速器主轴转动灵活，无异响 □ 正常　　□ 异常 □ P 挡机构活动正常，动作准确 □ 正常　　□ 异常
22. 完工整理	(1)工具设备整理、复位 (2)车辆整理、复位 (3)场地整理	□ 整理完成

四、拓展提升

减速器日常检查：检查减速器表面是否有泄漏或者破损，若发现有破损或者漏油等异常状况应立即停止使用车辆，并将车辆移至厂家指定维修站点。

五、巩固练习

1. 单项选择题

① 比亚迪 e5 的减速装置采用的是一个具有固定传动比的二级减速装置，其总传动比为（　　）。

A. 9.342　　　　　　B. 9.123　　　　　　C. 10.342　　　　　　D. 10.123

② 减速器的作用是（　　）。

A. 减速减扭　　　　B. 减速增扭路　　　　C. 增速减扭　　　　D. 增速增扭

③ 关于减速器下面说法错误的是（　　）。

A. 拆装减速器需要戴好防护用具

B. 减速器的拆装不需要排放冷却液油

C. 齿轮组件还未取下之前，先转动主轴或者主减速从动齿轮，可看整个齿轮轮系是否有卡滞

D. 需将差速器组件进行清洁再组装

2. 简答题

① 如何排放减速器冷却油？

② 如何分离差速器半轴？

③ 如何分离变速器前后箱体？

④ 如何选择合适的副轴和差速器调整垫片？

⑤ 一辆比亚迪 e5 纯电动汽车，更换减速器油液后，需添加多少?

⑥ 一辆比亚迪 e5 纯电动汽车，无法挂入 P 挡，经检查需要更换 P 挡机构，请写出更换 P 挡机构的步骤?

六、学习评价

评价要素	考核内容	配分	A	B	备注
工作准备 （10%）	能够正确理解工作任务内容、范围及工作指令	3			
	准备工作场地及器材，能够识别工作场所的安全隐患	3			
	能正确使用维修手册查询资料	4			
知识目标 （75%）	能口述比亚迪 e5 减速器的作用	5			
	能口述比亚迪 e5 减速器的参数	10			
	能口述比亚迪 e5 减速器的组成	10			
	能口述比亚迪 e5 减速器的润滑方式	5			
	能找到比亚迪 e5 的减速器	5			
	能正确排放比亚迪 e5 减速器冷却油	15			
	能完成比亚迪 e5 减速器的拆装	25			
职业素养 （15%）	能进行设备和工具的安全检查	2			
	能进行车辆的安全防护操作	2			
	能进行工具的清洁、校准、存放操作	2			
	能进行"三不落地"操作	2			
	能进行工位 7S 操作	2			
	能正确、清晰地填写表单	5			
考核成绩			考评员签字：_____ 日　　期：___年___月___日		

模块十　纯电动汽车驱动电机故障案例分析

一、学习目标

① 能完成纯电动汽车驱动电机故障的诊断。

② 能口述纯电动汽车驱动电机常见故障。

③ 养成认真学习的习惯。

④ 养成 5S 工作习惯。

二、基础知识

1. 驱动电机系统的故障分类

根据故障的危害程度，驱动电机系统的故障可分为致命故障、严重故障、一般故障、轻微故障四级（表 3-10-1）。

表 3-10-1　驱动电机系统的故障分类

故障等级	故障类型	故障特性描述
1 级	致命故障	(1)危害人身安全 (2)影响行车安全 (3)对周围环境造成严重危害 (4)造成车辆在故障发生地不能行驶 (5)主要零部件功能失效 (6)引起整车其他相关主要零部件严重损坏
2 级	严重故障	(1)造成车辆不能正常行驶,但可以从发生故障地点移动到路边,等待救援 (2)性能发生较明显的衰退
3 级	一般故障	(1)非主要零部件故障,可以从发生故障地点非正常开到停车场 (2)非主要零部件故障,能用易损备件和随车工具在短时间内排除
4 级	轻微故障	(1)不需要更换零部件,车辆仍能正常行驶 (2)不需要更换零部件,可用随车工具在短时间内排除

2. 驱动电机常见的故障

（1）电机启动困难或不启动（表 3-10-2）

表 3-10-2　电机启动困难或不启动

序号	原因	修理方法
1	电源电压过低	调整电压到所需值
2	电机过载	减轻负载后再启动
3	机械卡住	检查后先停车解除机械锁止,然后启动电机

（2）电机运行温升高（表 3-10-3）

表 3-10-3　电机运行温升高

序号	原因	修理方法
1	负载过大	减轻负载
2	电机扫堂	检查气隙及转轴、轴承是否正常
3	电机绕组故障	检查绕组是否有接地、短路、断路等故障,给予排除
4	电源电压过高、过低或三相不平衡	检查电源调整电压值,使其符合要求

（3）电机运行时振动过大（表 3-10-4）

表 3-10-4 电机运行时振动过大

序号	原因	修理方法
1	定子三相电压不对称	检查电源供三相电平衡
2	铁芯转配不平衡	重新拧紧拉紧螺杆或在松动的铁芯片中打入楔子固定
3	定子绕组并联支路中某支路断开	检查直流电阻，然后焊接
4	定转子气隙不均	调整电机气隙，使其均匀
5	电机底座和基础板不坚固	紧固电机地脚螺栓，加强基础
6	联轴器松动	拧紧连接螺栓，必要时更换螺栓
7	转轴弯曲	进行调直或更新
8	转子磁极松动	检查固定键，重新紧固
9	负载不平衡	检查机械负载故障并排除
10	机组定中心不好	重新定中心
11	基础自由振动频率与电机的振动频率接近	改变基础的自由振动频率，使两者不产生共振
12	转子不平衡	做平衡检查实验

3. 驱动电机系统的故障模式

（1）损坏型故障模式

损坏型故障模式主要包括断裂、碎裂、裂纹、开裂、点蚀、烧蚀、击穿、变形、压痕、烧损、磨损和短路。

① 断裂。断裂是指具有有限面积的几何表面分离，发生位置在控制器的壳体、电机机座、端盖等。

② 碎裂。碎裂是指零部件变成许多不规则形状的碎块的现象，发生位置在轴承、转子花键等。

③ 裂纹。裂纹是指在零部件表面或内部产生的微小的裂纹，发生位置在控制器的壳体、电机机座、端盖等。

④ 开裂。开裂是指焊接处、钣金件、非金属件产生的可见裂纹，发生位置在绝缘板、接线板、电缆线等。

⑤ 点蚀。点蚀是指零部件表面产生的点状剥蚀，发生位置在电机花键。

⑥ 烧蚀。烧蚀是指零部件表面因局部熔化而发生的损坏，发生位置在断路器。

⑦ 击穿。击穿是指绝缘体丧失绝缘，出现放电现象，造成损坏，发生对象为电机绕组、电容、功率器件等。

⑧ 变形。变形是指零部件在外力作用下改变原有形状的现象，如电机转轴的弯曲或扭转变形，控制器外壳的变形等。

⑨ 压痕。压痕是指零部件表面产生的凹状痕迹，如转子花键表面的压痕。

⑩ 烧损。烧损是指由于运行温度超过零部件的允许温度，且持续一定时间，造成全部或部分功能失效，发生位置在定子绕组、功率器件、电容、电路板、风机、电机等。

⑪ 磨损。磨损是指由于摩擦使相互配合零件表面磨蚀严重而影响该对零部件正常工作的物理现象，或非配合零部件表面磨蚀严重而影响其中一个零部件正常工作的物理现象，如电缆线、连接线等。

⑫ 短路。短路是指电路中不同电位之间由于绝缘损坏发生线路短路。

（2）退化型故障模式

退化型故障模式主要包括老化、剥离、异常磨损、腐蚀和退磁。

① 老化。老化是指非金属零部件随使用时间的增长或周围环境的影响，性能衰退的现象，如绝缘板、密封垫、密封圈等的老化。

② 剥离。剥离是指金属、非金属或油漆层以薄片状与原表面分离的现象。

③ 异常磨损。异常磨损是指运动零部件表面产生的过快的非正常磨损，如转子花键的磨损。

④ 腐蚀。腐蚀是指外壳、电连接器、电路板的氧化、锈蚀。

⑤ 退磁。退磁是指永久磁体退磁。

（3）松脱型故障模式

松脱型故障模式主要包括松动和脱落。

① 松动。松动是指连接件丧失应具有的紧固力或过盈失效，如连接螺栓、轴承、转子铁芯等。

② 脱落。脱落是指连接件丧失连接而造成的零部件分离的现象，如悬挂点的连接等。

（4）失调型故障模式

失调型故障模式主要包括间隙超差、干涉和性能失调。

① 间隙超差。间隙超差是指触点间隙或配合间隙超出规定值而影响功能的现象，如接触器、轴承等的间隙超差。

② 干涉。干涉是指运动部件之间发生相碰或不正常摩擦的现象，如风机叶片与风罩、速度传感器与齿盘、电机定子与转子之间的干涉等。

③ 性能失调。性能失调是指关键输出量不稳定，如输出转矩、转速的振荡、不稳定。

（5）堵塞与渗漏型故障模式

堵塞与渗漏型故障模式主要包括堵塞、漏水和渗水。

① 堵塞。堵塞是指在管路中流体流动不畅或不能流动的现象，如液冷电机和控制器的管路。

② 漏水。漏水是指在密闭的管道及容器系统中，有液体成滴或成流泻出的

现象。

③ 渗水。渗水是指在水密闭的管道及容器系统中，有液体痕迹，但不滴落的现象。

（6）性能衰退或功能失效型故障模式

性能衰退或功能失效型故障模式主要包括性能衰退、功能失效、公害限值超标、异响和过热。

① 性能衰退。性能衰退是指在规定的行驶里程或使用寿命内，驱动电机及控制器的性能低于技术条件规定的指标的现象，如最大输出转矩、功率出现明显下降造成整车动力性能下降。

② 功能失效。功能失效是指由于某一局部故障导致驱动电机或控制器某些功能完全丧失的现象。

③ 公害限值超标。公害限值超标是指产品的噪声超过规定的限值。

④ 异响。异响是指驱动电机或控制器工作时发出非正常的声响。

⑤ 过热。过热是指驱动电机或控制器的整体或局部的温度超过规定值。

三、技能训练

1. 准备工作

用途类别	工具设备名称	单位	数量	备注
安全防护	车辆防护、个人防护用品	套	4	
设备与工具	查询维修手册、用计算机记录维修工单	套	1	
	维修工具车、零件车	台	1	含拆装工具、万用表、绝缘测试仪、新能源汽车诊断仪
	手电筒	把	1	
车辆与配件	实训车辆	辆	1	

2. 安全及注意事项

① 熟知并了解检测驱动电机安全注意事项；

② 合理规范地使用工具，未经允许禁止违规操作；

③ 在教师的指导下进行检查；

④ 正确使用检查设备及仪器。

3. 实操作业

① 按下表对驱动电机进行诊断作业。

步骤	操作方法	操作记录
1. 准备工作	（1）做好个人绝缘防护和工作着装 （2）车辆防护：安装方向盘三件套与前翼子板布和前格栅布	□ 确认着装规范 □ 确认车辆或台架已做好防护

续表

步骤	操作方法	操作记录
1. 准备工作	(3)准备维修资料 (4)准备工具 (5)准备干粉灭火器	□ 确认资料与车型一致 □ 确认工量具齐全
2. 确定驱动电机故障现象	故障现象是排查故障的基础,当车辆发生故障的时候,一定要准确地记录故障现象,包括车内故障现象、车外故障现象、仪表提示等	□ 确定驱动电机故障现象
3. 确定排除故障方向	电动汽车电子元器件众多,当发生故障时,往往牵一发而动全身,一个故障伴生多个故障现象,此时要抽丝剥茧,借助解码仪等工具,从众多的故障表象中,找到排故的思路	□ 确定排除故障方向
4. 确定故障范围	有了排故思路之后,需要结合故障现象、仪表提示、故障码、数据流等信息,综合推测故障发生的可能原因,为后面的检测作业提供明确的方向 例如:造成驱动电机运行温升高故障的原因其实主要有四方面: (1)负载过大 (2)电机扫膛 (3)电机绕组故障 (4)电源电压过高、过低或三相不平衡	□ 确定故障范围
5. 标准作业维修	借助测量工具(如万用表、示波器、绝缘电阻测试仪等),验证推测的故障原因	□ 正确使用仪器和设备
6. 确认故障排除	根据实际的测量数据,判断故障点,并进行恢复。完成之后,上电验证故障是否排除,清除故障码	□ 确认故障排除
7. 完工整理	(1)工具设备整理、复位 (2)车辆整理、复位 (3)场地整理	□ 完工整理

② 一辆比亚迪 e5 纯电动汽车在行驶时出现温度过高现象,需对驱动电机总成进行检查,根据所学知识写出故障原因和解决措施。

四、拓展提升

1. 驱动电机系统维护保养周期
定期维护保养:1 次/6 个月或者 1 万千米。

2. 定期维护保养方案
① 对驱动电机、驱动电机控制器表面进行清洁(需下电)。

② 检查高、低压线束插件是否插接牢靠(需下电)。

③ 检查副水箱中的冷却液是否充足,各水管接头有无滴漏现象(需下电)。

④ 检查风扇、水泵是否工作正常。

⑤ 检查车辆运行过程中驱动电机是否有异响；注意区分是机械噪声（类似"咔咔""哒哒"声），还是电磁噪声（类似"滋滋"，频率高，刺耳），如果是后者，可暂时不考虑处理。

⑥ 检查驱动电机安装是否牢靠，紧固螺栓是否松动。

⑦ 检查驱动电机与减速器轴花键状态，如花键表面油脂有流失，需及时补充（该操作可以 1 万～2 万千米做一次）。

五、巩固练习

1. 选择题

① （单选题）造成车辆不能正常行驶，但可以从发生故障地点移动到路边，等待救援。属于（　　　）。

A. 致命故障（1 级）　　　　　　　B. 严重故障（2 级）

C. 一般故障（3 级）　　　　　　　D. 轻微故障（4 级）

② （多选题）造成驱动电机运行温升高故障的原因其实主要有（　　　）。

A. 负载过大

B. 电机扫堂

C. 电机绕组故障

D. 电源电压过高、过低或三相不平衡

2. 简答题

① 写出驱动电机的常见故障。

② 写出电机启动困难或不启动的原因和解决办法。

③ 写出至少三个电机运行时振动过大的原因及其解决办法。

④ 写出驱动电机系统的故障模式有哪些？

⑤ 造成驱动电机运行温升高故障的原因其实主要有哪四方面？

六、学习评价

评价要素	考核内容	配分	A	B	备注
工作准备（10%）	能够正确理解工作任务内容、范围及工作指令	3			
	准备工作场地及器材，能够识别工作场所的安全隐患	3			
	能正确使用维修手册查询资料	4			
知识目标（75%）	能口述驱动电机系统的故障分类	5			
	能口述电机启动困难或不启动的原因及处理办法	5			

评价要素	考核内容	配分	A	B	备注
知识目标 （75%）	能口述电机运行温升高的原因及处理办法	5			
	能口述电机运行时振动过大的原因及处理办法	5			
	能口述驱动电机系统的故障模式	5			
	能口述损坏型故障模式包括哪些	5			
	能口述退化型故障模式包括哪些	5			
	能口述松脱型故障模式包括哪些	5			
	能口述失调型故障模式包括哪些	5			
	能口述堵塞与渗漏型故障模式包括哪些	5			
	能够确定驱动电机故障现象	5			
	能够进行驱动电机故障诊断与排除	20			
职业素养 （15%）	能进行设备和工具的安全检查	2			
	能进行车辆的安全防护操作	2			
	能进行工具的清洁、校准、存放操作	2			
	能进行"三不落地"操作	2			
	能进行工位 7S 操作	2			
	能正确、清晰地填写表单	5			
考核成绩			考评员签字：_____ 日　　期：___年___月___日		

纯电动汽车电控系统

新能源汽车电控系统需适应频繁启停与加减速，低速时要求高转矩、高速时要求低转矩，而混合动力汽车电控系统需具备驱动电机启动、发电、制动能量回收等特殊功能。因此，新能源汽车电控系统需具有高控制精度、高动态响应速率，并提供高安全性与可靠性。

绝缘栅双标型晶体管（IGBT）功率模块作为新能源汽车电控系统的关键技术，在满足整车动力性指标的前提下，还需具备合适的功率电子电路设计选型、功能完整的控制电路架构、可靠的电磁兼容与散热能力等条件，以保证电控系统长时间的稳定运行。

在国家政策推动及市场牵引下，中国 IGBT 行业迅速发展，已逐步形成了 IDM 模式与代工模式的 IGBT 完整产业链，进一步提升了 IGBT 的国产化进程。

① 在 IGBT 芯片技术方面：以中国中车为代表的中国本土领先 IGBT 供应商已建成全球第二条、中国首条 8in IGBT 芯片专业生产线，具备年产 12 万片并配套形成年产 100 万个 IGBT 模块的自动化封装测试能力，芯片与模块电压范围实现 650～6500V 的全覆盖，且成功实现首批 8in 1700V IGBT 芯片下线，8in 3300V 芯片已完成试制与测试。

前桥电驱动装置控制单元
(功率电子装置)

前桥电驱动装置电机

② 在 IGBT 模块技术方面：封装 IGBT 模块所用芯片仍由英飞凌、ABB 等国际供应商提供。

模块一 驱动电机控制器的认识与检修

一、学习目标

① 能口述驱动电机控制器的组成。
② 能口述驱动电机控制器的工作原理。
③ 能找到驱动电机控制器的位置。
④ 能口述驱动电机控制器的作用。
⑤ 养成认真学习的习惯。
⑥ 养成 5S 工作习惯。

扫一扫

看视频

二、基础知识

1. 驱动电机控制器的概述

电机控制器是控制动力电池与驱动电机之间能量传输的装置，是控制电机驱动整车行驶的控制单元，属于纯电动汽车的核心零部件。

2. 驱动电机控制器的作用

电机控制器在纯电动汽车中主要作用是连接动力电池与驱动电机。它根据整车的需求，从动力电池获得直流电，经过逆变器的调制，获得驱动电机需要的交流电，提供给驱动电机，使得驱动电机的转速和转矩满足整车的加速、减速、制动、停车等需求（图 4-1-1）。

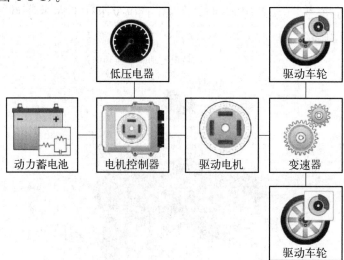

图 4-1-1　驱动电机控制系统的连接

电机控制器的功能及复杂度会随驱动电机工况的需要而不同。纯电动汽车的电机控制器一般应具有以下作用。

（1）把直流电变成交流电

动力电池提供的是直流电，而驱动电机需要的是交流电，因此电机控制器必须把动力电池提供的直流电转换成驱动电机需要的交流电。

（2）控制驱动电机的正向旋转和反向旋转

燃油汽车的前进和后退主要依靠变速器的前进挡和倒挡，但纯电动汽车的前进和后退主要依靠驱动电机的正向旋转和反向旋转，因此，电机控制器应该能够根据纯电动汽车的前进和后退的需求控制驱动电机的正向旋转和反向旋转。

（3）控制驱动电机的输出

纯电动汽车有各种不同的行驶工况，这些行驶工况对驱动电机的动力输出和转速输出的要求是不一样的，电机控制器应能够根据纯电动汽车的行驶工况控制驱动电机的输出，以满足纯电动汽车行驶的需求。例如纯电动汽车启动时需要较大的启动转矩，这就要求电机控制器在低速时能控制驱动电机输出较大的电流；纯电动汽车巡航行驶时，需要稳定的输出力矩，这就要求电机控制器在巡航时能控制驱动电机输出稳定的电流。纯电动汽车行驶时，驾驶员踩加速踏板时，整车控制器将加速踏板开度大小换算为正转矩值大小，通过 CAN 报文发送给电机控制器，电机控制器按照该转矩值控制驱动电机输出，以驱动纯电动汽车行驶。

（4）控制能量回收

纯电动汽车减速或制动时，电机控制器将驱动电机作为发电机运行时产生的三相交流电，经过整流变成直流电反馈到动力电池，实现能量回收，提高纯电动汽车的续驶里程。驾驶员踩制动踏板时，整车控制器根据制动踏板信号及车速信号，将负转矩值通过 CAN 报文发送给电机控制器，电机控制器按照该转矩值控制驱动电机发电，并将能量反馈到动力电池，实现能量回收。

（5）实现 CAN 通信

电机控制器具备高速 CAN 网络通信功能，能根据整车 CAN 协议内容正确地进行 CAN 报文发送、接收及解析，有效地实现各系统及整车功能策略，控制驱动电机系统安全可靠运行，确保车辆安全行驶。

（6）主动放电功能

电机控制器内含大容量电容，考虑到电容自行放电时间长和存在高压安全风险，故电机控制器需具备主动放电功能。主动放电的含义是当电机控制器高压电源被切断后，切入专门的放电回路，电机控制器支撑电容快速放电过程。主动放电的要求是电机控制器进行主动放电时，支撑电容放电至 60V 所需时间应不超过 3s。

（7）安全保护功能

电机控制器应具备故障检测、故障提醒、故障处理等安全保护功能；能有效根据故障危害程度进行故障报警、停机等方式分级处理，在确保产品及整车使用安全的同时更好地满足纯电动汽车的行驶需要。

从外部看，一般的电机控制器最少具备两对高压接口和一个低压接头。高压输入接口用于连接动力电池包；高压输出接口连接驱动电机，提供控制电源。所有通信、传感器、低压电源等都要通过低压接头引出，连接到整车控制器和动力电池管理系统（图 4-1-2）。

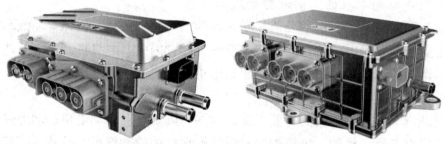

图 4-1-2　某车型驱动电机控制器

3. 驱动电机控制器的组成

电机控制器主要由电子控制模块、驱动模块、功率变换模块和传感器组成。

（1）电子控制模块

电子控制模块包括硬件电路和相应的控制软件。硬件电路主要包括微处理器及其最小系统，对驱动电机电流、电压、转速、温度等状态的监测电路，各种硬件保护电路，以及与整车控制器、蓄电池管理系统等外部控制单元进行数据交互的通信电路。控制软件根据不同类型驱动电机的特点实现相应的控制算法。

（2）驱动模块

驱动模块将驱动电机的控制信号转换为驱动功率变换器的驱动信号，并实现功率信号和控制信号的隔离。

（3）功率变换模块

功率变换模块对驱动电机电流进行控制。纯电动汽车经常使用的功率器件有大功率晶体管、门极可关断晶闸管、功率场效应管、绝缘栅双极型晶体管以及智能功率模块等。

（4）传感器

传感器主要包括电流传感器、电压传感器、温度传感器。电流传感器用以检测供给驱动电机工作的实际电流（包括母线直流电流、三相交流电流）；电压传感器用以检测供给电机控制器工作的实际电压（包括动力电池电压、低压蓄电池电压）；温度传感器用以检测驱动电机控制系统的工作温度（包括模块温度、电机控制器温度）。

电机控制器中的关键零部件主要有微处理器、IGBT 功率器件、电容器、传感器等。

4. 驱动电机控制器的工作原理

电机控制器是驱动电机的控制中心，是以 IGBT 模块为核心，辅以驱动集成电路和主控集成电路构成，通常也称为智能功率模块（图 4-1-3）。

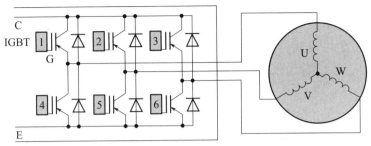

图 4-1-3　IGBT 与驱动电机控制器的连接关系

由图 4-1-3 可知，在驱动电机时，左侧通常输入的是直流电，C 端（集电极）接直流电正极，E 端（发射极）接直流电负极，G 端（栅极）接控制端用于控制 IGBT 的通断；U、V、W 三根线作为输出连接到驱动电机相应的输入端口上。电机控制器的驱动集成电路给栅极（G 端）加载一定的电压，就可以实现 IGBT 的导通，释放这个电压就可以实现 IGBT 的断通。同时，由于二极管的作用，C 端和 E 端没有直接相连，阻止了电流直接构成回路。

使用 IGBT 按以下方式将直流电转换成交流电。

① 若 1、6 号 IGBT 导通，其他关断，则电流经过 1 号 IGBT 从 U 相输入，经过 6 号 IGBT 从 W 相输出。

② 若 1、5、6 号 IGBT 导通，其他关断，则电流经过 1 号 IGBT 从 U 相输入，经过 5、6 号 IGBT 从 V、W 相输出。

③ 若 3、4 号 IGBT 导通，其他关断，则电流经过 3 号 IGBT 从 W 相输入，经过 4 号 IGBT 从 U 相输出。

④ 若 2~4 号 IGBT 导通，其他关断，则电流经过 2、3 号 IGBT 从 V、W 相输入，经过 4 号 IGBT 从 U 相输出。

由以上 4 个工作状态可以看出，只要控制相应的 IGBT 按照一定的规律通断，就可以实现有规律的三相交流电输出，从而控制驱动电机按照一定的规律旋转。

在再生制动的过程中，驱动电机作为发电机，将汽车行驶过程中产生的机械能转化为电能并输出，由于驱动电机是三相的，它发出的也是三相交流电，不能直接充入动力电池中，因此需要将三相交流电转换为直流电。

由图 4-1-3 可知，由于二极管的存在，驱动电机发出的三相交流电会自动转换为直流电。例如，若产生的交流电从 U 相输出，从 V 相回流，则产生的电流会经 1 号二极管从 C 端口流出，经 E 端口从 6 号二极管流回；若产生的交流电从 V、W 相输出，从 U 相回流，则产生的电流会经 2、3 号二极管从 C 端口流出，经 E 端口从 4 号二极管流回。由此可以看出，二极管的单向导通性确保了电流无论从驱动电机的哪相流出流入，在逆变器的作用下，从左侧流出的电流都将从 C 端口流出逆变器，从 E 端口流回逆变器，从而保证了逆变器左端始终为直流电。在此过程中，整车控制器根据驾驶员意图发出各种指令，电机控制器响应并反馈，实时调整驱动电机输出，以实现整车的怠速、前行、倒车、停车、能量回收以及驻坡等功能。电机控制器的另一个重要功能是通信和保护，实时进行状态和故障检测，保护驱动电机系统和整车安全可靠运行（图 4-1-4）。

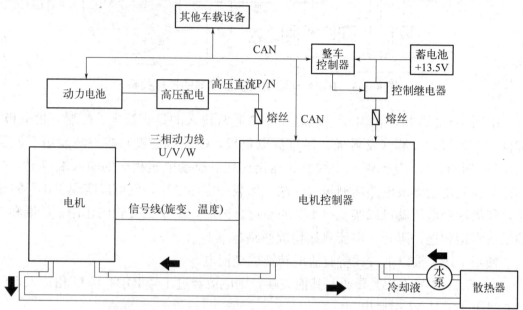

图 4-1-4　某纯电动汽车的电机控制器连接示意

5. 驱动电机控制器的位置

驱动电机控制器安装在驱动电机右上方，一般安装在前机舱或后备厢（图 4-1-5）。

图 4-1-5　北汽 EV160 纯电动汽车驱动电机控制器的位置

6. 驱动电机控制器的冷却系统

驱动电机控制器和散热系统是连接一起的，由水泵、散热器及膨胀水箱、风扇和管路组成。

冷却系统控制策略如下。

① 水泵控制：启动车辆时电动水泵开始工作（即仪表显示 READY）。

② 电机温度控制：当控制器监测到 45℃≤驱动电机温度＜50℃时，冷却风扇

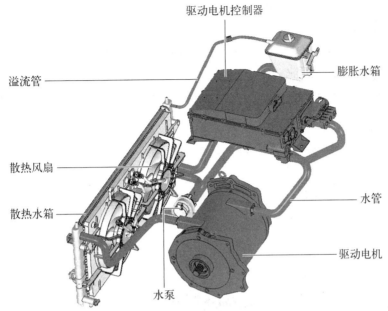

图 4-1-6　驱动电机控制器的冷却系统

低速启动；驱动电机温度≥50℃时，冷却风扇高速启动；驱动电机温度降至 40℃时，冷却风扇停止工作。120℃≤驱动电机温度＜140℃时，降功率运行；驱动电机温度≥140℃时，降功率至 0，即停机。

③ 电机控制器温度控制：当电机控制器监测到散热基板温度≥75℃时，冷却风扇低速启动；散热基板温度≤80℃时，冷却风扇高速启动；散热基板温度降至 75℃时，冷却风扇停止工作；散热基板温度≥85℃时，超温保护，即停机。当控制器监测到 85℃≥散热基板板温度≥75℃时，降功率运行。

三、技能训练

1. 准备工作

用途类别	工具设备名称	单位	数量	备注
安全防护	车辆防护、个人绝缘防护用品、干粉灭火器	套	4	
设备与工具	查询维修手册、用计算机记录维修工单	套	1	
	维修工具车、零件车	台	1	含绝缘拆装工具
	手电筒	把	1	
车辆与配件	实训车辆	辆	1	

2. 安全及注意事项

① 熟知并了解更换驱动电机控制器的安全注意事项。

② 合理规范地使用工具，未经允许禁止违规操作。

③ 在教师的指导下进行更换作业。

④ 正确穿戴绝缘防护用品。

3. 实操作业

① 本操作任务主要完成北汽 EV160 纯电动汽车驱动电机控制器的拆卸与安装，请按下表进行拆装作业。

步骤	操作方法	操作记录
1. 准备工作	(1)做好个人绝缘防护,工作着装 (2)车辆防护:安装方向盘三件套与前翼子板布和前格栅布 (3)准备维修资料 (4)准备工具 (5)准备干粉灭火器	□ 确认着装规范 □ 确认车辆或台架已做好防护 □ 确认资料与车型一致 □ 确认工量具齐全
2. 断开高压电	(1)将车辆退电至 OFF 挡,等待 15min 	□ 确认退电至 OFF 挡,等待 15min
	(2)打开前机舱盖,拆卸 12V 蓄电池负极线并放置好 	□ 确认拆卸 12V 蓄电池负极线 □ 确认放置好 12V 蓄电池负极线
	(3)排空驱动系统冷却液 	□ 排空驱动系统冷却液

续表

步骤	操作方法	操作记录
3. 拆卸电机控制器	（1）拆卸电机控制器低压插接器 	□ 拆卸电机控制器低压插接器
	（2）拆卸电机三相线束 	□ 拆卸电机三相线束
	（3）拆卸与高压控制器连接的两根高压线束 	□ 拆卸与高压控制器连接的两根高压线束
	（4）拆卸电机控制器冷却系统出水管与进水管 	□ 拆卸电机控制器冷却系统出水管与进水管

步骤	操作方法	操作记录
3. 拆卸电机控制器	(5)拆卸电机控制器上的 4 个固定螺栓,取出电机控制器 	□ 拆卸电机控制器上的 4 个固定螺栓 □ 取出电机控制器
	(6)电机控制器接口 低压插接器　连接高压控制器　三相线束　出水口　进水口	□ 了解电机控制器接口
	(7)对断开的所有插接器使用电工绝缘胶带缠绕,避免有异物进入 	□ 对断开的所有插接器使用电工绝缘胶带缠绕
4. 安装电机控制器	(1)将电机控制器安装到车上并对螺栓孔定位 	□ 安装电机控制器 □ 定位电机控制器螺栓孔
	(2)安装并紧固电机控制器螺栓	□ 安装并紧固电机控制器螺栓

步骤	操作方法	操作记录
4. 安装电机控制器	(3)安装电机控制器出水管与进水管,紧固卡箍	☐ 安装电机控制器出水管与进水管 ☐ 紧固电机控制器出水管与进水管卡箍
	(4)清除电机控制器三相线束上电工胶带并安装高压线束。注意:快速连锁机构必须安装到位	☐ 清除电机控制器三相线束上的电工胶带 ☐ 安装电机控制器三相线束
	(5)清除电机控制器与高压控制器上两根高压线束的电工胶带并安装高压线束。注意:快速连锁机构必须安装到位	☐ 清除高压控制器上两根高压线束的电工胶带 ☐ 安装电机控制器与高压控制器上两根高压线束
	(6)清除低压插接器上的电工胶带并安装高压线束。注意:快速联锁机构必须安装到位	☐ 清除低压插接器的电工胶带 ☐ 安装低压插接器
	(7)添加驱动系统冷却液,并排空气	☐ 添加驱动系统冷却液 ☐ 对驱动系统冷却液进行排空气
5. 复原车辆	安装 12V 蓄电池负极线。使用扭力扳手紧固至 10N·m 	☐ 确认安装 12V 蓄电池负极线 ☐ 确认使用扭力扳手紧固
6. 完工整理	(1)工具设备整理、复位 (2)车辆整理、复位 (3)场地整理	☐ 完工整理

② 一辆北汽 EV160 纯电动汽车驱动电机控制器出现故障,需要更换,请写出更换电机控制器的步骤。

四、拓展提升

电机控制器的发展趋势是提高功率密度,目前主流的电控厂可以将功率密度做到 33kW/L,到 2025 年,乘用车电机控制器功率密度达到 40kW/L;到 2030 年,乘用车电机控制器功率密度达到 50kW/L;到 2035 年,乘用车电机控制器功率密度达到 70kW/L。

电机控制向集成化方向发展,已出现多种形式的集成化产品,常见的是把驱动电机、电机控制器和减速器集成为一体,成为三合一电驱动系统(图 4-1-7 和

图 4-1-8)。

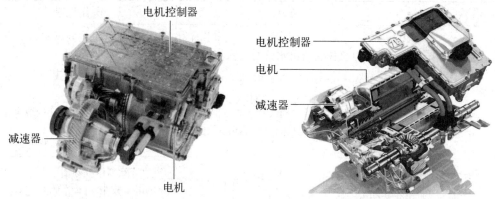

图 4-1-7　博格华纳的三合一电驱动系统　　**图 4-1-8　博世的三合一电驱动系统**

把电机控制器、车载充电机、DC/DC 转换器、整车控制器和高压配电箱集成在一起，构成五合一控制器（图 4-1-9）。

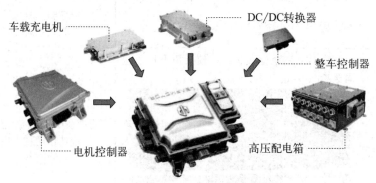

图 4-1-9　五合一集成控制器

五、巩固练习

1. 选择题

①（单选题）驱动电机控制器是控制动力电源与驱动电机之间（　　）的装置。

A. 能量传输　　　　　B. 动力分配　　　　　C. 电力分配　　　　　D. 动力传输

②（多选题）电机控制器由（　　）组成。

A. 功率变换器　　　　B. 驱动模块　　　　　C. 电子控制模块　　　D. PTC 加热器

③（多选题）电机控制器作为整个驱动电机系统的控制中心，主要有（　　）作用。

A. 控制驱动电机的正向旋转和反向旋转

B. 通信

C. 将直流电逆变成三相交流电给驱动电机供电

D. 保护

④（多选题）在拆卸电机控制器时，需要拆卸哪些部件（　　　）?

A. 冷却水管 　　　　　　　　　B. 三相动力线

C. 高压输入正负极线束 　　　　D. 低压插件

⑤（单选题）电机控制器以（　　　）模块为核心。

A. IGBT 　　　　B. 超级电容 　　　　C. 放电电阻 　　　　D. 电流传感器

⑥（单选题）电动汽车用驱动电机系统规定当对驱动电机控制器有主动放电要求时，驱动电机控制器支撑电容放电时间应不超过（　　　）。

A. 1s 　　　　　　B. 2s 　　　　　　C. 3s 　　　　　　D. 4s

2. 判断题

① 电机控制器的核心电路是逆变器。（　　　）

② 电机控制器 MCU 的一个重要功能是故障诊断功能。（　　　）

③ 制动踏板位置传感器的信号输入电机控制器。（　　　）

④ 电机控制器中的关键零部件主要有微处理器、IGBT 功率器件、电容器、传感器。（　　　）

3. 简答题

① 写出电机控制器的功能。

② 写出驱动电机控制系统的组成。

③ 写出驱动电机控制系统的工作原理。

④ 写出驱动电机控制器的冷却系统的组成和控制策略。

六、学习评价

评价要素	考核内容	配分	A	B	备注
工作准备（10%）	能够正确理解工作任务内容、范围及工作指令	3			
	准备工作场地及器材,能够识别工作场所的安全隐患	3			
	能正确使用维修手册查询资料	4			
知识目标（75%）	能口述电机控制器的定义	5			
	能口述驱动电机控制系统的作用	5			
	能口述驱动电机控制系统的组成	5			
	能口述驱动电机控制系统的工作原理	10			
	能找到驱动电机控制器的位置	10			
	能说出驱动电机控制器冷却系统的组成	5			
	能说出驱动电机控制器冷却系统的控制策略	10			
	能正确断开纯电动汽车高压电	15			
	能正确拆卸电机控制器	5			
	能正确安装电机控制器	5			

续表

评价要素	考核内容	配分	A	B	备注
职业素养（15%）	能进行设备和工具的安全检查	2			
	能进行车辆的安全防护操作	2			
	能进行工具的清洁、校准、存放操作	2			
	能进行"三不落地"操作	2			
	能进行工位 7S 操作	2			
	能正确、清晰地填写表单	5			
考核成绩			考评员签字：_____ 日　　期：___年___月___日		

模块二　电驱动能量传递和热管理系统

一、学习目标

① 能口述电驱动能量传递。
② 能口述热管理系统的工作原理。
③ 形成认真学习的习惯。
④ 养成 5S 工作习惯。

扫一扫

看视频

二、基础知识

1. 纯电动汽车的能量传递

（1）D 挡位加速行驶

驾驶人将变速杆置于 D 挡并踩加速踏板，此时挡位信息和加速信息通过信号线传递给整车控制器，整车控制器把驾驶人的操作意图通过 CAN 线传递给驱动电机控制器，再由驱动电机控制器结合旋转变压器信息（转子位置），进而向永磁同步电机的定子通入三相交流电，三相交流电在定子绕组的电阻上产生电压降。由三相交流电产生的旋转电枢磁动势及建立的电枢磁场一方面切割定子绕组，并在定子绕组中产生感应电动势；另一方面以电磁力拖动转子以同步转速正向旋转。随着加速踏板行程不断加大，电机控制器控制的 6 个 IGBT 导通频率上升，电机的转矩随着电流的增加而增加，因此，基本上拥有最大的转矩。随着电机转速的增加，电机的功率也增加，同时电压也随之增加。在电动汽车上，一般要求电机的输出功率保持恒定，即电机的输出功率不随转速增加而变化，这就要求在电机转速增加时，电压保持恒定，与此同时，电机控制器也会通过电流传感器和电压传感器，感知电机当前功率、消耗电流大小和电压大小，并把这些信息数据通过 CAN 网络传送给仪表、整车控制器（图 4-2-1）。

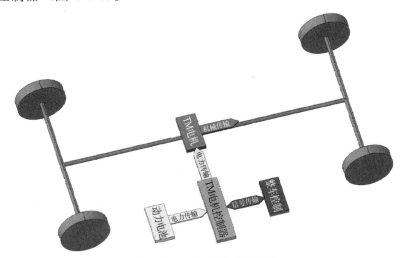

图 4-2-1　D 挡加速行驶

（2）R 挡位行驶

当驾驶人将变速杆置于 R 挡时，驾驶人请求信号发给整车控制器，再通过 CAN 线发送给电机控制器，此时电机控制器结合当前转子位置（旋转变压器）信息，通过改变 IGBT 模块而改变 W、V、U 通电顺序，进而控制电机反转。

（3）制动时能量回收

在驾驶人松开加速踏板时，电机在惯性的作用下仍在旋转，设车轮转速为 $v_{轮}$、电机转速为 $v_{电机}$，车轮与电机固定传动比为 K，当车辆减速时，$v_{轮}K < v_{电机}$ 时，电机仍是动力源；随着电机转速下降，当 $v_{轮}K > v_{电机}$ 时，电机相当于被车辆带动而旋转，此时电机变为发电机（图 4-2-2）。

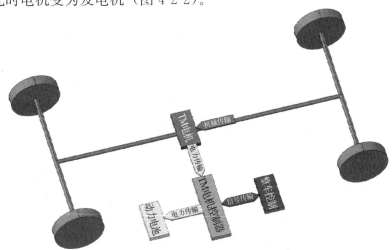

图 4-2-2　驱动电机变为发电机

BMS 可以根据电池充电特性曲线（充电电流、电压变化曲线与电池容量的关系）和采集的电池温度等参数计算出相应的允许最大充电电流。电机控制器根据电池允许最大充电电流，通过控制 IGBT 模块使"发电机"定子线圈旋转磁场角速度与电机转子角速度保持到发电电流不超过允许最大充电电流，以调整发电机向蓄电池充电的电流，同时这也控制了车辆的减速度。

当踩下制动踏板时，电机控制器输出的电流频率会急剧下降，馈能电流在电机控制器的调节下充入高压电池，当 IGBT 全部关闭时在当前的反拖速度和模式下为最大馈能状态，此时电机控制器对"发电机"没有实施速度和电流的调整，"发电机"所发的电量全部转移给蓄电池。由于发电机负载较大，此时车辆减速也较快。

电池组温度低于 5℃时，能量不回收。单体电压为 4.05～4.12V 时，能量回收 6.1kW，单体电压超过 4.12V 时，能量不回收，低于 4.05V 时，能量满反馈 SOC 大于 95%、车速低于 30km/h 时没有能量回收功能，且能量回收及辅助制动力大小与车速和踩下制动踏板的行程相关。

对于减速要求较低的制动过程，完全可以借助制动能量回收，通过后桥上的电机进行。随着制动要求的增加，会无级增大制动能量回收。

对于制动系统的运行策略进行了设计，确保首先最大限度地通过制动能量回收实现减速。如果制动能量回收不足以满足驾驶员的制动要求，则会建立液压压力，以便额外通过车辆的车轮制动器为车辆减速。

如图 4-2-3 所示，由于采用了特殊的加速踏板操作方式，在松开加速踏板模块 2 时由电机控制器 7 以发电机方式控制电机 8。这意味着此时后桥车轮通过输出轴 12 驱动电机 8，电机此时作为发电机运行。此时电机 8 产生的转矩以可感知的减速方式作用于后桥车轮。在此过程中不必操作制动踏板模块 1。所产生的能量通过电机控制器存储在高压蓄电池单元 5 内。与当前混合动力车辆不同，这意味着不通过制动踏板模块 1 而是通过加速踏板模块 2 控制能量回收式制动 C。通过制动踏板只能进行液压制动 A。

由联合充电单元 6 要求和调节制动能量回收 C。如果行驶期间完全松开加速踏板模块 2，联合充电单元 6 就会根据行驶状态确定最大能量回收利用。进行最大能量回收利用时以 1.6m/s 进行车辆减速。通过总线信号将要求发送至电机控制器 7。电机控制器 7 根据联合充电单元 6 的要求控制电机 8。

联合充电单元 6 带有一个连接数据总线的独立接口。动态稳定控制系统 9 位于该总线系统内。动态稳定控制系统 9 的任务是识别出不稳定的车辆状态并采取相应措施使车辆准确保持行驶轨迹。在能量回收利用期间识别出不稳定的行驶情况时，动态稳定控制系统 9 会通过独立接口发送有关即将出现危险行驶状态的信息。联合充电单元 6 确定与危险行驶状态相符的最大能量回收利用并向电机控制器 7 发送要求。电机控制器 7 根据变化的要求减少能量回收利用，从而降低减速度。

在纯电动车辆上操作制动踏板时，可像传统制动系统一样在双回路制动系统的

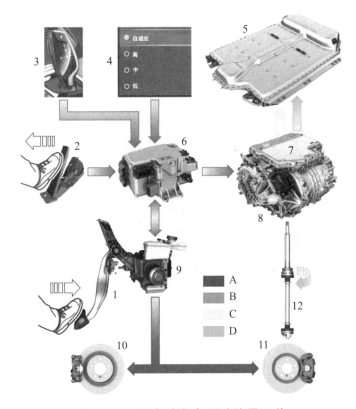

图 4-2-3　纯电动汽车制动能量回收

A—液压制动；B—信号流；C—可以设置的制动能量回收（少量制动能量回收）；D—可以设置的
制动能量回收（大量制动能量回收）；1—制动踏板模块；2—加速踏板模块；3—选挡开关；4—CID中的
设置菜单；5—高压蓄电池单元；6—联合充电单元；7—电机控制器；8—电机；9—动态稳定控制系统；
10—前部制动器；11—后部制动器；12—输出轴

液压系统内产生压力。在此通过电机进行能量回收利用或通过操作车轮制动器实现
车辆整个制动过程。

2. 纯电动汽车的热管理系统

（1）纯电动汽车的热管理系统的概述

纯电动汽车驱动电机与控制器的冷却系统主要依靠冷却水泵带动冷却液在
冷却管道中循环流动，通过在散热器中的热交换等物理过程，冷却液带走电机
与控制器产生的热量。为使散热器热量散发更充分，通常还在散热器后方设置
风扇（图 4-2-4）。

（2）驱动电机的冷却

电动汽车采用永磁电机作为驱动"心脏"，这种类型的电机具有高效率、高功
率因数、宽弱磁范围、高转矩过载能力以及低噪声与振动等一系列优点。受车辆空
间与运行环境的限制，驱动电机的转矩密度和功率密度越来越高，这势必导致散热
困难，由此将会带来电机过热，对电机安全性和使用寿命产生不利影响。因此，准

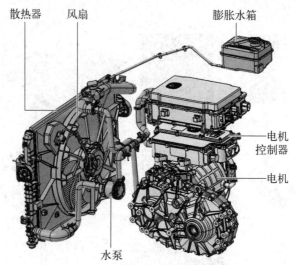

散热器　风扇　　　　　　　　　膨胀水箱

电机控制器

电机

水泵

图 4-2-4　驱动电机与控制器的冷却系统

确预测电机在不同工况下的内部温度分布，合理设计冷却器散热方式，是保证电机稳定安全运行的前提。

目前常规电动汽车的电机一般采用水套冷却。

（3）驱动电机控制器的冷却

驱动电机控制器作为电动汽车主要动力源的控制部分，其性能直接影响整车性能，所以驱动电驱控制器必须具有结构简单、体积小、质量轻、损耗小、效率高等特点，而体积小势必影响到电机控制器的散热，高温却会导致大功率模块受损，甚至烧毁的风险。在纯电动汽车及混合动力汽车电驱系统中，最常用的功率器件是IGBT，由于电机的功率较大，IGBT 的瞬态冲击电流有可能达到 700A 以上，因而IGBT 类电子元器件的散热显得尤为重要。

（4）比亚迪 e5 驱动电机与控制器冷却

电驱冷却系统工作时，电动水泵压缩冷却循环系统中的冷却液，先流过电机控制器对其进行冷却，再流过驱动电机，吸收热量后的冷却液再通过冷却管路和流经的散热器进行散热，之后进行下一个循环（图 4-2-5）。

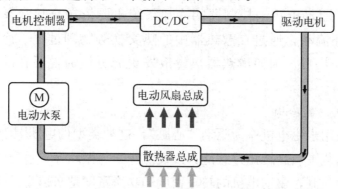

图 4-2-5　比亚迪 e5 驱动电机与控制器冷却

三、技能训练

1. 准备工作

用途类别	工具设备名称	单位	数量	备注
安全防护	车辆防护、个人绝缘防护用品、干粉灭火器	套	4	
设备与工具	查询维修手册、用计算机记录维修工单	套	1	
	维修工具车、零件车	台	1	含绝缘拆装工具
	手电筒	把	1	
车辆与配件	实训车辆	辆	1	

2. 安全及注意事项

① 熟知并了解更换冷却系统循环水泵的安全注意事项。

② 在教师的指导下进行更换作业。

③ 合理规范地使用工具，未经允许禁止违规操作。

④ 正确穿戴绝缘防护用品。

3. 实操作业

① 本操作任务主要完成比亚迪 e5 冷却系统循环水泵的拆卸与安装，请按下表进行拆装作业。

步骤	操作方法	操作记录
1. 准备工作	(1)做好个人绝缘防护和工作着装 (2)车辆防护:安装方向盘三件套与前翼子板布和前格栅布 (3)准备维修资料 (4)准备工具 (5)准备干粉灭火器	□ 确认着装规范 □ 确认车辆或台架已做好防护 □ 确认资料与车型一致 □ 确认工量具齐全
2. 断开高压电	(1)将车辆退电至 OFF 挡,等待 5min 	□ 确认退电至 OFF 挡,等待 5min
	(2)打开前机舱盖,拆卸 12V 蓄电池负极线并放置好 	□ 确认拆卸 12V 蓄电池负极线 □ 确认放置好 12V 蓄电池负极线

步骤	操作方法	操作记录
2. 断开高压电	(3)拆卸高压电维修开关 	□ 确认断开维修开关
3. 拆卸循环水泵	(1)排空驱动系统冷却液	□ 排空驱动系统冷却液
	(2)断开水泵插接器	□ 断开水泵插接器
	(3)断开水泵进水管和出水管	□ 断开水泵进水管和出水管
	(4)拆卸水泵固定螺栓	□ 拆卸水泵固定螺栓
	(5)清除溢出的冷却液	□ 清除溢出的冷却液
4. 安装循环水泵	(1)安装水泵,并安装固定螺栓	□ 安装水泵,并安装固定螺栓
	(2)连接水泵进水管和出水管	□ 连接水泵进水管和出水管
	(3)连接水泵插接器	□ 连接水泵插接器
	(4)添加冷却液至合适液位,并排出冷却系统内的空气 	□ 添加冷却液至合适液位 □ 排出冷却系统内的空气
5. 复原车辆	(1)佩戴绝缘手套及个人绝缘防护用品,安装维修开关 	□ 确认安装维修开关

续表

步骤	操作方法	操作记录
5. 复原车辆	(2)安装 12V 蓄电池负极线。使用扭力扳手紧固:10N·m 	□ 确认安装 12V 蓄电池负极线 □ 确认使用扭力扳手紧固
6. 完工整理	(1)工具设备整理、复位 (2)车辆整理、复位 (3)场地整理	□ 完工整理

② 一辆比亚迪 e5 纯电动汽车,驱动电机报温度过高,经检查,需要更换水泵,请写出更换水泵的步骤。

四、拓展提升

加注乙二醇型长效防锈防冻液(常温性:冰点−25℃,适用于南方全年及北方夏季。耐寒性:冰点−40℃,适用于北方冬季),用量 6.2L。

保养更换周期:每 4 年或 100000km 更换长效有机酸型冷却液,以先到者为准。

五、巩固练习

1. 判断题

① D 挡位时,挡位信息把加速信息传递至电机控制器,电机控制器再传递给整车控制器,整车控制器控制电机的转速。(   )

② 当 $v_{轮} K > v_{电机}$ 时,电机相当于被车辆带动而旋转,此时电机变为发电机。(   )

③ 纯电动汽车中,只要进行制动,电池就能进行能量回收。(   )

④ 电机控制器一般有 8 个 IGBT。(   )

⑤ 加速踏板行程不断加大,电机控制器控制的 6 个 IGBT 导通频率上升,电机的转矩随着电流的增加而增加。(   )

⑥ 通过改变 IGBT 模块改变 W、V、U 通电顺序,可控制电机反转。(   )

⑦ 驱动电机与控制器冷却方式冷却效果最好的是直接风扇冷却。(   )

⑧ 电机过热会对电机安全性和使用寿命产生不利影响。(   )

⑨ 电机控制器散热不良很有可能会导致大功率模块受损，甚至烧毁的风险。（   ）

⑩ 拆卸纯电动汽车的水泵，不用断高压电。（   ）

2. 简答题

① 写出 D 挡位加速行驶工作过程。

② 写出 R 挡位行驶工作过程。

③ 写出制动时能量回收工作过程。

④ 写出比亚迪 e5 驱动电机与控制器冷却原理。

六、学习评价

评价要素	考核内容	配分	A	B	备注
工作准备 （10%）	能够正确理解工作任务内容、范围及工作指令	3			
	准备工作场地及器材，能够识别工作场所的安全隐患	3			
	能正确使用维修手册查询资料	4			
知识目标 （75%）	能口述 D 挡位加速行驶工作过程	10			
	能口述 R 挡位行驶工作过程	10			
	能口述制动时能量回收工作过程	10			
	能口述热管理系统的含义	5			
	能口述驱动电机冷却的目的	5			
	能口述驱动电机控制器冷却的目的	5			
	能口述比亚迪 e5 驱动电机与控制器冷却原理	10			
	能正确进行比亚迪 e5 冷却系统循环水泵的拆卸与安装操作	20			
职业素养 （15%）	能进行设备和工具的安全检查	2			
	能进行车辆的安全防护操作	2			
	能进行工具的清洁、校准、存放操作	2			
	能进行"三不落地"操作	2			
	能进行工位 7S 操作	2			
	能正确、清晰地填写表单	5			
考核成绩			考评员签字：_____ 日　　期：___年___月___日		

模块三 比亚迪 e5 高压电控总成检修

一、学习目标

① 能口述比亚迪 e5 高压电控总成的组成。
② 能口述纯比亚迪 e5 高压电控总成的功能。
③ 能口述比亚迪 e5 高压电控总成的工作原理。
④ 能够完成比亚迪 e5 高压电控总成的更换方法。
⑤ 养成认真学习的习惯。
⑥ 养成 5S 工作习惯。

扫一扫

看视频

二、基础知识

1. 高压电控总成的位置

高压电控总成安装在车辆的前舱（图 4-3-1）。

2. 高压电控总成的组成及功能

高压电控总成内部集成：双向交流逆变式电机（VTOG）控制器、车载充电器、高压配电箱、漏电传感器、DC/DC 转换器等。

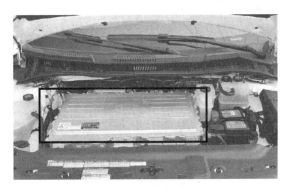

图 4-3-1　高压电控总成安装位置

（1）VTOG 控制器

该控制器为电压型逆变器，利用 IGBT 将直流电转化成交流电，其主要功能是通过收集挡位信号、加速踏板信号、制动踏板信号等来控制电机，根据不同工况控制电机的正反转、功率、转矩、转速等，即控制电机的前进、倒退，维持车辆的正常运转。此外，还具备充电控制功能，能进行交直流转换，双向充放电控制。该控制器总成分为上、中、下 3 个单元，上、下层为电机控制单元和充电控制单元，中间层为水道冷却单元（图 4-3-2）。

驱动控制（放电）：采集油门、制动、挡位、旋变信号等控制电机正向、反向驱动，正、反转发电功能；具有高压输出电压和电流控制限制功

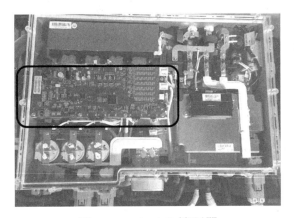

图 4-3-2　VTOG 控制器

能，具有电压跌落、过流、过温、IPM 过温、IGBT 过温保护、功率限制、转矩控制限制等功能。同时具备电控系统防盗、能量回馈控制、主动泄放、被动泄放控制。

充电控制：交、直流转换，双向充、放电控制功能；自动识别单相、三相相序并根据充电电流控制充电方式，根据充电设备识别充电功率，控制充电方式；根据车辆或其他设备请求信号控制车辆对外放电；断电重启功能；在电网断电，又供电的时候，可继续充电功能。

图 4-3-3 车载充电器

（2）车载充电器

车载充电器是指固定安装在纯电动汽车上的充电器，根据高压电池管理系统（BMS）提供的数据，能动态调节充电电流或电压参数，执行相应的动作，完成充电过程（图 4-3-3）。

（3）高压配电箱

高压配电箱的功能主要是将高压电池的高压直流电供给整车高压电器，接收车载充电器或非车载充电器的直流电，给高压电池充电，同时还具有电流检测、漏电监测等其他辅助检测功能。

高压配电箱主要由接触器、霍尔电流传感器、预充电阻、高压电池包正负极输入接口组成（图 4-3-4）。接触器由 BMS 控制，用于充放电。

图 4-3-4 中，接触器从左向右依次为：主接触器、交流充电接触器、直流充电接触器＋、直流充电接触器－、预充接触器。

（4）漏电传感器

比亚迪 e5 采用直流漏电传感器。当高压系统漏电时，漏电传感器发送信号给 BMS，BMS 接收到漏电信号后根据漏电情况马上报警或断开高压系统，以防止对人或物品造成伤害和损失（图 4-3-5）。

图 4-3-4 高压配电箱

（5）DC/DC 转换器

DC/DC 转换器是电动汽车动力系统中很重要的组成部分，通过 DC/DC 转换器给低压电池充电，与低压电池一起为低压电器系统供电（图 4-3-6）。

（6）霍尔电流传感器

高压电控总成中采用了霍尔电流传感器来检测电流。为检测电流方向，有的采

图 4-3-5　漏电传感器

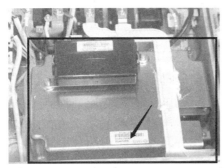

图 4-3-6　DC/DC 转换器

用了正、负电源供电。一般需要在线检测霍尔电流传感器的性能好坏，先检查其是否有"+15V""-15V"的电源，若电源正常，则测试霍尔信号（"1V"对应100A）并与电源管理器的当前电流进行对比，从而判断霍尔电流的正常与否（图 4-3-7）。

图 4-3-7　霍尔电流传感器

（7）电容

高压电路中使用的电容为薄膜电容。薄膜电容的耐压可以达到 1000V DC 以上，改善了电容的防潮性和抗温度冲击能力，工作环境温度可达 $105 \sim 125℃$。主要由母线电容总成、直流充电升压器的 $70\mu F$ 电容及 3 个 $25\mu F$ 电容总成等组成

（图 4-3-8）。

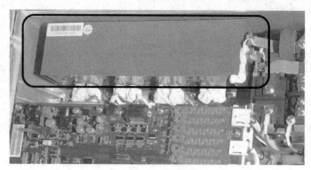

图 4-3-8 电容

3. 高压电控总成的接口定义

高压电控总成外部接口分为高压接口和低压接口两部分。

高压接口有电池包高压直流输入接口（直流母线正极接口、直流母线负极接口）、电机三相（三相交流输出）接口、交流充电（输入交流）N 与 L1 相接口、交流充电（输入交流）L2 与 L3 相接口、直流充电输入接口、空调电动压缩机接口、加热器 PTC 接口（图 4-3-9）。

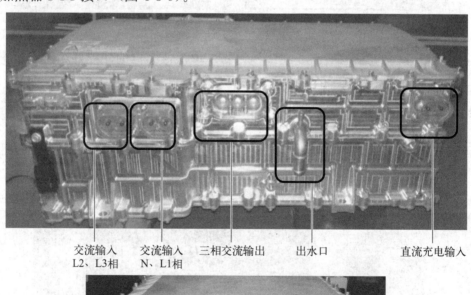

交流输入　　　交流输入　　　三相交流输出　　　出水口　　　　　　直流充电输入
L2、L3相　　　N、L1相

DC/DC低压输出　　　　　　　32A空调熔丝

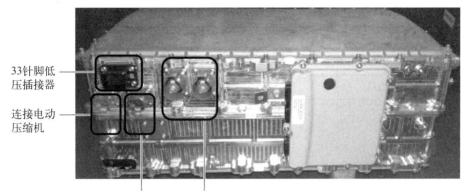

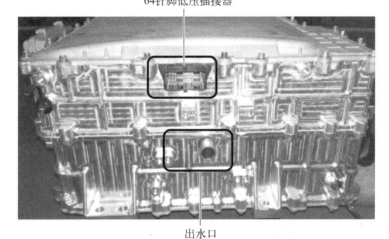

图 4-3-9　高压电控总成的接口定义

　　低压接口有 DC/DC 输出接口、VTOG 控制器低压接口、高压配电箱低压控制接口。

4. 高压电控总成的工作原理

（1）高压安全保护

　　① 碰撞断高压电保护。如果车辆发生碰撞，BMS 接收到安全气囊展开信号后，通过断开系统主接触器来切断高压电。

　　② 漏电断高压电保护。漏电传感器主要监测与高压电池相连接的正极母线或负极母线与车身底盘间的绝缘电阻，来判定高压系统是否存在漏电。漏电传感器将漏电数据信息通过 CAN 通信发送给 BMS 和 VTOG 控制器，然后采取相应保护措施。漏电判定及措施见表 4-3-1。

表 4-3-1　漏电判定及措施

R:高压回路正极或负极对车身地等效绝缘电阻值	漏电状态	措施
$R > 500\Omega/V$	正常	无

续表

R:高压回路正极或负极对车身地等效绝缘电阻值	漏电状态	措施	
$100\Omega/V<R\leqslant500\Omega/V$	一般漏电报警	仪表灯亮,报动力系统故障	
$R\leqslant100\Omega/V$	严重漏电报警	行车中	仪表灯亮,断开主接触器、分压接触器、电池包内接触器和负极接触器
		停车中	(1)禁止上电 (2)仪表灯亮,报动力系统故障
		充电中	(1)断开交流充电接触器、分压接触器、电池包内接触器和负极接触器 (2)仪表灯亮,报动力系统故障

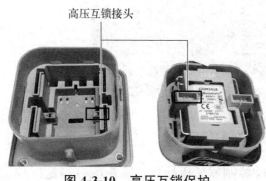

图 4-3-10　高压互锁保护

③ 高压互锁保护。高压互锁保护分为结构互锁和功能互锁两部分。结构互锁是指车辆的主要高压连接器均带有互锁回路,当其中某个连接器带电断开时,BMS 便会检测到高压互锁回路存在断路,为保护人员安全,将立即进行报警并断开主高压回路电气连接,同时激活主动泄放(图 4-3-10)。

高压互锁原理如图 4-3-11 所示,数字代表控制模块互锁针脚号。

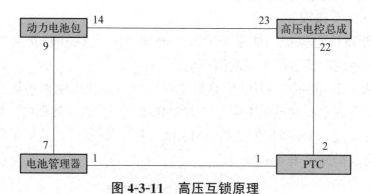

图 4-3-11　高压互锁原理

功能互锁是指当车辆进行充电或插充电枪时,高压电控系统会限制车辆不能通过自身驱动系统进行驱动,以防发生安全事故。

④ 主动泄放保护。5s 内把预充电容电压降低到≤60V,迅速释放危险电能,

主动泄放模块的泄放电阻为 7.5Ω（标准）。

⑤ 被动泄放保护。2min 内把预充电容电压降低到≤60V，被动泄放是主动泄放失效的二重保护。被动泄放电阻（标准 75kΩ）直接接于 660μF 高压电容器正、负极两端，上电后一直处于耗电状态，但电流很小，损耗可忽略不计。

（2）上电过程

车身控制模块（MICU）采集到"制动踏板"与"启动按钮"命令后，由 VTOG 控制器与无钥匙系统模块（Keyless-ECU）进行防盗认证，认证成功后吸合 IG1 继电器并发送"启动开始"报文，通过网关发送给 VTOG 控制器和 BMS。BMS 得电且收到报文后，先吸合预充接触器并进行自检，检查是否存在严重欠压、严重过压、严重漏电、严重过温、接触器烧结、高压互锁锁止等异常情况，如果检测存在异常情况则上电失败，如果未检测到异常情况，则吸合负极接触器，高压电池的高压电经过与预充接触器串联的限流电阻加载到 VTOG 控制器母线上，然后判断预充是否成功。

VTOG 控制器检测到母线上的电压达到高压电池额定电压的设定值时，通过 CAN 通信向 BMS 反馈预充满信号，如果不预充直接接通接触器，由于母线电容在通电瞬间相当于短路状态，会使过大电流流过接触器，因而可能产生接触器烧结等不良后果，当无严重漏电信号、直流母线电压达到设定值且直流低压系统无低压警告时，BMS 判定预充成功，BMS 控制主接触器吸合，断开预充接触器，点亮 OK 灯，上电成功。

（3）驱动电机时的原理

比亚迪 e5 车的高压电控总成有多种版本，根据年款等有所变化，分原版高压电控总成与简版高压电控总成。

比亚迪的漏电传感器有两种，一种接于正极，另一种接于负极，两者不可互换。驱动电机时，3 个电机接触器闭合，高压电经 IGBT 逆变桥（6 个绝缘栅双极晶体管在 ON 和 OFF 间切换）变换出交流电并输送给电机，利用旋转变压器技术和空间矢量脉宽调制（SVPWM）控制算法来控制电机正转（前进）或反转（倒车）。

（4）再生制动时的原理

车辆减速或制动时，电机由车轮驱动，再生制动功能使电机起到发电机的作用，将电能存储到高压电池中。

（5）单相交流充电原理

当使用便携式充电器或功率不大于 3.3kW 的交流充电器进行充电时，VTOG 控制器能自动识别出充电设备，并唤醒车载充电器，激活交流充电正极接触器，对高压电池进行充电。

当使用功率大于 3.3kW 的交流充电器进行充电时，在 N 相线与 B 相线（对电机一侧而言）间增加单相切换接触器，VTOG 控制器收到单相充电指令时，控制单相切换接触器吸合，使 B 相线和 N 相线连接，由 A 相、B 相作为 L1 相、N 相线使用，充电枪连接插头需使用专用连接插头或其 L2 相、L3 相不做使用的连接插头。当 VTOG 控制器收到单相充电指令时，控制单相/三相切换接触器其中的 2 个接触器闭合，使三相充电插座的 L1 相、L2 相与单相充电插座的 L1 相、N 相线导通。

（6）三相交流充电原理

系统收到充电指令时，将 BMS 允许的最大充电电流、供电设备最大供电电流和充电连接装置的额定电流相比较，VTOG 控制器判断这三者中最小的充电电流，自动选择充电相关参数，同时系统对供电设备输送的交流电进行采样，VTOG 控制器通过采样值计算出交流电电压有效值，再通过捕获来确定交流电频率，根据电压有效值和频率判断出交流电电制，根据电网电制选取控制参数。确定控制参数后，VTOG 控制器控制继电器板的三相交流预充继电器和滤波电容继电器吸合，对直流侧母线电容进行充电，当电容电压达到规定值后吸合单相/三相切换接触器，同时断开继电器板的三相预充继电器，此时 VTOG 控制器发送 PWM 信号，控制双向 DC/AC 模块对交流电进行可控整流，再根据高压电池电压，对电压进行调节，最后把直流电输送给高压电池。在此过程中，VTOG 控制器根据预先选定的目标充电电流和电流采样反馈的相电流，对整个系统进行闭环的电流调节，实现对高压电池进行充电。

（7）直流充电原理

比亚迪 e5 除了可采用交流充电方式外，还具有直流充电的快速充电方式。

直流充电主要是通过充电站的充电柜将直流高压电直接通过直流充电口给高压电池充电。

当使用的直流充电柜最大输出电压小于高压电池电压时，直流充电升压器工作，将下桥臂的增压 IGBT 置于 ON，使直流充电柜的电力为电感充电。电感存储了电能，将下桥臂的增压 IGBT 置于 OFF，电感产生感应电动势，使电压升至合适的充电电压，电流持续从电感中流出，通过上桥臂 IGBT 流入母线电容和高压电池。

三、技能训练

1. 准备工作

用途类别	工具设备名称	单位	数量	备注
安全防护	车辆防护、个人绝缘防护用品、干粉灭火器	套	4	
设备与工具	查询维修手册、用计算机记录维修工单	套	1	
	维修工具车、零件车	台	1	含绝缘拆装工具
	手电筒	把	1	
车辆与配件	实训车辆	辆	1	

2. 安全及注意事项

① 熟知并了解更换高压电控的安全注意事项。

② 在教师的指导下进行更换作业。

③ 合理规范地使用工具，未经允许禁止违规操作。

④ 正确穿戴绝缘防护用品。

3. 实操作业

① 本操作任务主要完成比亚迪 e5 高压电控总成的拆卸与安装，请按下表进行拆装作业。

步骤	操作方法	操作记录
1. 准备工作	(1)做好个人绝缘防护和工作着装 (2)车辆防护:安装方向盘三件套与前翼子板布和前格栅布 (3)准备维修资料 (4)准备工具 (5)准备干粉灭火器	□ 确认着装规范 □ 确认车辆或台架已做好防护 □ 确认资料与车型一致 □ 确认工量具齐全
2. 断开高压电	(1)将车辆退电至 OFF 挡,等待 5min 	□ 确认退电至 OFF 挡,等待 5min
	(2)打开前机舱盖,拆卸 12V 蓄电池负极线并放置好 	□ 确认拆卸 12V 蓄电池负极线 □ 确认放置好 12V 蓄电池负极线
	(3)拆卸高压电维修开关 	□ 确认断开维修开关

续表

步骤	操作方法	操作记录
	(1)排空驱动系统冷却液	□ 排空驱动系统冷却液
	(2)断开高压电控33针脚低压插接器	□ 断开高压电控33针脚低压插接器
	(3)断开高压电控64针脚低压插接器	□ 断开高压电控64针脚低压插接器
	(4)断开高压电控动力电池正极、负极母线	□ 断开高压电控动力电池正极、负极母线
	(5)断开DC直流输出插接器	□ 断开DC直流输出插接器
	(6)断开高压输出空调压缩机插接器	□ 断开高压输出空调压缩机插接器
	(7)断开交流输入L2、L3相插接器	□ 断开交流输入L2、L3相插接器
	(8)断开交流输入L1、N相插接器	□ 断开交流输入L1、N相插接器
	(9)断开高压输出PTC插接器	□ 断开高压输出PTC插接器
	(10)断开驱动电机三相输出插接器	□ 断开驱动电机三相输出插接器
	(11)断开冷却进水管和出水管	□ 断开冷却进水管和出水管
3.拆卸高压电控	高压电控外部接口	

编号	部件	编号	部件
1	DC直流输出接插件	2	33针脚低压信号接插件
3	高压输出空调压缩机接插件	4	高压输出PTC接插件
5	动力电池正极母线	6	动力电池负极母线
7	64针脚低压接信号插件	8	入水管
9	交流输入L2、L3相	10	交流输入L1、N相
11	驱动电机三相输出接插件		

续表

步骤	操作方法	操作记录
3. 拆卸高压电控	(12)拆卸左右两根搭铁线	□ 拆卸左右两根搭铁线
	(13)拆卸高压电控总成与前舱大支架之间的 6 个固定螺栓 	□ 拆卸高压电控总成与前舱大支架之间的 6 个固定螺栓
	(14)小心将高压电控总成从车上抬下。注意:至少 3 名维修人员操作	□ 取出高压电控总成
4. 安装高压电控总成	(1)小心将高压电控总成安装到车上,并对好螺栓安装孔	□ 将高压电控总成安装到车上
	(2)安装高压电控总成与前舱大支架之间的 6 个固定螺栓	□ 安装高压电控总成与前舱大支架之间的 6 个固定螺栓
	(3)安装左右两根搭铁线	□ 安装左右两根搭铁线
	(4)安装冷却进水管和出水管	□ 安装冷却进水管和出水管
	(5)安装驱动电机三相输出插接器。注意:插接器必须连接可靠	□ 安装驱动电机三相输出插接器
	(6)安装高压输出 PTC 插接器。注意:插接器必须连接可靠	□ 安装高压输出 PTC 插接器
	(7)安装交流输入 L1、N 相插接器。注意:插接器必须连接可靠	□ 安装交流输入 L1、N 相插接器
	(8)安装交流输入 L2、L3 相插接器。注意:插接器必须连接可靠	□ 安装交流输入 L2、L3 相插接器
	(9)安装高压输出空调压缩机插接器。注意:插接器必须连接可靠	□ 安装高压输出空调压缩机插接器
	(10)安装 DC 直流输出插接器。注意:插接器必须连接可靠	□ 安装 DC 直流输出插接器
	(11)安装高压电控动力电池正极、负极母线。注意:插接器必须连接可靠	□ 安装高压电控动力电池正极、负极母线
	(12)安装高压电控 64 针脚低压插接器。注意:插接器必须连接可靠	□ 安装高压电控 64 针脚低压插接器
	(13)安装高压电控 33 针脚低压插接器。注意:插接器必须连接可靠	□ 安装高压电控 33 针脚低压插接器

步骤	操作方法	操作记录
4. 安装高压电控总成	(14)添加冷却液至合适液位,并排出冷却系统内的空气 	☐ 添加冷却液至合适液位 ☐ 排出冷却系统内的空气
5. 复原车辆	(1)佩戴绝缘手套及个人绝缘防护用品,安装维修开关 	☐ 确认安装维修开关
	(2)安装12V蓄电池负极线。使用扭力扳手紧固:10N·m 	☐ 确认安装12V蓄电池负极线 ☐ 确认使用扭力扳手紧固
6. 完工整理	(1)工具设备整理、复位 (2)车辆整理、复位 (3)场地整理	☐ 完工整理

② 一辆比亚迪 e5 纯电动汽车无法行驶,经检查需要更换高压电控总成,请写出更换高压电控总成的步骤。

四、拓展提升

1. 高压电控部分诊断流程（图 4-3-12）

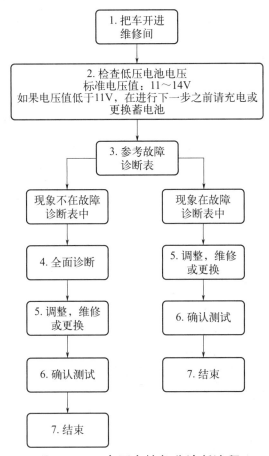

图 4-3-12 高压电控部分诊断流程

2. 故障码列表（表 4-3-2 和表 4-3-3）

表 4-3-2 故障症状表

故障症状	可能发生部位
电机控制系统不工作	(1)电机控制器高压配电源电路 (2)电机控制器低压电源电路 (3)线束

表 4-3-3 故障诊断码列表

序号	故障码	故障定义	DTC 值
1	P1B0000	驱动 IPM 故障	1B0000
2	P1B0100	旋变故障	1B0100
3	P1B0200	驱动欠压保护故障	1B0200

续表

序号	故障码	故障定义	DTC 值
4	P1B0300	主接触器异常故障	1B0300
5	P1B0400	驱动过压保护故障	1B0400
6	P1B0500	IPM 散热器过温故障	1B0500
7	P1B0600	挡位故障	1B0600
8	P1B0700	油门异常故障	1B0700
9	P1B0800	电机过温故障	1B0800
10	P1B0900	电机过流故障	1B0900
11	P1B0A00	电机缺相故障	1B0A00
12	P1B0B00	EEPROM 失效故障	1B0B00
13	P1B3100	IGBT 过热	1B3100
14	P1B3200	GTOV 电感温度过高	1B3200
15	P1B3400	电网电压过高	1B3400
16	P1B3500	电网电压过低	1B3500
17	P1B3800	可自适应相序保护错误	1B3800
18	P1B3900	交流电压霍尔异常	1B3900
19	P1B3A00	交流电流霍尔失效	1B3A00
20	P1B3B00	三相交流过流	1B3B00
21	P1B4000	GTOV 母线电压过高	1B4000
22	P1B4100	GTOV 母线电压过低	1B4100
23	P1B4300	GTOV 母线电压霍尔异常	1B4300
24	P1B4700	GTOV 直流电流过流保护	1B4700
25	P1B4900	GTOV 直流电流霍尔异常	1B4900
26	P1B4A00	GTOV 直流电流瞬时过高	1B4A00
27	P1B4B00	GTOV-IPM 保护	1B4B00
28	P1B4C00	GTOV 可恢复故障连续触发	1B4C00
29	P1B4D00	GTOV 可恢复故障恢复超时	1B4D00
30	U025F00	与 P 挡电机控制器通信故障	C25F00
31	U029E00	与主控通信故障	C29E00
32	U011100	与电池管理器通信故障	C11100
33	U029D00	与 ESP 通信故障	C29D00
34	U012100	与 ABS 通信故障	C12100
35	U029F00	与 OBC 通信故障	C29F00

续表

序号	故障码	故障定义	DTC 值
36	P1B6800	充电枪过温	1B6800
37	P1B6900	启动前交流过流	1B6900
38	P1B6A00	启动前直流过流	1B6A00
39	P1B6B00	频率过高	1B6B00
40	P1B6C00	频率过低	1B6C00
41	P1B6D00	不可自适应相序错误保护	1B6D00
42	P1B6E00	直流预充满	1B6E00
43	P1B6F00	直流短路	1B6F00
44	P1B7000	直流断路	1B7000
45	P1B7100	电机接触器烧结	1B7100
46	P1B7200	CC 信号异常	1B7200
47	P1B7300	CP 信号异常	1B7300
48	P1B7400	IGBT 检测故障	1B7400
49	P1B7500	交流三相电压不平衡	1B7500
50	P1B7600	交流三相电流不平衡	1B7600
51	P1B7700	电网电压零漂不过	1B7700
52	P1B7800	逆变电压零漂不过	1B7800
53	P1B7900	交流电流零漂不过	1B7900
54	P1B7A00	直流电流零漂不过	1B7A00
55	P1B7B00	SCI 通信异常	1B7B00
56	U015500	与仪表 CAN 通信失效	C15500
57	P1EC000	降压时高压侧电压过高	1EC000
58	P1EC100	降压时高压侧电压过低	1EC100
59	P1EC200	降压时低压侧电压过高	1EC200
60	P1EC300	降压时低压侧电压过低	1EC300
61	P1EC400	降压时低压侧电流过高	1EC400
62	P1EC700	降压时硬件故障	1EC700
63	P1EC800	降压时低压侧短路	1EC800
64	P1EC900	降压时低压侧断路	1EC900
65	P1EE000	散热器过温	1EE000
66	U012200	与低压 BMS 通信故障	C12200
67	U011100	与动力电池管理器通信故障	C11100

序号	故障码	故障定义	DTC 值
68	U014000	与 BCM 通信故障	C14000
69	P1BF400	驱动电机控制器主动泄放模块故障	1BF400
70	U011000	与电机控制器通信故障	C11000
71	U011100	与电池管理器通信故障	C11100
72	P150000	车载充电器输入欠压	150000
73	P150100	车载充电器输入过压	150100
74	P150200	车载充电器高压输出断线故障	150200
75	P150300	车载充电器高压输出电流过流	150300
76	P150400	车载充电器高压输出电流过低	150400
77	P150500	车载充电器高压输出电压低	150500
78	P150600	车载充电器高压输出电压高	150600
79	P150700	车载充电器接地状态故障	150700
80	P150800	车载充电器风扇状态故障	150800
81	P150900	DC 逆变桥温度故障	150900
82	P150A00	PFC 输出状态故障	150A00
83	P150B00	PFC 桥温度故障	150B00
84	P150C00	供电设备故障	150C00
85	P150D00	低压输出断线	150D00
86	P150E00	低压蓄电池电压过低	150E00
87	P150F00	低压蓄电池电压过高	150F00
88	P151000	交流充电感应信号断线故障	151000
89	U011100	与动力电池管理器通信故障	C11100
90	U015500	与组合仪表通信故障	C15500

五、巩固练习

1. 选择题

① (多选题) 比亚迪 e5 高压电控总成包括 (　　)。

A. 双向交流逆变式电机控制器

B. 高压配电箱和漏电传感器

C. 车载充电器

D. DC/DC 转换器

② (单选题) VTOG 是指 (　　)。

A. 驱动电机控制器　　　　　　　B. DC 总成

C. 交流充电口总成　　　　　　　D. 车载充电器

③（多选题）VTOG 的功能为（　　）。

A. 驱动控制　　　　　　　　　　B. 充电控制

C. 主动泄放　　　　　　　　　　D. 被动泄放控制

④（单选题）整车高压用电都是由（　　）进行分配的。

A. 动力电池　　　　　　　　　　B. 电机

C. 高压配电箱　　　　　　　　　D. DC/DC 转换器

⑤（单选题）高压配电箱的作用不包括（　　）。

A. 将高压电分配给高压用电器

B. 接通或断开高压回路

C. 测算高压回路工作电流

D. 保护高压用电回路

⑥（单选题）高压配电箱对（　　）巨大的能量进行控制，相当于一个大型的电闸。

A. 动力电池　　　　　　　　　　B. DC/DC 转换器

C. 空调压缩机　　　　　　　　　D. 电动机

⑦（单选题）高压配电箱的关键的部件是（　　）。

A. 霍尔电流传感器　　　　　　　B. 烧结检测光耦

C. 接触器　　　　　　　　　　　D. 保险

⑧（单选题）当高压系统漏电时，（　　）发送信号给 BMS，BMS 接收到漏电信号后根据漏电情况马上报警或断开高压系统，以防止对人或物品造成伤害和损失。

A. 漏电传感器　　　　　　　　　B. DC/DC 转换器

C. 高压配电箱　　　　　　　　　D. VTOG

⑨（多选题）导致高压电控总成内部 VTOG 控制器高温报警的因素有哪些（　　）？

A. 电子水泵不工作　　　　　　　B. 风扇不工作

C. 冷却液不足　　　　　　　　　D. VTOG 故障

⑩（多选题）高压安全防护应包括（　　）。

A. 碰撞断高压电保护　　　　　　B. 漏电断高压电保护

C. 高压互锁保护　　　　　　　　D. 主动泄放保护

E. 被动泄放保护

2. 简答题

① 写出比亚迪 e5 高压电控总成的主要部件。

② 写出比亚迪 e5 VTOG 控制器的作用。

③ 写出比亚迪 e5 电机驱动时高压电控总成的工作原理。

④ 写出比亚迪 e5 三相交流充电原理。

六、学习评价

评价要素	考核内容	配分	A	B	备注
工作准备（10%）	能够正确理解工作任务内容、范围及工作指令	3			
	准备工作场地及器材，能够识别工作场所的安全隐患	3			
	能正确使用维修手册查询资料	4			
知识目标（75%）	能口述比亚迪 e5 高压电控总成的安装位置	2			
	能口述高压电控总成的组成	4			
	能口述 VTOG 控制器的作用	4			
	能口述车载充电器的作用	4			
	能口述高压配电箱的作用	4			
	能口述漏电传感器的作用	4			
	能口述 DC/DC 转换器的作用	4			
	能口述霍尔电流传感器的作用	2			
	能口述电动汽车应具备的高压安全防护有哪几种	5			
	能口述上电过程高压电控总成的工作原理	5			
	能口述电机驱动时高压电控总成的工作原理	5			
	能口述单相交流充电原理	5			
	能口述三相交流充电原理	5			
	能口述直流充电原理	5			
	能正确断开高压电	2			
	能正确拆卸高压电控总成	5			
	能正确安装高压电控总成	5			
	能口述高压电控总成诊断流程	5			
职业素养（15%）	能进行设备和工具的安全检查	2			
	能进行车辆的安全防护操作	2			
	能进行工具的清洁、校准、存放操作	2			
	能进行"三不落地"操作	2			
	能进行工位 7S 操作	2			
	能正确、清晰地填写表单	5			
考核成绩			考评员签字：＿＿＿＿＿＿ 日　　期：＿＿年＿＿月＿＿日		

模块四　增程式电动汽车的结构与原理

一、学习目标

① 能口述增程式电动汽车的结构。
② 能口述增程式电动汽车的工作原理。
③ 养成认真学习的习惯。
④ 养成 5S 工作习惯。

扫一扫

看视频

二、基础知识

1. 增程式电动车特点

可利用纯电动模式行驶，并且优先使用纯电动模式行驶，当电池电量低于要求时，增程器才参与发电。

纯电机驱动，发动机不参与驱动，只用来发电，始终工作在最佳转速区间。燃油利用率高，更节能；燃油燃烧充分，排放 PM2.5 颗粒少，更环保。

可利于家用 220V 电源充电；同样可利用专用充电桩充电。

2. 增程式电动汽车的结构及功能

增程式电动汽车主要由发动机、发电机、驱动电机、电机控制器、DC/DC 转换器、高压电池、充电机、电动压缩机、PTC 系统、空调系统等（图 4-4-1）。

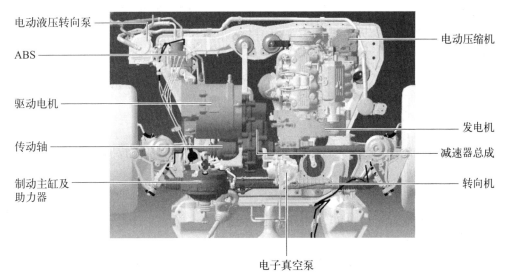

图 4-4-1　广汽增程式电动汽车结构

（1）发电机

驱动发动机；利用机械能变成高压交流电（图 4-4-2）。

（2）驱动电机

将电能转换为机械能，驱动整车行驶（图 4-4-3）。

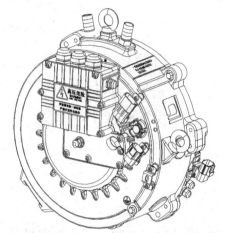 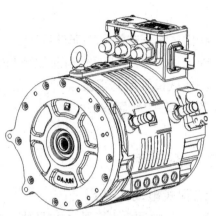

图 4-4-2　广汽增程式电动
汽车发电机

图 4-4-3　广汽增程式电动
汽车驱动电机

（3）电机控制器（图 4-4-4）

① 将高压电池输出的高压直流电转换为交流电，提供给驱动电机。

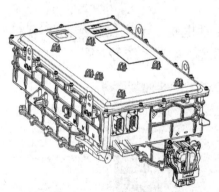

② 将发电机发出的高压交流电转换为直流电，用于行驶和储能。

（4）DC/DC 转换器

将系统中的高压直流电转换为 12V 直流电，供整车低压用电器使用。

（5）高压电池

储能介质，将电能转化成化学能进行储存。

图 4-4-4　广汽增程式电动
汽车电机控制器

（6）充电机

将电网交流电转换为高压直流电，输入给高压电池进行储存。

（7）电动压缩机

将电能转化为动能和热能，用作空调系统制冷。

（8）PTC 系统

将高压电池中的电能转化成热能，用于车内制暖或除霜除雾。

3. 增程器的作用与组成（以宝马 i3 汽车为例）

驱动电机所需能量存储在高压蓄电池内，因此可达里程受到限制。一旦蓄电池充电状态达到临界水平，增程器就会负责提供到达目的地的所需能量，因此只在需要的情况下由车辆电子系统启动增程器。

汽油发动机通过驱动增程电机可为继续行驶提供所需能量，这样可使蓄电池充电状态保持恒定，从而继续通过电机驱动车辆，延长车辆的可达里程。为达到尽可能低的耗油量进而降低 CO_2 排放量，汽油发动机还带有节能启停等功能并采用其他智能型运行策略（图 4-4-5）。

4. 增程式电动汽车的能量传输

如图 4-4-6 所示，驱动动力传输：高压蓄电池 1 通过 2 芯高压导线将电能传给电机电子装置 3，并通过三相高压导线将电能传给电机 5，电机 5 将电能转变为机械能传给变速箱 7、传动轴和后车轮 9。

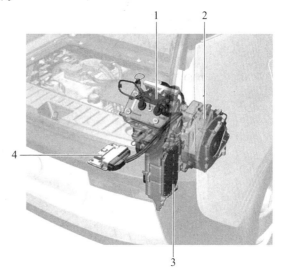

图 4-4-5　增程器的组成
1—增程器，内燃机；2—增程电机；3—增程电机
电子装置；4—增程器数字式发动机电子系统

发电动力传输：增程电机 12 带动内燃机 10 工作，内燃机 10 启动后带动增程电机 12 工作，并通过三相高压导线将电能传输给增程电机电子装置 14，通过 2 芯高压导线传输给电机电子装置 3，通过 2 芯高压导线传输给高压蓄电池 1。

5. 增程器的运行原理

增程电机可将电流存储在高压系统中间电路内，根据需要，电流直接流入驱动电机或高压蓄电池内，目的是使充电状态（SOC）恒定保持在某一水平。

可用功率及高压蓄电池充电状态为 0～100%。需要注意的是，在此指的是相对值而非绝对值。如图 4-4-7 所示，在不使用内燃机的行驶模式（4）下，从高压蓄电池获取所需能量。充电状态（1）持续降低并达到接通限值（2）。此时启动内燃机并驱动增程电机。根据驾驶方式，此时可恒定保持或者提高高压蓄电池的充电状态（1）。如果充电状态再次超过接通限值（2），就会关闭内燃机。

驾驶方式对高压蓄电池放电及可达里程产生直接影响。与满负荷下的功率数据进行比较可清晰说明这一点：

① 25kW 内燃机机械输出功率；

② 23.5kW 发电机电输出功率；

③ 125kW 电机消耗功率。

通过上述满负荷示例可清晰说明，这种驾驶方式会导致高压蓄电池充电状态进一步降低。内燃机和增程电机的输出功率不足以继续使高压蓄电池充电状态恒定不变。

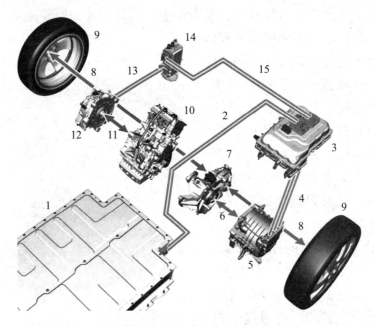

图 4-4-6 增程式电动汽车的能量传输

1—高压蓄电池；2—通过 2 芯高压导线实现双方向能量流（电能）；3—电机电子装置；
4—通过三相高压导线实现双方向能量流（电能）；5—电机；6—从电机到变速箱以及从变速箱
到电机的动力传递路线（机械能）；7—变速箱；8—通过半轴从变速箱到后车轮以及从后轮到变
速箱的动力传递路线（机械能）；9—后车轮；10—内燃机；11—从内燃机到增程电机的双方向
动力传递路线（机械能）；12—增程电机；13—通过三相高压导线实现双方向能量流（电能）；
14—增程电机电子装置；15—通过 2 芯高压导线实现双方向能量流（电能）

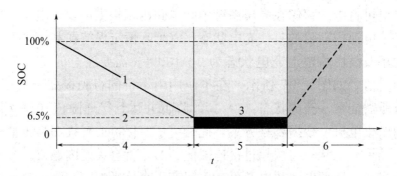

图 4-4-7 带增程器的运行策略

1—高压蓄电池的充电状态；2—接通限值，SOC 为 6.5％（相对值）；3—内燃机运行，
SOC 6.5％～0％（相对值）；4—不使用内燃机的电动行驶模式；5—使用内燃机的
电动行驶模式；6—充电，外部

6. 发动机节能启停功能

内燃机同样带有发动机节能启停功能 MSA。为启用 MSA，必须通过安全带触点和车门触点识别驾驶员是否在车内。只要安全带插入且车门关闭就会识别驾驶员

在车内，且增程器运行发动机节能启停功能。

满足以下条件时就会关闭内燃机：SOC 为 3.5%～6.5%；车速低于 10km/h。

如果之后车速超过 20km/h，就会重新启动内燃机。在内燃机暖机阶段或充电状态降至 3.5% 以下时会停用 MSA。

7. 保持充电状态

在欧规车辆上可使用 iDrive，在"设置"和"保持充电状态"菜单项下手动启动内燃机。进行选择时会在菜单内显示高压蓄电池的当前充电状态。为了能够启动内燃机，SOC 必须低于 75%。内燃机运行时，可根据驾驶方式使当前充电状态保持为当前启用水平。通过"保持充电状态"功能无法提高启用时的充电状态。也可随时使用 iDrive 重新停用"保持充电状态"模式并关闭发动机（图 4-4-8）。

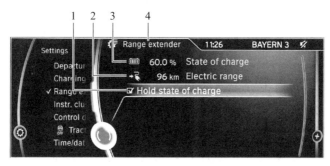

图 4-4-8　保持充电状态

1—保持充电状态；2—电动可达里程；3—高压蓄电池的充电状态 SOC；4—"增程器"菜单

启动内燃机后可立即提供 MSA 功能，该功能在最高 4% 的启用充电状态下保持运行状态。在图 4-4-8 中，高压蓄电池充电状态相应为 60%～56%。车速低于 15km/h 后就会关闭内燃机，超过 25km/h 后就会重新接通。

三、拓展提升

1. 电动驱动装置的运行策略

运行策略的任务是使高压蓄电池的使用寿命最大化，并在运行期间防止高压蓄电池损坏，当然还应在行驶状态下以及充电期间满足驾驶员要求。出现故障时的驱动装置性能也是运行策略的组成部分。EDME 是运行策略的主控控制单元。

图 4-4-9 显示了高压蓄电池的相对和绝对充电状态值（简称 SOC 值）。绝对 SOC 值表示高压蓄电池的实际充电状态。相对 SOC 值为组合仪表或 CID 内所显示数值。在区域"A"可不受限行驶或提供全部舒适功能。高压蓄电池 SOC 值降至约 5% 时，就会输出剩余可达里程 20km 或 10km 检查控制信息。

在区域"B"，由于高压蓄电池充电状态较低，因此会降低动力传动系统内的功率输出，在此情况下会关闭空调系统。

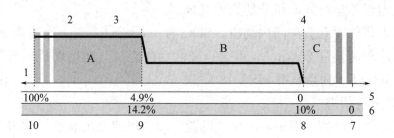

图 4-4-9   不带增程器的运行策略

A—可不受限行驶的范围；B—以有限驱动功率行驶的范围；C—无法行驶的范围；1—计算的高压
蓄电池充电状态（SOC）；2—剩余可达里程 20km 警告；3—剩余可达里程 10km 警告；4—剩余可达
里程不足 1km 警告；5—SOC 相对值轴；6—SOC 绝对值轴；7—高压蓄电池 SOC 为 0（绝对值）；
8—高压蓄电池 SOC 为 10%（绝对值）或 0（相对值）；9—高压蓄电池 SOC 为 14.2%
（绝对值）或 4.9%（相对值）；10—高压蓄电池 SOC 为 100%（相对值）

绝对 SOC 值降至 10% 以下时，无法再继续行驶。必须保留 10% 从而为客户提供足够时间进行高压蓄电池充电并防止深度放电。

2. 增程式电动汽车的工作模式

（1）纯电动模式

电池电量充足，发动机停止工作，动力电池直接提供能源给驱动电机，电机驱动车辆行驶（图 4-4-10）。

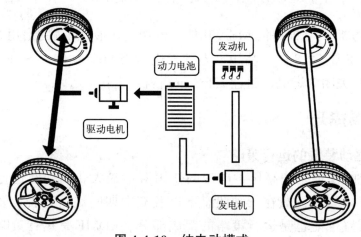

图 4-4-10   纯电动模式

（2）混动模式

电池电量低于整车控制要求，发动机启动，带动发电机给电池充电，再通过电池给电机提供能源，驱动车辆行驶（图 4-4-11）。

（3）回馈充电模式（制动能量回收）

当车辆制动时，驱动电机回收能量，向动力电池充电，既可达到增加制动力效果，又可以实施能量回收作用（图 4-4-12）。

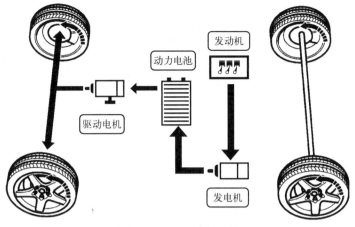

图 4-4-11　混动模式

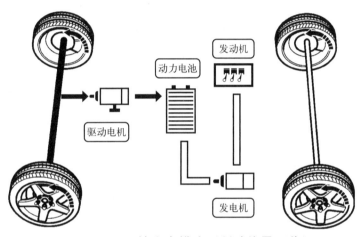

图 4-4-12　回馈充电模式（制动能量回收）

四、巩固练习

1. 单项选择题

① 下列对增程式电动汽车描述正确的是（　　）。

A. 增程式电动汽车简称 EEV

B. 增程式电动汽车是以发动机为主，电动机为辅

C. 是一种配有车载供电功能的纯电动车辆

D. 增程式电动汽车的续航里程较短

② 不属于增程式纯电动汽车结构的是（　　）。

A. 增程器　　　　　　　　　　B. 能量转化器

C. 动力电池　　　　　　　　　D. 混驱动电机

2. 判断题

① 可利用纯电动模式行驶，并且优先使用纯电动模式行驶，当电池电量低于

要求时，增程器才参与发电。（　　）

②燃油式增程式电动汽车属于并联式混动汽车。（　　）

③增程型纯电动汽车具有安静、起步转矩大、功率不浪费的特点。（　　）

④增程式电动汽车的工作模式有纯电动模式、混动模式、回馈充电模式。（　　）

⑤增程式纯电动汽车的发动机可以直接用来给车轮提供驱动力。（　　）

3. 简答题

①写出增程式电动汽车的定义。

②写出增程式电动汽车的组成。

③写出宝马 i3 汽车驱动动力传输路径。

④写出宝马 i3 汽车驱动动力传输路径。

⑤写出增程器的运行原理。

⑥一辆增程式纯电动汽车，请对车主说明增程器启动条件和工作原理。

五、学习评价

评价要素	考核内容	配分	A	B	备注
工作准备 （10%）	能够正确理解工作任务内容、范围及工作指令	3			
	准备工作场地及器材，能够识别工作场所的安全隐患	3			
	能正确使用维修手册查询资料	4			
知识目标 （75%）	能口述增程式电动车的特点	10			
	能口述增程式电动汽车的组成	10			
	能口述增程器的作用与组成	10			
	能口述宝马 i3 汽车的驱动动力传输路径	5			
	能口述宝马 i3 汽车的发电动力传输路径	5			
	能口述增程器的运行原理	5			
	能口述增程器的启动条件	5			
	能口述增程式电动汽车的工作模式	10			
	能口述何为纯电动模式	5			
	能口述何为混动模式	5			
	能口述何为回馈充电模式	5			
职业素养 （15%）	能进行设备和工具的安全检查	2			
	能进行车辆的安全防护操作	2			
	能进行工具的清洁、校准、存放操作	2			
	能进行"三不落地"操作	2			

续表

评价要素	考核内容	配分	A	B	备注
职业素养 （15%）	能进行工位 7S 操作	2			
	能正确、清晰地填写表单	5			
考核成绩		考评员签字：_____ 日 期：___年___月___日			

模块五 增程式电动汽车的发电系统检修

一、学习目标

① 能口述增程式电动汽车发电机的结构。
② 能口述增程式电动汽车发电机的工作原理。
③ 能完成增程式电动汽车发电系统更换的流程。
④ 养成认真学习的习惯。
⑤ 养成 5S 工作习惯。

二、基础知识

1. 发电机系统概述

发电机只负责给电池充电，不负责驱动，其工作原理是发电机转子与发动机曲轴连接，通过发动机曲轴直连带动发电机转子转动，从而磁场切割磁感应线产生电能，该发电机额定功率是 31kW，峰值功率是 40kW，额定转速是 4500r/min，峰值转速是 6000r/min。

发电机安装在发动机曲轴后端。发电机为紧凑、轻型和高效的交流永久磁铁电机。发电机既是起动机又是发电机，在启动时作为起动机带动发动机，在刹车制动或下坡时作为发电机给高压电池充电（图 4-5-1）。

2. 发电机的工作原理

发电机为三相交流电机，当三相交流电经过定子线圈的三相绕组时，电机内产生旋转磁场。通过转子的旋转位置和转速控制该旋转磁场，转子中的永久磁铁受到旋转磁场的吸引而产生转矩。产生的转矩与电流大小大致成比例，且转速由交流电的频率控制。此外，通过适当控制旋转

图 4-5-1 广汽增程式电动汽车
发电机安装位置

磁场与转子磁铁角度，可以有效地产生大转矩和高转速。电机发电时，旋转转子产生旋转磁场，在定子线圈内产生电流。

发电机可以将汽车减速或制动时的动能转换成电能，为高压电池充电，提高燃油经济性。

发电机取代飞轮的作用，可以通过自身的转动惯量以及在电动机和发电机之间来回切换状态，平衡发动机曲轴的波动，起到减振器的作用。

发动机附件全部采用电动方式驱动，齿形皮带及齿轮组可以全部省掉，同时可以省去传统的发电机和空调压缩机，发动机附件的布置可以更加灵活。

发电机的工作电压范围为 $220\sim460\text{V}$，瞬时电流为 445A，对人体非常危险，所以对控制器系统进行维护及返修时务必断开电池系统高压继电器，并等待 5min 后再进行相关操作。

3. 发电机的结构 (图 4-5-2)

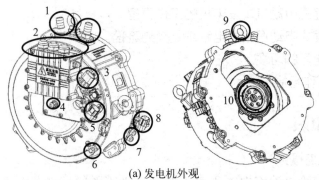

(a) 发电机外观

1—冷却出水口与进水口；2—三相接线口(连接三相高压电，将发电电力输出给控制器)；3—曲轴传感器信号接口(采集发动机曲轴转速反馈给ECM，发电机与发动机曲轴固连，两者转速相同)；4—曲轴传感器信号出线防水接头(传感器信号线输出，用于反馈发电机转速给控制器)；5—电机温度接口(温度传感器接口)；6—接地点(外壳接地点)；7—旋变信号出线防水接头(测量电机转速)；8—旋变线电气接口(测量电机转速)；9—传动轴接口(连接发动机端)；10—吊装点

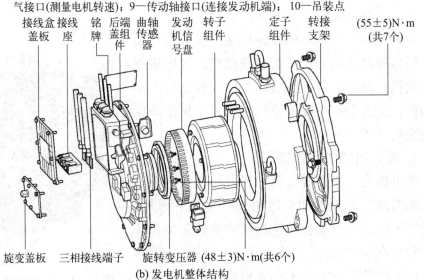

(b) 发电机整体结构

图 4-5-2 广汽增程式电动汽车发电机的结构

三、技能训练

1. 准备工作

用途类别	工具设备名称	单位	数量	备注
安全防护	车辆防护、个人绝缘防护用品、干粉灭火器	套	4	
设备与工具	查询维修手册、用计算机记录维修工单	套	1	
	维修工具车、零件车	台	1	含绝缘拆装工具
	手电筒	把	1	
车辆与配件	实训车辆	辆	1	

2. 安全及注意事项

① 了解并熟知更换发电机的安全注意事项。

② 在教师的指导下进行更换作业。

③ 合理规范地使用工具，未经允许禁止违规操作。

④ 正确穿戴绝缘防护用品。

3. 实操作业

① 本操作任务主要完成广汽增程式纯电动汽车发电机的拆卸与安装，请按下表进行拆装作业。

步骤	操作方法	操作记录
1. 准备工作	(1)做好个人绝缘防护和工作着装 (2)车辆防护：安装方向盘三件套与前翼子板布和前格栅布 (3)准备维修资料 (4)准备工具 (5)准备干粉灭火器	□ 确认着装规范 □ 确认车辆或台架已做好防护 □ 确认资料与车型一致 □ 确认工量具齐全
2. 断开高压电	(1)关闭所有用电器及点火开关，拔出点火钥匙	□ 确认关闭所有用电器及点火开关，拔出点火钥匙
	(2)打开前机舱盖，拆卸12V蓄电池负极线并放置好	□ 确认拆卸12V蓄电池负极线 □ 确认放置好12V蓄电池负极线
	(3)沿箭头A方向拉开高压电池A手动维修开关互锁开关；沿箭头B方向拉开高压电池A手动维修开关，取出手动维修开关 	□ 确认断开维修开关

续表

步骤	操作方法	操作记录
2. 断开高压电	(4)沿箭头 A 方向拉开高压电池 B 手动维修开关互锁开关；沿箭头 B 方向拉开高压电池 B 手动维修开关，取出手动维修开关 	□ 确认断开维修开关
3. 拆卸发电机	(1)拆卸发动机	□ 确认拆卸发动机
	(2)拆卸固定螺栓(箭头) 	□ 拆卸固定螺栓(箭头)
	(3)拆卸固定螺栓(箭头) 	□ 拆卸固定螺栓(箭头)
	(4)拆卸固定螺栓(箭头)。撬出发电机定子组件 1 	□ 拆卸固定螺栓(箭头) □ 拆卸电机定子组件

步骤	操作方法	操作记录
	（5）拆卸转子组件固定螺栓（箭头），取出转子组件 1 	□ 拆卸固定螺栓（箭头） □ 拆卸电机转子组件
3. 拆卸发电机	（6）拆卸固定螺栓（箭头 A 和箭头 B） 	□ 拆卸固定螺栓（箭头）
	（7）拆卸固定螺栓（箭头 A 和箭头 B） 	□ 拆卸固定螺栓（箭头）
	（8）拆卸固定螺栓（箭头 A 和箭头 B），撬出发电机转接支架 	□ 拆卸固定螺栓（箭头）

步骤	操作方法	操作记录
3. 拆卸发电机	(9)拆卸固定螺栓(箭头),撬出发电机密封盖板1 	□ 拆卸固定螺栓(箭头) □ 取出发电机密封盖板
4. 安装发电机	(1)沿箭头在盖板上涂抹一层密封胶,以保持发电机密封性 	□ 在盖板上涂抹一层密封胶
	(2)安装发电机密封盖板,并紧固螺栓	□ 安装发电机密封盖板,并紧固螺栓
	(3)安装发电机转接支架,安装固定螺栓 螺栓(箭头 A)拧紧力矩:(50±5)N·m 螺栓(箭头 B)拧紧力矩:(45±5)N·m 	□ 安装固定螺栓(箭头) □ 使用扭力扳手紧固
	(4)安固定螺栓(箭头 A 和箭头 B) 螺栓(箭头 A)拧紧力矩:(45±5)N·m 螺栓(箭头 B)拧紧力矩:(8.5±1.5)N·m 	□ 安装固定螺栓(箭头) □ 使用扭力扳手紧固

步骤	操作方法	操作记录
	(5)安装固定螺栓(箭头 A 和箭头 B) 螺栓(箭头 A)拧紧力矩:(45±5)N·m 螺栓(箭头 B)拧紧力矩:(8.5±1.5)N·m 	□ 安装固定螺栓(箭头) □ 使用扭力扳手紧固
4. 安装发电机	(6)安装转子组件 1,安装转子组件固定螺栓(箭头)。螺栓拧紧力矩:(48±3)N·m 	□ 安装电机转子组件 □ 安装固定螺栓(箭头) □ 使用扭力扳手紧固
	(7)安装发电机定子组件 1,安装固定螺栓(箭头)。螺栓拧紧力矩:(55±5)N·m 	□ 安装电机定子组件 □ 安装固定螺栓(箭头) □ 使用扭力扳手紧固
	(8)安装固定螺栓(箭头)。螺栓拧紧力矩:(55±5)N·m 	□ 安装固定螺栓(箭头) □ 使用扭力扳手紧固

步骤	操作方法	操作记录
4. 安装发电机	(9)安装固定螺栓(箭头)。螺栓拧紧力矩:(55±5)N·m 	□ 拆卸固定螺栓(箭头) □ 使用扭力扳手紧固
	(10)安装发动机	□ 安装发动机
5. 复原车辆	(1)佩戴绝缘手套及个人绝缘防护用品,安装动力电池 A 和 B 的维修开关	□ 确认安装动力电池 A 维修开关 □ 确认安装动力电池 B 维修开关
	(2)安装 12V 蓄电池负极线。使用扭力扳手紧固:10N·m	□ 确认安装 12V 蓄电池负极线 □ 确认使用扭力扳手紧固
6. 完工整理	(1)工具设备整理、复位 (2)车辆整理、复位 (3)场地整理	□ 完工整理

② 一辆增程式纯电动汽车需要更换发动机,因此需要拆卸发电机,请将拆装的工作流程写出来。

四、拓展提升

增程式纯电动系统经常掉电检查流程如下。

步骤	检查步骤	检查结果		
0	初步检查	正常	有故障	操作方法
	检查手动维修开关上的互锁开关是否正常	进行第1步	手动维修开关开关故障	更换手动维修开关
1	检查空调高压互锁开关	正常	有故障	操作方法
	检查空调高压互锁开关是否正常	进行第2步	空调高压互锁开关故障	检修空调高压互锁开关
2	检查发电机控制器高压互锁开关	正常	有故障	操作方法
	检查发电机控制器高压互锁开关是否正常	进行第3步	发电机控制器高压互锁开关故障	检查发电机控制器高压互锁开关

续表

步骤	检查步骤	检查结果		
3	检查驱动电机控制器高压互锁开关	正常	有故障	操作方法
	检查驱动电机控制器高压互锁开关是否正常	进行第4步	驱动电机控制器高压互锁开关故障	检查驱动电机控制器高压互锁开关
4	检查驱动电机高压互锁开关	正常	有故障	操作方法
	检查驱动电机高压互锁开关是否正常	进行第5步	驱动电机高压互锁开关故障	检查驱动电机高压互锁开关
5	检查整车控制器	正常	有故障	操作方法
	更换确认良好的整车控制器,进行测试	进行第6步	整车控制器故障	更换整车控制器
6	检查操作	正常	有故障	操作方法
	正确检修操作后,检查故障是否出现	诊断结束	故障未消失	从其他症状查找故障原因

五、巩固练习

1. 判断题

① 燃油式增程式电动汽车属于并联式混动汽车。（　　）

② 发电机的工作原理是发电机转子与发动机曲轴连接，通过发动机曲轴直连带动发电机转子转动从而磁场切割磁感应线产生电能。（　　）

③ 增程式电动汽车的发电机可充当驱动电机进行驱动。（　　）

④ 发电机安装在发动机曲轴后端。（　　）

⑤ 发电机可以将汽车减速或制动时的动能转换成电能，为高压电池充电，提高燃油经济性。（　　）

⑥ 发电机取代飞轮的作用，可以通过自身的转动惯量以及在电动机和发电机之间来回切换状态，平衡发动机曲轴的波动，起到减振器的作用。（　　）

⑦ 广汽增程式电动汽车发电机为单相交流电机。（　　）

⑧ 发电机主要由转子组件、定子组件组成。（　　）

⑨ 曲轴传感器用于采集发动机曲轴转速反馈给 ECM。（　　）

⑩ 旋转变压器用于测量电机转速。（　　）

2. 简答题

① 请写出增程式电动汽车发电机的作用。

② 请写出增程式电动汽车发电机的结构组成。

③ 请写出增程式电动汽车发电机的工作原理。

六、学习评价

评价要素	考核内容	配分	A	B	备注
工作准备 （10%）	能够正确理解工作任务内容、范围及工作指令	3			
	准备工作场地及器材，能够识别工作场所的安全隐患	3			
	能正确使用维修手册查询资料	4			
知识目标 （75%）	能口述增程式电动汽车发电机的作用	10			
	能口述增程式电动汽车发电机的结构	10			
	能口述增程式电动汽车发电机的工作原理	15			
	能正确断开高压电	10			
	能正确拆卸发电机	10			
	能正确安装发电机	10			
	能说出增程式纯电动系统经常掉电检查的流程	10			
职业素养 （15%）	能进行设备和工具的安全检查	2			
	能进行车辆的安全防护操作	2			
	能进行工具的清洁、校准、存放操作	2			
	能进行"三不落地"操作	2			
	能进行工位 7S 操作	2			
	能正确、清晰地填写表单	5			
考核成绩			考评员签字：＿＿＿＿＿＿＿＿ 日　　期：＿＿年＿＿月＿＿日		

本教材配套 MP4 实训视频目录

二维码视频序号	实训项目	MP4 视频资源
22	实训 1	维修高压电个人防护
		维修高压电个人防护检查与穿戴
		万用表的使用
		绝缘电阻测试仪使用
		数字电流钳使用
		使用解码仪读取比亚迪 e5 车辆数据
23	实训 2	拆装启停蓄电池
		比亚迪 e5 动力电池拆装
		比亚迪 e5 充电枪的检查
		比亚迪 e5 动力电池管理系统的拆装
		比亚迪 e5 行驶中动力减弱故障诊断
24	实训 3	比亚迪驱动电机拆装
		发电机的检查
		比亚迪 e5 驱动电机三相线圈检测
		比亚迪 e5 减速器拆装
		比亚迪 e5 驱动电机旋变传感器检测
		比亚迪 e5 纯电动汽车无法行驶故障
25	实训 4	北汽 EV160 纯电动汽车驱动电机控制器
		比亚迪 e5 PTC 加热器拆装
		比亚迪 e5 高压电控总成的拆装
		比亚迪 e5 冷却系统循环水泵拆装
		广汽增程式纯电动汽车发电机的认知与维修注意事项

扫一扫   扫一扫   扫一扫   扫一扫

看视频   看视频   看视频   看视频

参 考 文 献

[1]　曹晶．新能源汽车整车故障诊断教程［M］．北京：化学工业出版社，2023.

[2]　周晓飞．图解新能源汽车 原理·构造·诊断·维修［M］．北京：化学工业出版社，2023.

[3]　武志斐．纯电动汽车原理与结构［M］．北京：北京理工大学出版社，2021.